中等职业教育课程改革"十四五"规划教材
中职会计专业课程改革系列教材

ERP 基本知识

主　编○王　玮
副主编○封　烨　杨玲玲

立信会计出版社

图书在版编目(CIP)数据

ERP 基本知识 / 王玮主编.—上海:立信会计出版社,2020.12
ISBN 978-7-5429-6629-2

Ⅰ.①E… Ⅱ.①王… Ⅲ.①企业管理-计算机管理系统-中等专业学校-教材 Ⅳ.①F272.7-39

中国版本图书馆 CIP 数据核字(2020)第 235929 号

策划编辑　　王斯龙
责任编辑　　王斯龙
封面设计　　南房间

ERP 基本知识
ERP Jiben Zhishi

出版发行	立信会计出版社	
地　　址	上海市中山西路 2230 号	邮政编码　200235
电　　话	(021)64411389	传　真　(021)64411325
网　　址	www.lixinaph.com	电子邮箱　lixinaph2019@126.com
网上书店	http://lixin.jd.com	http://lxkjcbs.tmall.com
经　　销	各地新华书店	
印　　刷	上海天地海设计印刷有限公司	
开　　本	787 毫米×1092 毫米　　1/16	
印　　张	12.75	
字　　数	319 千字	
版　　次	2020 年 12 月第 1 版	
印　　次	2020 年 12 月第 1 次	
印　　数	1—3 100	
书　　号	ISBN 978-7-5429-6629-2/F	
定　　价	49.00 元	

如有印订差错,请与本社联系调换

序

——为中职会计专业课程改革系列教材而写

上海中职会计专业课程改革正在逐步展开,继新的会计专业教学标准制定完成后,围绕新标准要求的系列课程改革教材正在陆续编写中,有两本即将出版,这意味着上海中职会计专业课程改革又向前迈出了重要一步。为此,我想就我国会计专业课程改革的背景、现状及这套系列教材的编写谈点想法。

一、会计专业课程亟需改革

会计专业课程内容陈旧滞后亟需改革,已成为近年来业界共识。职业教育者都知道,职业教育是面向岗位的教育,专业课程教育特别强调"两个衔接",即课程内容要与岗位职业能力标准相衔接,教学过程要与岗位工作过程相衔接。但目前全国职业院校(包括应用型本科)的会计专业课程现状与此要求相去甚远,普遍存在着与"两个衔接"要求脱节的现象,而且程度非常严重。

全国各职业院校会计专业目前沿用的课程体系和课程内容,形成于 20 世纪 80 年代末至 90 年代初。当时业界一批会计前辈,在改革开放的浪潮中,冲破各种传统理论禁区和体制束缚,通过大胆改革和创新,最终形成了适合当时经济改革需要和行业未来发展要求,并与国际要求基本接轨的会计专业课程体系和课程内容。这一课程体系和课程内容的建立过程,也是对当时传统会计课程的改革过程,比如,用借贷记账法取代了曾被广泛使用的增减记账法,用资产负债表取代了原来的资金表,并且从无到有,建立了国内的会计准则制度,等等。几十年过去了,院校的这套课程体系和课程内容一直在沿用,至今没有太大的变化。但这几十年中,随着经济发展和技术进步,会计岗位环境和工作要求在不断变化,行业业态也在不断变化,原有的课程体系和课程内容早已滞后于会计岗位实际环境和工作要求,这种滞后表现在多个方面。

在会计技术上,现今已进入大智移云时代,会计手工核算已基本被信息化、智能化取代,财务机器人、云财务也被广泛使用。一些传统会计手工技能已被淘汰,作为传统会计人员最重要的核算能力已不再那么重要,在信息化环境下,只要在 ERP 系统软件中输入原始数据,所有记账凭证和财务报表都会自动生成,而且各部门数据都在一个信息系统中,可以共享,不需要另外输入。但院校现在的会计课程还在花大量课时讲解人工核算甚至仍将其作为会计专业学生专业学习的核心内容。

在管理模式上,会计代理服务共享中心取代了众多企业独立设置的会计部门;大型企业集团普遍采用会计共享中心模式,其子公司和下属部门不再专设财务部门。这些共享中心模式在技术上已普遍使用移动终端和云端技术,会计的这种管理模式已越来越多地被企业采用,几乎成为普遍现象。但目前各院校的会计课程对这些变化要求并没有跟进,仍停留在企业独立设置会计部门进行账务处理的模式上。

在职能范围上,企业对会计的要求已从原来的记账、核算、编制报表,扩展到参与整个企业管理,包括供应链管理、客户管理、营销管理、企业决策等。这要求会计人员既要懂会计,又要懂管理、懂经营,熟悉企业整个工作流程,也就是说,现在企业需要的是复合型的新型会计人才。而目前各院校的会计专业课程仍旧以会计核算为中心,虽然不少教师已意识到会计人才培养需要扩界、跨界、融合,但还没有形成适应这种要求的课程体系和课程内容。

同时,行业业态这几十年也发生了巨大变化,连锁、电商、企业集团已成为社会经济中的普遍业态,而大多数院校的现有会计专业课程都没有将这些业态变化后的会计处理纳入课程内容。

最近十多年,各院校在教育部门的推动下都在做课程改革,但这些课程改革大多属于教学方法改革,即使做内容课程改革,大多也浮在表面,而非实质性的。就会计专业而言,尽管会计行业在技术环境、管理模式、职业能力要求等方面已发生了巨大变化,但目前的课程体系基本上还停留在20世纪90年代初形成的框架内,课程内容仍基于人工核算、部门管理,限于做账的要求,与当前岗位实际已严重不符,不少课程内容几乎到了完全脱离岗位实际的程度。由此可见,会计专业课程亟需改革,可谓到了刻不容缓的程度。

二、会计专业课程改革任务艰难

近几年来,会计专业需要进行课程改革的呼声越来越高。尽管如此,目前绝大多数院校的会计专业仍停留在20世纪90年代初形成的课程体系和课程内容上,没有迈出课程改革的实质性步伐。之所以会这样,是因为会计专业课程改革并非想象的那么容易,存在着很多实质性的困难。本人认为造成这样的情况有以下几个方面原因:

(1)缺乏顶层权威设计。20世纪80年代,有以葛家澍、娄尔行、杨纪琬、余绪缨等为代表的一批会计界前辈领衔,他们锐意改革,勇于创新,能够冲破各种理论禁区和制度束缚,高屋建瓴地创设出一整套适合经济改革和行业发展的会计理论体系和专业课程框架,从而最终形成了会计专业新的课程体系和课程内容。在经济发展和技术进步几十年后的今天,会计专业课程改革迫切需要这样的顶层设计者,但目前没有出现。尽管已有不少院校在做会计课程体系和课程内容改革的尝试,但仅限于少数院校和部分课程,至今还没有形成公认的会计专业课程体系和课程内容的改革框架。

(2)院校教师缺乏企业经历和课改动力。院校现有会计专业教师基本上来自高校毕业生,包括硕士、博士毕业生,但这些毕业生都有一个共同的不足,就是缺少企业工作经历,他们不了解会计行业和岗位的现状和要求,即使想进行课程内容改革,也往往是有心无力。另外一个现实的问题就是大多数教师缺乏课改动力,因为课程改革费时费力,而安于课程现状的教学要省时省力得多,至于所教内容有用无用与教师切身利益没有直接关系,所以现在很少有院校的会计教师会主动着手对现有会计课程内容进行改革。

(3) 课程改革是一项工作量浩大的工程。专业课程改革的龙头工作是做专业教学标准,其前序工作,一是做专业调研,二是做职业能力分析。只有深入了解会计行业和岗位的现状和要求,才能把握会计课程改革的方向和要求;只有对会计各岗位充分进行职业能力分析,才能确定课程结构和课程内容;只有在调研和职业能力分析的基础上,才能制定出符合会计行业发展和岗位要求的专业教学标准及课程标准,这要耗费极大的人力和财力。即使完成了专业教学标准及课程标准的制定,接下来还有一项艰苦的工作,那就是配套教材的编写。要根据课程标准编写教材和课程资源并非易事,因为教材牵涉岗位内容的每一个细节,课程标准中的每一项要求,具体落实到内容必须了解岗位的具体情况和要求。这不同于传统教材,没有现成的教材可以参照,缺乏行业和岗位经历的教师很难编写出符合岗位要求和工作过程的教材来。编写好新教材,还需要对教师进行培训,因为新教材内容对很多教师来说也是陌生的,只有经过课程培训,教师才能将课程改革的内容落实到课堂。由此可见,要实现会计专业课程改革,其工作无比艰苦,工作量繁重,单个院校很难完成这样的工程,一般需要政府教育部门来推动才能做起来。

鉴于以上这些现实,会计专业课程改革成了一项难度极高、任务艰巨的工作,不是轻易能够做成的,这也是至今为止,教师明知会计专业课程老化严重,却仍按传统内容教学的原因所在。

三、上海中职会计专业课程改革已迈出重要一步

上海中职会计专业课程改革已迈出重要一步,并正力图通过贯彻 2018 年 9 月颁发的《上海中职会计专业教学标准》来推进课改,让新课程落地,这应该是上海会计专业第二轮课程改革。

第一轮课程改革始于 2005 年,那一年由上海市教育委员会启动了任务引领型专业教学标准制定工程,会计专业教学标准于 2006 年纳入制定范围,并于 2007 年 10 月制定完成,随后花了将近 5 年时间完成了所有新教材的编写。第一轮课改的主要目标是:在教学内容上,要求淡化理论,强调实务和操作,理论够用为止;在教学方法上,要求任务引领、做学一体、师生互动,并强调信息化教学。总体来说,这轮课程改革强调的是方法改革,内容只是要求淡化理论,强调实务操作,实质性内容没有大的改动,课程体系基本上还是传统的。

10 年以后的 2015 年,上海市教育委员会启动了新一轮专业教学标准的修订,会计专业教学标准修订于 2016 年启动,于 2018 年 7 月完成,新标准于 2019 年 9 月由华东师范大学出版社出版。这次新标准与其说是修订,不如说是重新制定,因为这次注重的课程内容改革,包括课程体系和课程内容的重新制定,其修订的艰苦程度远胜于第一轮。

本人全程参加了以上两轮会计专业教学标准的制定和修订,并担任项目组组长,全程主持了这两轮标准的制定、修订工作。这次的新会计专业教学标准修订完成,标志着上海中职

会计专业课程改革迈出了重要一步,本人一直呼吁对会计专业课程内容进行的改革,在这次专业教学标准中得到了体现。但这次标准的课程改革只是过渡性的,鉴于现实情况,有些方面做了妥协,这个妥协体现在修订时的三条兼顾原则上:第一,兼顾课程现状,即课程体系和课程内容修订采取过渡办法,不求一步到位,否则难以实施;第二,兼顾教师现状,即现有教师能够接受,稍加培训即能根据新课标上课;第三,兼顾学生现状,既要兼顾中职学生的学习能力,又要兼顾中职学生就业和升学的双重需求。这三条兼顾原则是为了让课程改革落地,如果没有这三条兼顾原则,这个标准就会被束之高阁,没有学校会采用。

四、关于课程改革系列教材的编写

教材的编写也是一项艰巨的任务。新修订的《上海市中职会计专业教学标准》共设 6 门核心课程,12 门方向课程,并且都制定了课程标准。具体课程如下表所示。

核心课程	企业会计方向课程	会计服务方向课程
会计基础	企业成本核算	客户关系管理
初级会计实务	纳税实务	供应链管理实务(初级)
出纳实务	连锁企业会计核算	财经文员实务
ERP基本知识	财务管理基本知识	沙盘模拟企业经营
财经法规与会计职业道德	管理会计基本知识	会计软件实施与维护
会计基本技能	企业会计综合实训	会计软件营销与服务

尽管大部分专业课程名称与原来课程名称相同,但其内容和要求已发生重大变化,尤其涉及会计核算方面的课程,因为现在的核算都是在信息化环境下进行的,其结果都是自动生成,所以新标准要求淡化传统核算能力要求,更强调在信息化环境下进行账务处理的能力。同时,根据当前职业教育的要求,课程还要融入职业素养要求和配套课程资源,这些要求都是以前会计专业课程所没有的。

这样的教材目前没有现成的教材可以参照。目前院校的会计专业教师绝大多数缺少企业经历和会计岗位实际工作经验,要写出与当前工作环境和岗位要求相一致的教材十分困难。如何解决上述难题呢?本人根据部分教师一年多来的课程改革实践,提供一套行之有效的解决办法供教师们参考。

学校需将准备按新课标开课的课程作为一个课程改革项目立项,目标是将这门课程落实到课堂,任务是完成课程讲义和配套资源的编写、教师课程培训和进行课堂教学,途径是校企合作,请企业和行业专家一起参与讲义编写、教师培训和课堂教学,并保证这个项目的课改经费;在完成第一轮教学的基础上,对教学讲义进行修改,将其编写成教材。这样做一举多得,既完成了教材编写,又培训了教师,还解决了课程资源。现已有学校按这样的方法完成了两门新课程的教学实践,并取得了成功,这两门课程的讲义已编写成教材,即将出版发行。

本人初步看了这两本教材的初稿，感到由衷的欣喜。教材基本上遵循了课程标准的要求，并有企业提供的资源平台作支撑，教学无后顾之忧，能够达到这样的程度，非常不易，相信接下来的其他课程教材按这样的途径完成，质量一定不会差。

最后，本人对中职会计专业课程改革系列教材编写的意义和要求作如下总结：

（1）会计专业课程改革教材的编写是一项非常重要却又非常艰苦的工作，全国职业教育会计专业迄今还没有实质性的课程改革系列教材，这套系列教材编写完成，不但为上海中职会计专业课程改革落地迈出了关键性的一步，也为中职其他专业课程改革作出了榜样，同时也为全国中职会计专业课程改革作出了榜样和示范。

（2）课程改革教材的编写靠教师个人是难以完成的，必须通过校企合作来实施，这也是教育部这两年反复强调产教融合、校企合作的原因所在。没有企业和行业专家的参与，新教材对岗位实际环境和知识能力要求就无法描述，新教材设计的岗位环境和教学资源（如ERP环境、举例和练习需要业务数据、云财务环境等）就无法实现，也就很难实现"两个衔接"的基本要求。

（3）不要求课程改革教材的编写能一步到位，但至少在内容上要有较大突破，一些已经淘汰的内容决不能再出现在教材中，一些根本不需要人工核算的内容讲清原理即可，不必再做详细的解析、示例和训练，但要让学生熟悉在信息化环境下的账务处理方法和具体操作流程。

现已有两本课程改革教材编写完成，这是一个良好的开端，希望接下来有更多的课程改革教材编写出来，能用 3～5 年的时间将系列教材全部落地。

陈　强

2020 年 12 月

前　言

"ERP 基本知识"课程是中等职业学校会计专业的一门专业核心课程，也可以作为财经商贸类专业的通识课程。它是"会计基础"和"信息技术基础"的后续课程，为学生继续学习财经商贸类其他专业课程奠定基础。

《ERP 基本知识》充分考虑中职学生对相关知识和技能的认知能力，根据职业能力培养需求选取 ERP 最基本的知识，以 ERP 基本架构和主要模块操作等作为课程主要内容，包含初识 ERP、认知 ERP 系统的主要模块和功能、供应链管理系统的主要模块实训、成本管理系统的主要模块实训、财务管理系统的主要模块实训五大模块任务。

我们在编写过程中着重注意以下几个方面。

1. 构建课程基础

"ERP 基本知识"课程是中职会计专业核心课程之一，为学生将来就业或升学起到一个导入、初识、衔接的作用。模块1、模块2侧重于 ERP 相关理论知识，通过 ERP 入门基本知识、基本架构及相互之间关系的学习，学生可以对 ERP 系统有一个初步的整体认识，为今后的深入学习打下基础。

2. 源于工作任务

教材内容的选择基于新课标，源于真实的工作任务、项目和流程。模块3、模块4、模块5的顺序是"供应链管理系统→成本管理系统→财务管理系统"，其中模块3供应链管理系统实训的顺序是"销售与应收→采购与应付→库存核算"，这些内容都是根据企业工作流程组织的。

3. 结合信息手段

教材中所有实训任务的操作要点和流程都可以通过手机等移动终端扫描二维码，登录教学资源平台，查看实训任务信息化处理的相关视频。教学资源平台提供配套的单选题、多选题、判断题、PPT 等，题目做到难易结合、循序渐进。

4. 紧跟行业动态

为使学生更好地了解 ERP 在企业中的应用，课程提炼不同行业的特点作为学习素材，积极引入新零售、新商贸、新电商的内容，促使教学过程与岗位要求更加地贴近，不仅满足新时代企业对人才的新需求，也让学生多角度了解行业企业的发展态势。

本教材由上海商业会计学校王玮、封烨、顾莹莹、陈天约共同编写大纲并对教材进行试用修正；模块1由封烨编写，模块2由王玮、封烨、顾莹莹、陈天约共同编写，模块3、模块4、模块5由杨玲玲编写；由王玮负责统稿。

本教材在编写过程中吸收了国内一些专家、学者的研究成果,并得到了殷章辉和刘金两位行业专家的大力支持,在此一并表示感谢。

教材中部分操作界面的图片不完整,是为了可以较为清晰地查看主要内容。通过扫描教材中的二维码,读者可以查看完整的操作流程和界面。

由于对中职 ERP 教材进行这样的编写是一次新的尝试,加之编者学识水平有限和时间仓促,书中难免有疏漏和不足之处,敬请专家、读者批评指正。

编 者

2020 年 12 月

目　　录

模块 1　初识 ERP ··· 001
 知识目标 ·· 001
 任务 1.1　ERP 的产生和发展 ·· 001
 任务 1.2　ERP 系统的功能与特点 ······································· 006
 任务 1.3　ERP 主流产品介绍 ·· 009
 任务 1.4　ERP 的发展趋势 ··· 011
 通关测试 ·· 013

模块 2　认知 ERP 系统的主要模块和功能 ··································· 015
 知识目标 ·· 015
 技能目标 ·· 015
 任务 2.1　ERP 系统的基本架构 ··· 015
 任务 2.2　体验系统管理模块 ·· 018
 任务 2.3　体验供应链管理系统各模块 ································· 022
 任务 2.4　体验成本管理系统各模块 ···································· 033
 任务 2.5　体验财务管理系统各模块 ···································· 036
 通关测试 ·· 042

模块 3　供应链管理系统的主要模块实训 ····································· 044
 知识目标 ·· 044
 技能目标 ·· 044
 任务 3.1　供应链管理系统概述及导入案例 ··························· 044
 任务 3.2　销售与应收 ··· 047
 任务 3.3　采购与应付 ··· 068
 任务 3.4　库存核算 ··· 095
 通关测试 ·· 101

模块 4　成本管理系统的主要模块实训 ·· 105
 知识目标 ·· 105
 技能目标 ·· 105
 任务 4.1　成本管理概述 ·· 105
 任务 4.2　采购入库成本 ·· 106

任务 4.3　销售出库成本 ··· 108
任务 4.4　成本分析 ·· 110
通关测试 ··· 111

模块 5　财务管理系统的主要模块实训 ································ 113

知识目标 ··· 113
技能目标 ··· 113
任务 5.1　出纳管理 ·· 114
任务 5.2　固定资产 ·· 143
任务 5.3　总账管理 ·· 148
任务 5.4　财务报表 ·· 181
任务 5.5　运营分析 ·· 189
通关测试 ··· 190

模块 1　初 识 ERP

知识目标

1. 了解 ERP 的产生和发展。
2. 了解 ERP 系统的功能与特点。
3. 了解 ERP 主流产品。
4. 了解 ERP 的发展趋势。

任务 1.1　ERP 的产生和发展

如今,只要我们随手翻一翻有关管理、信息技术方面的报纸杂志,在各大数据库资源中稍作搜寻,就能看到大量的、各式各样的 ERP 广告和相关报道。各界人士还在思考 ERP 究竟如何实施才能为企业带来更高效益的时候,云平台、人工智能等概念又接连而至,信息技术的变革快得让人应接不暇。那 ERP 究竟是何方神圣呢？它又能为企业带来什么呢？

企业资源计划(Enterprise Resources Planning,ERP)率先由美国 Gartner Group(即美国计算机技术咨询和评估集团)于 1990 年提出,是指建立在信息技术基础上,以系统化的管理思想,为企业决策层及员工提供决策运行手段的管理平台。作为一种管理信息系统,ERP是企业管理系统发展历史上的第四个阶段,但随着云技术、人工智能和企业自身管理的发展变革,ERP 绝不会是最后一个阶段。

纵观企业管理信息系统软件的发展过程,我们可以看到,其每一步发展均与社会经济发展阶段以及企业所处竞争环境的变化息息相关,主要可以将其发展划分为以下几个阶段。

1.1.1　20 世纪 60 年代的 MIS

在 20 世纪 60 年代,由于第三次产业革命高技术群在世界范围内的崛起,大小公司急兴速衰,生产、经营、贸易和金融开始跨越国际。因此,每个企业都感到经营管理的幅度增大,难度加深,竞争加强。企业的竞争优势在于自己生产的产品成本是否低于自己的竞争对手,降低产品生产成本的有效途径就是进行库存优化管理。企业希望在仓库里保留一定的安全库存储备来应付需求波动,在储备提前期是已知且固定的情况下,当库存消耗之后应重新被填满。管理信息系统(Management Information System, MIS)的主要目标是结合信息技术和管理流程,根据"订货点法"获取库存水平,识别库存需求,设置库存控制目标并管理库存消耗(见图 1.1)。例如,当库存量低于所设置的安全库存时,系统会做警报处理,提示需要采购。

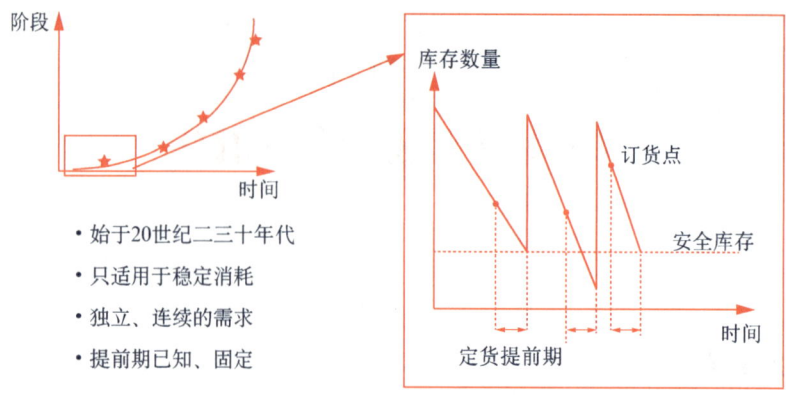

图 1.1　MIS

1.1.2　20世纪70年代的MRP和闭环MRP

到了20世纪60年代末70年代初,计算机技术的发展上升到一个全新的高度,企业可通过计算机系统生成粗略的主生产计划(Master Production Schedule,MPS),它是"将要生产什么"的一种描述,根据客户合同和预测,把销售与运作规划中的产品系列具体化,确定出厂产品;同时分析产成品的构成,计算粗略的物料清单(bill of material,BOM),产成品所需要的制造时间和完成的数量也可在系统中分析得到。这一技术的进步使得企业的产品零部件生产与根据客户订单所需要的产品生产相分离,有利于企业根据自身的生产能力来调整生产数量,有效降低库存。但是,MRP阶段初期还仅仅是考虑了下游客户的意愿,根据客户的需要来进行原材料的采购和产品的生产,没有将本应该占据重要位置的企业生产能力和上游供应商的采购情况纳入其中(见图1.2)。

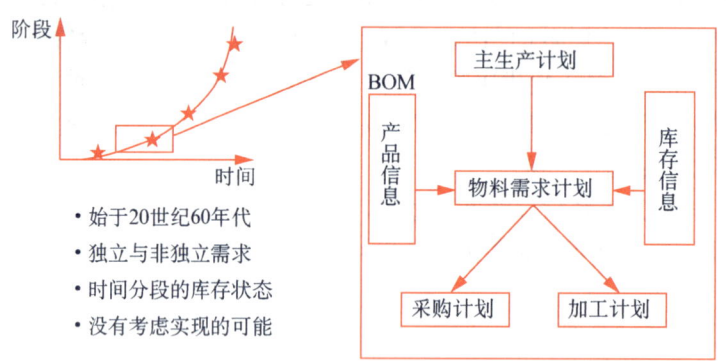

图 1.2　MRP 阶段初期

20世纪70年代末,先进的软件开发公司开发出一个封闭回路,这就是真正意义上经过发展了的物料需求计划(Material Requirement Planning,MRP),使得当时的计算机管理信息系统在充分考虑生产能力和采购条件的情况下计算物料需求的数量与日期。物料需求并不仅仅是客户的需求,更是企业生产能力所能承受的需求,因此MRP保证生产经营活动的正常进行。

闭环MRP系统除物料需求计划外,还将生产能力需求计划、车间作业计划和采购作业计划也全部纳入MRP,形成一个封闭的系统(见图1.3)。其工作过程是一个"计划→实施→评价→反馈→计划"的封闭循环过程。它能对生产中的人力、机器和材料各项资源进行计划与控制,这一点已大大超越了 MRP 系统的资源计划范围,从而使生产管理对市场的应变能力大大增强。

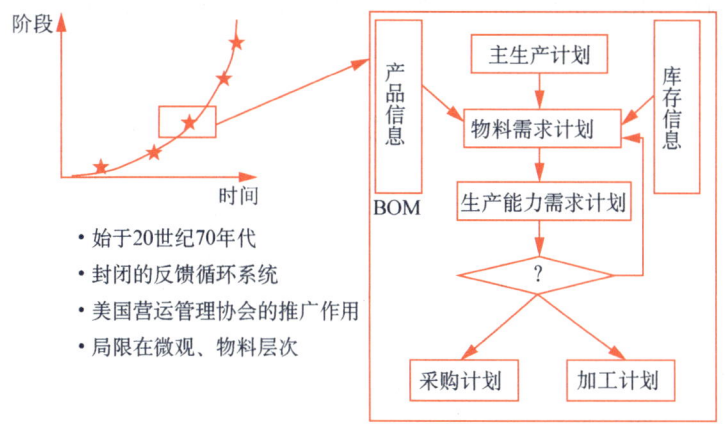

图 1.3　闭环 MRP

1.1.3　20 世纪 80 年代的 MRP Ⅱ

闭环 MRP 系统的出现,使生产活动方面的各个环节得到了统一。但这还不够,因为在企业的管理中,生产管理只是一个方面。生产管理所涉及的是物流,而与物流密切相关的还有资金流。这在许多企业中是由财会人员另行管理的,这就造成了数据的重复录入与存储,甚至造成数据的不一致性。

在更高的管理层次上也有类似的问题。用于最高层管理的经营规划要回答以下三个问题:我们要销售些什么?我们有些什么?我们必须制造什么?生产规划也是用来回答上述问题的。但问题在于,经营规划与生产规划是分别制订的。在许多企业中,制订生产规划的人甚至不曾意识到经营规划的存在,制订经营规划的人也从不去了解生产规划。而事实上,经营规划就其基本形式来说,如果不考虑研究开发以及其他不与生产直接相关的部分,那所谓的经营规划不过就是把生产规划的总和用货币来表示而已。

于是,企业想到应该建立一个一体化的管理系统,去掉不必要的重复性工作,减少数据间的不一致性现象和提高工作效率。实现资金流与物流的统一管理,要求把财务子系统与生产子系统结合到一起,形成一个系统整体,这使得闭环 MRP 向 MRP Ⅱ(Manufacturing Resource Planning Ⅱ)前进了一大步。

最终,企业把生产、财务、销售、工程技术、采购等各个子系统集成为一个一体化的系统,并称为制造资源计划(Manufacturing Resource Planning)系统,英文缩写还是 MRP,为了与物料需求计划系统区分,而将其记为 MRP Ⅱ。

MRP Ⅱ 系统区别于之前的系统,具有如下特点:

第一,MRP Ⅱ 把企业中各子系统有机结合起来,组成了一个全面生产管理的集成优化管理系统。其中,生产和财务两个子系统的关系尤为密切。

第二,MRP Ⅱ 的所有数据来源于企业的中央数据库。各子系统在统一数据环境下工作,实现了各方面的数据共享,同时也保证了数据的一致性。

第三，MRP Ⅱ 具有模拟功能，能根据不同的决策方针模拟出各种未来将会发生的结果，如模拟将来物料需求不足，发出物料短缺的警告；模拟生产能力需求不够，发出生产能力不足的警告等。因此，MRP Ⅱ 大大提高了原 MRP 系统的应用效果；同时，它也是企业高层管理机构的决策工具（见图 1.4）。

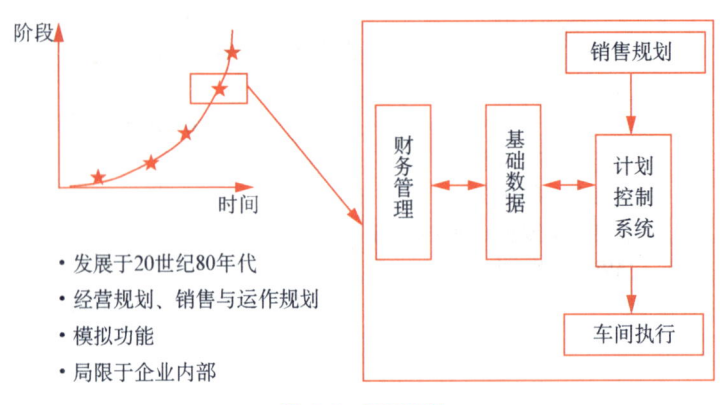

图 1.4　MRP Ⅱ

应该说，MRP Ⅱ 的出现与发展，是生产管理的规律不断被发掘的结果，是经济发展逐步深化的结果，企业开始渐渐明白，追求利润并不仅仅意味着收入的增加，同时更意味着库存的降低，流动资金的增多以及产品质量上升所带来市场份额的增加。

1.1.4　20 世纪 90 年代的 ERP

从世界范围来看，20 世纪 90 年代社会经济的发展发生了重大变化，如果说在这之前是工业经济时代，那么之后则是知识经济时代。工业经济时代是"适应于制造大量相对简单而又标准化的产品"，其关键是使生产的每一步骤规范化和简单化，成本最低的生产便会取胜，故企业管理的注意力主要放在内部管理上，包括产品生产过程的管理、库存管理与成本控制管理。知识经济时代，企业所处的时代背景与竞争环境发生了革命性的变化，社会需求的迅速变化、工艺过程的创新、企业竞争空间的区域化和国际化，使得企业必须直面社会资源更有效利用和管理作用更大的难题，这就是企业管理系统发展到 ERP 系统的原因。

ERP 就是在这种时代背景下问世的，它在 MRP Ⅱ 的基础上扩展了管理范围，给出了新的结构。在 ERP 系统设计中考虑到仅靠企业自己的资源不可能有效地参与市场竞争，还必须把经营过程中的有关各方如供应商、制造工厂、分销网络、客户等纳入一个紧密的供应链中，才能有效地安排企业的产、供、销活动，满足企业利用全社会一切市场资源快速高效地进行生产经营的需求，以期进一步提高效率和在市场上获得竞争优势；同时也考虑了企业为了适应市场需求变化不仅要组织"大批量生产"，还要组织"多品种小批量生产"。在这两种情况并存时，企业需要用不同的方法来制订计划。

ERP 系统看起来只是比 MRP Ⅱ 系统增加了一些功能子系统，但其发生的重大改变具有如下特点：

第一，它把客户需求和企业内部的制造活动以及供应商的制造资源整合在一起，包括供应商、制造工厂、分销网络和客户等，体现了完全按用户需求制造的思想，这使得企业适应市场与客户需求快速变化的能力增强。

第二，ERP系统提供了可对供应链上所有环节进行有效管理的功能，这些环节包括订单、采购、库存、计划、生产制造、质量控制、运输、分销、服务与维护、财务管理、人事管理、实验室管理、项目管理、配方管理等，各环节子系统紧密结合在一起，从而实现全球范围内的多工厂、多地点的跨国经营运作。

第三，MRP Ⅱ是通过计划的及时滚动来控制整个生产过程的，它的实时性较差，一般只能实现事中控制。而ERP强调企业的事前控制能力，它可以将设计、制造、销售、运输等通过集成来并行地进行各种相关的作业，为企业提供对质量、适应变化、客户满意、效绩等关键问题的实时分析能力（见图1.5）。

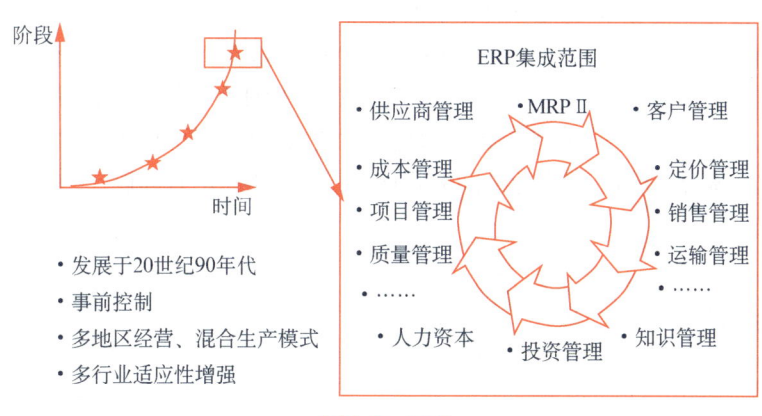

图1.5 ERP

1.1.5 21世纪初的ERP Ⅱ

进入21世纪，ERP系统在全球范围内的企业里迅速推广实施并取得了巨大成功。然而，随着企业发展的日益加速，企业对ERP系统提出了越来越高的要求。为此，各ERP软件制造商竞相改进产品，不断对产品进行升级，于是ERP Ⅱ（Enterprise Resources Planning Ⅱ）的概念应运而生。

21世纪的竞争已经不再是单一企业之间的竞争，也不是单一企业链与企业链的竞争，而是企业群体与企业群体之间的竞争。为了获得整个系统的价值最大化及竞争优势，越来越多的企业以结成战略联盟体的方式参与市场竞争，它们越来越重视整个供应链及整个企业联盟体内的资源整合与协同。

为了有效地实现企业间的协同管理，ERP Ⅱ的概念应运而生。目前，国内介绍ERP Ⅱ多数是从美国权威咨询公司Gartner Group给出的定义出发进行解释的。他们认为：ERP Ⅱ是通过支持和优化公司内部和公司之间的业务过程来创造客户和股东价值的一种商务战略，也是一套面向具体行业领域的应用系统。

ERP Ⅱ是对ERP的一种扩展和提升。从管理对象来看，企业间交易的对象是企业内部交易对象的扩展，企业间交易继承了企业内交易的属性和方法。企业人员、企业与业务伙伴、企业与客户之间的电子化交易过程都是对象之间传递消息的过程。企业间交易时，单个企业成为具体对象，具有了封装性和私有性。企业间的计划、组织、领导问题与企业内的计划、组织、领导与控制问题在属性和方法上有相似性。

因此，利用面向对象的方法可以把企业与外部资源的整体优化配置看成企业对象之间的操作和交易，ERP Ⅱ对企业间的计划、组织、领导和控制是从企业资源对象向企业间资源管理的扩展。

企业间的管理模式的属性和方法可以通过企业管理模式外推。从管理任务来看，ERP Ⅱ的管理任务包括了对客户的任务、对股东的任务和对合作企业的任务，管理模式中的管理方案是跨企业的供需平衡、BOM聚合、企业间的财务核算等。

与ERP相比，ERP Ⅱ给企业提出了更高的要求，它不仅要求企业能够优化配置企业内部的各种资源，而且把供货商、客户、股东都当成独立的交易实体处理，因此供货商、客户、制造企业等都可以作为交易对象来获取其中的资源。

因此，ERP Ⅱ的管理模式仍然继承了ERP的管理模式，在供应链管理、客户关系管理、价值链管理方面继承了物料管理、销售管理、财务管理的管理任务、管理模型、管理算法和管理数据。ERP Ⅱ的主要不同是企业管理模式之间是通过消息进行沟通和协作的，每个企业的管理模式成为封装的具体管理模式，而企业之间的管理模式成为重点的管理模式(见图1.6)。

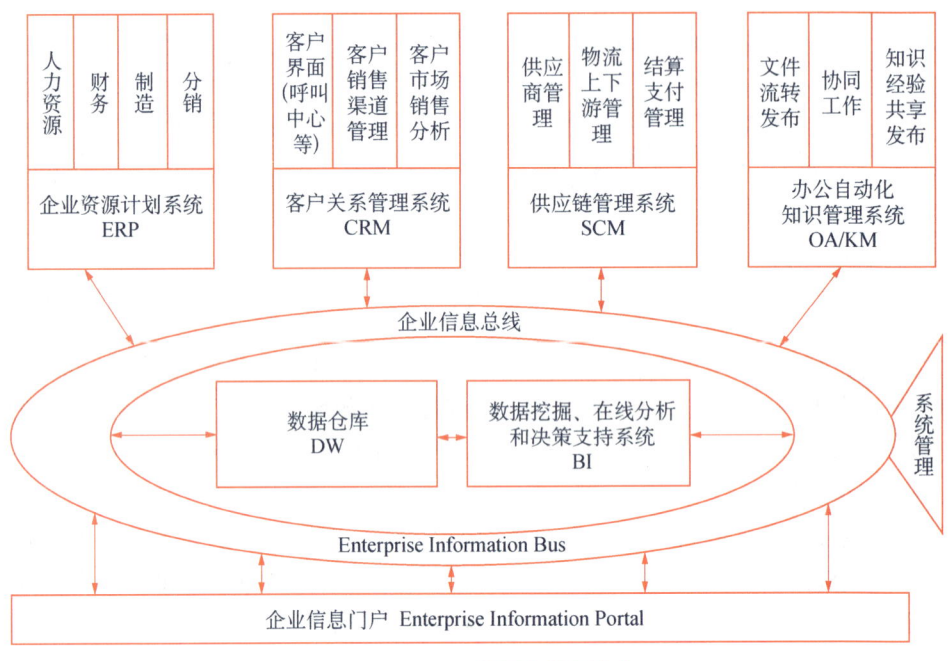

图1.6　ERP Ⅱ集团化协同商务

任务 1.2　ERP系统的功能与特点

1.2.1　ERP系统的主要功能模块

1.2.1.1　会计核算

会计核算主要是记录、核算、反映和分析资金在企业经济活动中的变动过程及其结果。

ERP 会计核算模块主要包括总账、应收账、应付账、现金管理、固定资产核算、多币制、工资核算、成本等内容。

1.2.1.2　财务管理

财务管理主要是基于会计核算的数据进行分析，从而开展相应的预测、管理和控制活动。ERP 财务管理模块包括财务计划、财务分析、财务决策等内容。

1.2.1.3　生产控制管理

生产控制管理是 ERP 系统的核心所在，是一个以计划为导向的先进的生产管理方法。它将企业的整个生产过程有机结合，使企业有效地降低库存，提高效率。同时，各个原本分散的生产流程的自动连接，也使得生产流程能够前后连贯进行，而不会出现生产脱节、耽误生产交货时间等情形。ERP 生产控制管理模块包括主生产计划、物料需求计划、生产能力需求计划、车间控制、制造标准等内容。

1.2.1.4　采购管理

采购管理可以确定定货量、甄别供应商和产品的安全，可随时提供定购、验收信息，跟踪、催促外购或委外加工物料，保证货物及时到达。ERP 系统可建立供应商档案，可通过最新成本信息调整库存管理成本。ERP 采购管理模块包括供应商信息查询、催货、采购与委外加工管理统计、价格分析等内容。

1.2.1.5　销售管理

销售管理是从产品销售计划开始，对其销售产品、销售地区、销售客户等各种信息的管理和统计，可对销售数量、单价、金额、利润、绩效、客户服务等作出全面分析。ERP 销售管理模块包括客户信息管理、销售订单、销售分析等内容。

1.2.1.6　库存控制

库存控制是控制、管理存储物资，结合部门需求随时调整库存，并精确反映库存动态的系统。ERP 库存控制模块包括存货档案管理、出入库管理、库存台账等内容。

1.2.1.7　人力资源管理

人力资源管理是一个独立模块，和财务管理、生产控制管理等模块组成了一个高效的、具有高度集成性的企业资源系统。ERP 人力资源管理模块包括招聘管理、工资核算、工时管理、绩效管理等内容。

1.2.2　ERP 系统的特点

ERP 系统是针对物资资源管理（物流）、人力资源管理（人流）、财务资源管理（财流）、信息资源管理（信息流）等集成一体化的企业管理软件。它具有如下特点。

1.2.2.1　一体化管理

ERP 系统提供了一个统一的平台，有效整合了企业行为中的各环节，其信息的传递是线性的，从订单到利润的实现，形成了一体化管理，从而有效地调动了企业资源，提高了管理效率。

1.2.2.2　适应企业多种生产方式

企业的生产方式是多种多样、富有个性的。ERP 系统能适应企业多种生产方式，指引企业适应市场变化。它支持对混合型生产方式的管理，其管理思想主要表现在两个方面：第一是"精益生产"的思想，即企业按大批量生产方式组织常规生产，通过流程再造，消除不合理的环节,提高企业常规生产效益;第二是"敏捷制造"的思想,即特定情况下非常规生产,通过特定的流程,有效调集企业资源,体现企业对市场的反应速度。

1.2.2.3 充分体现了事先计划与事中控制

ERP 系统通过一体化管理,使企业管理者能实时了解生产各环节资源的使用情况,通过计划管理进行事先计划与事中控制。系统中的计划体系主要包括生产计划、物料需求计划、生产能力需求计划、采购计划、销售执行计划、利润计划、财务预算和人力资源计划等。这些计划功能与价值控制功能已完全集成到整个系统中,并通过定义业务处理相关的会计核算科目与核算方式,在业务处理发生的同时自动生成会计核算分录,保证了资金流与物流的同步记录和数据的一致性,从而实现了根据财务资金现状,追溯资金的来龙去脉,并进一步追溯所发生的相关业务活动,改变了资金信息滞后于物料信息的状况,便于实现事中控制和实时作出决策。

1.2.2.4 强调管理环节中协调作用

ERP 系统的计划、事务处理、控制与决策等功能都是在整个业务处理流程中实现的。ERP 系统要求在每个业务处理流程中最大限度地发挥每个人的工作潜能与责任心,流程与流程之间则强调人与人之间的合作精神,以便在有机组织中充分发挥每个人的主观能动性与潜能,进而有效实现企业管理中信息的横向传递,减少信息传递的中间环节。它使企业管理由层层管理的"高耸式"组织结构向管理者直接面对作业层的"扁平式"组织结构转变,提高企业对市场动态变化的响应速度。

1.2.3 ERP 系统的主要作用

1.2.3.1 ERP 系统能解决物料短缺和库存积压的库存管理难题

在库存管理的问题上,企业经常处于两难之中:要多存物料,肯定会占用资金;少存物料,又怕出现物料短缺,影响生产。物料短缺和库存积压总是同时存在,成为库存管理的难题。

ERP 系统及其核心部分 MRP 恰好就是为解决这样的问题而发展起来的。从 MRP 的基本逻辑可以发现,MRP 所追求的正是既满足需求,又避免库存积压。换言之,企业要在正确的时间以正确的数量得到正确的物料。所以,通过 ERP 系统,企业可以解决物料短缺和库存积压的问题。

1.2.3.2 ERP 系统能够解决多变的市场与均衡生产之间的矛盾

市场是多变的,而企业希望生产活动是均衡的,这是制造企业面对的基本矛盾。但是,面向市场以客户需求驱动生产,并不意味着让企业的生产活动亦步亦趋地追踪需求。企业只要在一段时间内让生产的产品与市场需求相匹配就可以了。

ERP 系统的计划功能就是要使得在一段时间内的生产计划量和市场需求在总量上相匹配,而不追求每个具体时刻上的市场需求。在这段时间内,即使需求发生变化,但只要需求总量不变,就可以保持相对稳定和均衡的生产计划。所以,通过 ERP 系统,企业可以解决多变的市场与均衡生产之间的矛盾。

1.2.3.3 ERP 系统使得对客户的承诺完成得更好

ERP 系统可以使市场销售部门和生产制造部门在主生产计划的支持下有效地合作。ERP 系统会根据产销两方面的变化,随时更新对客户的可承诺量数据。只要把客户对某种产品的订货量和需求日期录入 ERP 系统，就可以得到以下信息：客户需求可否按时满足；如果不能按时满足，那么在客户需求日期，可承诺量是多少；不足的数量何时可以提供。这样，销售人员在作出供货承诺时就可以做到心中有数。

1.2.3.4　ERP 系统可以提高质量并降低成本

通过 ERP 系统，企业的所有员工看似在自己的岗位上按部就班地工作，实际上是在执行一份统一的运营计划。执行一份协调统一的运营计划当然要比被一组混乱的计划所驱使要愉快得多。通过 ERP 系统，员工的工作更有秩序，而不是忙于"救火"。在这种情况下，员工的工作质量提高了，不出废品，一次就把工作做好。于是，提高生产率、提高产品质量、降低成本、增加利润等目标都将相继实现。

1.2.3.5　ERP 系统可以改变企业中的部门本位

传统的企业观强调分工，因此，员工往往更注重本部门的利益。ERP 系统强调企业的整体和流程，它把生产、财务、销售、工程技术、采购等子系统结合成一个一体化的系统，使各子系统在统一的数据环境下工作。

任务 1.3　ERP 主流产品介绍

1.3.1　国外 ERP 主流产品

1.3.1.1　R/3

Resources/3(R/3)是 SAP 公司开发的 ERP 软件，其主要功能模块包括：销售和分销、物料管理、生产计划、质量管理、工厂维修、人力资源、工业方案、办公室和通信、项目系统、资产管理和控制、财务会计。R/3 的功能涵盖了企业管理业务的各个方面，这些功能模块服务于不同的企业管理领域。在每个管理领域，R/3 又提供进一步细分的单一功能子模块。例如，财务会计模块包括总账、应收账、应付账、财务控制、金融投资、报表合并、基金管理等子模块。R/3 支持的生产经营类型包括按订单生产、批量生产、合同生产、离散型、复杂设计生产、按库存生产、流程型。R/3 的用户主要分布在航空航天、汽车、化工、消费品、电器设备、电子、食品饮料等行业。

1.3.1.2　EBS

E-Business Suite(EBS)是 Oracle 公司开发的 ERP 软件，包括 ERP(企业资源计划)、HR(人力资源管理)、CRM(客户关系管理)等多种管理软件的集合，是无缝集成的一个管理套件。作为企业管理软件，EBS 的管理范围涵盖企业管理的方方面面：资产生命周期管理、客户关系管理、企业资源计划、财务管理、人力资源管理、项目管理、采购、产品生命周期管理、供应链管理、供应链计划、物流与运输管理、订单管理、价格管理、制造、教育管理系统、iMeeting 和网上购物系统。

1.3.1.3　Sage X3

Sage X3 功能涵盖了财务、人事、成本和分析会计、预算和承诺以及固定资产领域，可以轻松处理国与国之间、子公司与总部之间的业务。Sage X3 比较灵活的会计结构（多账簿和多会计科目表）在推进实时全球化视野的同时，也能适应本地运营要求。Sage X3 的主要功能包括财务管理、采购管理、销售管理、客户服务、存货管理、生产管理、报表编制、协同合作和工作空间。

1.3.2 国内 ERP 主流产品

1.3.2.1 用友 NC 和 U8

NC 和 U8 是用友科技股份有限公司开发的 ERP 管理软件。用友 NC 采用云计算、大数据、移动互联网、人工智能等关键技术，使大型企业在数字营销、智能制造、财务与人力资源共享服务等焦点领域实现面向未来的企业互联网化的流程再造。

用友 U8 则聚焦机械、电子、整车汽配、家具等行业，借助移动互联网、物联网、大数据等技术，助推大中型离散制造企业实现互联网化、逐步迈向智能制造。

1.3.2.2 金蝶 EAS 和 K/3

金蝶 EAS 支持云计算、SOA 和动态流程管理，全面覆盖企业战略管理、风险管理、集团财务管理、战略人力资源管理、跨组织供应链、多工厂制造和外部产业链等管理领域，提升整体运作效率，实现效益最大化。

金蝶 K/3 财务管理系统面向企业财务核算及管理人员，对企业的财务进行全面管理，在完全满足财务基础核算的基础上，实现集团层面的财务集中、全面预算、资金管理、财务报告的全面统一。金蝶 K/3 各模块可独立使用，同时可与业务系统无缝集成，构成财务与业务集成化的企业应用解决方案，其主要有以下八大模块子系统：财务管理、供应链管理、生产制造管理、销售与分销管理、人力资源管理、办公自动化、客户关系管理和商业智能。

1.3.2.3 浪潮 GS 和 PS

浪潮 GS 利用云计算、大数据、物联网、移动互联等技术，推出财务云、司库与资金云、采购云、供应链云、营销云、制造云、人力云、协同云、分析云等，助力大中型集团流程再造。

浪潮 PS 主要从企业关注的财务、物流、生产制造、人力资源等方面入手，以企业价值链为核心，以工作流程为基础，帮助中小型企业对业务进行全面有效地管理和控制，实现财务业务一体化，实现物流、资金流和信息流的一致性和完整性。

1.3.2.4 易助

易助是中国台湾鼎新电脑股份有限公司（神州数码）打造的一款以中小型制造企业为主要服务对象，以生产管理为核心的 ERP 软件。它囊括了企业物流、生产、成本、财务等管理内容，其最大优势在于以业务系统为主导，各模块之间充分有机结合，是一款能够快速实施的软件。

1.3.2.5 博科 ERP 管理大师

博科 ERP 管理大师预配置了数以万计已成功应用的企业业务流程，每种业务流程都是符合现代管理科学的总结与提炼，充分体现了管理的科学性。同时，基于其自动化、智能化的编程技术特点，还为企业个性化的项目二次开发保留了高效与灵活的现场配置空间。目前，该系统包括物料管理、销售与分销、生产管理、工厂维护、质量管理、制造执行、物流、财务会计、管理会计、人力资源、项目管理、办公管理、供应商关系 13 个功能模块。

1.3.2.6 畅捷通 T+

畅捷通 T+是一款灵动、智慧、时尚的互联网管理软件，主要针对中小型工贸和商贸企业的财务业务一体化应用，融入了社交化、移动化、物联网、电子商务、互联网信息订阅等元素。畅捷通 T＋适用于异地多组织、多机构对企业财务汇总的管理需求；全面支持企业对远程仓库、异地办事处的管理需求；全面满足企业财务业务一体化管理需求。畅捷通 T＋主要包括财务管理、购销管理、库存核算、资产管理、委外管理、生产管理、零售管理、分销管理、会员管理等模块。

任务 1.4　ERP 的发展趋势

1.4.1　数字化技术带来商业模式改变

ERP 系统是传统商业模式下的产物。随着物联网、大数据、云计算、移动互联网、人工智能、区块链等数字化技术的爆炸式发展，商业模式发生了翻天覆地的变化。

1.4.1.1　竞争格局改变

跨界和颠覆成为一种潮流。行业与行业的相互渗透越来越普遍，我们已经很难对一个企业或者行业的"属性"进行界定。阿里巴巴、腾讯、百度等互联网巨头积极布局数字生态化，零售业、制造业、金融业、医疗、农业等行业都在面临深入的数字化颠覆和渗透，商业模式被重新定义，客户体验被重新定义，产业生态被重新定义，企业核心竞争力被重新定义，企业经营的方方面面都在被颠覆与改变。

1.4.1.2　消费需求改变

"一次性的标准商品购买"是传统产品和零售对消费者制定的"规则"。然而麦肯锡《2017 年中国消费者调查报告》显示：越来越多的消费者表示，除了购物体验要符合自己的行为模式，也希望产品能够满足个性化需求，彰显独特品位。

1.4.1.3　营销渠道改变

线上线下融合的全渠道购物已成为主流消费方式。麦肯锡《2017 年中国消费者调查报告》显示：96％的消费类电子产品销售中，消费者要么先线下体验再线上购买，要么先线上研究再到实体店体验并购买。消费者期待随时随地进行"场景触发式购物"或者"体验式购物"。例如，当消费者看到电视嘉宾穿着时装或在微信聊天时得知新的美容产品时，就瞬间被点燃购物欲望并及时进行购物体验。

1.4.1.4　客户互动方式改变

微信、脸书等社交媒体的兴起，在改变人们生活方式的同时，也给人们的购物习惯带来巨大变化。社交媒体已迅速成为重要的购物渠道。麦肯锡《2017 年中国消费者调查报告》显示：社交媒体增加了用户 10％的购物时间，70％的受访微信用户表示愿意在自己喜爱品牌的官方微信电商渠道购物，其中 31％的用户表示已经在微信上买过东西。

1.4.1.5　运营模式改变

新的运营核心需求体现在企业能通过高度集中的数字化管理平台建立新的营销、研发、生产和服务流程，建立横向集成、纵向打通、端到端一体化的全新营销体系，建立可视化的产销协同平台、智能化的柔性生产控制平台和开放共创的产业协同平台，进而建立资源共享、智慧协同的企业运营管理体系，赋能员工，激活组织，实现智能化运营和管理。

1.4.2 商业模式改变驱动 ERP 应用发展

数字化商业与传统商业有明显不同,具备更明显的互联网属性:交易平台化、管理智能化、金融泛在化、数据资产化、产品/服务/货币数字化、支付结算/票据/合约电子化、流程/知识/工作自动化。这会影响商业模式、经营策略、客户体验、营销渠道、人力资源、产品创新、技术研究、客户服务与运营等企业经营的方方面面。

在数字化商业模式下,连接、协同、共享成为基本特征。人与人、机器与机器、人与机器、人与组织、消费者与企业、不同企业或者组织之间的许多信息都将是连接的,而且这种连接是智能的、实时的。同时这种连接将打破组织边界,实现社会化的信息与资源共享。企业可以实时响应市场的变化与消费者需求,也可以通过企业间的产业链共享和协同构建更有竞争力的商业策略。企业的经营边界更模糊,社会分工更明确,产业协作更生态,更趋向于社会化。人与人、人与企业、企业与企业之间的协同将创造出更低成本、更高效率的商业流程与模式,提供更好的产品、服务和客户体验。

在数字化背景下,ERP 也在发展,发展方向包括以下几个方面。

1.4.2.1 客户导向

生产经营从厂商导向变为客户导向,真正建立起以客户为中心的商业模式和流程。借助 ERP 系统,企业通过内部管控数据的分析,侧重于大规模生产和大众市场渠道,就能得以生存并稳定增长。然而,当今的消费者个性化需求愈加旺盛,且互联网赋予了他们新的力量,只要移动手指,就可以"投奔"其他商家。在数字化商业下,企业必须想方设法获取更详细的消费者信息,以建立长期信任的方式管理客户数据,并最大化地利用数据来洞察消费者的喜好和需求,利用智能科技,重构人、货、场,重塑营销场景和用户互动模式,满足个性化消费和体验需求,实现营销精准化、营销场景化、营销社交化。例如,利用客户浏览数据痕迹推送需求信息;购物商场利用人脸、指纹识别或者 AR/VR 技术收集客户所到店铺的信息等。

1.4.2.2 员工能动

企业组织从传统的自上而下模式转向员工能动模式,成为员工赋能平台。企业需要着眼于未来的数字化人才战略,重塑以员工为中心、激活员工活力、赋能组织创新成长的思维模式,连接工作场景和职业生涯发展,充分应用数字化技术,打造开放、共享的人才发展新环境和扁平化、平台化的组织架构。例如,通过更智能的虚拟现实和模拟系统,结合员工的学习需求,利用多元化的技术手段提升学习效果,构建个性化、敏捷化、沉浸化、共享化的学习体验;借助企业社交协同平台,实现组织由传统层级结构向扁平化管理平台转变,打造突破组织边界的知识与创新驱动型组织,实现知识共享、即时沟通、高效协同、发挥员工能动性、激发组织创新活力。

1.4.2.3 数据驱动

企业组织与管理从流程驱动转为数据驱动,数据超越流程成为新的运营核心。借助大数据整合,企业能够更快速地收集到营销、生产等经营过程中所有流程的数据,从而更进一步地优化企业决策,改善资源分配,实时检测运营状态和掌控经营情况,更好地倾听客户意见;借助互联网平台打造数字化供应链、实现物资采购全球寻源与供应商动态管理和评价;通过企业社交工具实现与产业链伙伴间的信息共享;借助共享服务平台建设,探索财务、人力资源和信息技术等方面的服务共享与精益化管理,打破业务部门之间的"围墙",实现端到端的价值导向服务,大幅缩减运营成本,提高运营效率,降低运营成本。目前很多大型企业正在实施的"中台"建设,就是基于企业运营数据、产品技术能力等相关信息以及资源高度整合的 IT 系统平台中台可以为企业前台业务提供强有力的数据支撑。

1.4.2.4 智能运营

企业运营从业务流程信息化转向全面自动化、智能化,智能管理成为企业运营的基本需求。在当前数字化背景下,大数据、云计算、移动互联网、物联网技术和区块链技术突飞猛进,人工智能实现战略性突破,信息化进入了以新一代人工智能技术为主要特征的智能运营阶段。工业互联网通过构建连接企业、机器、物料、人、信息系统的基础网络,借助大数据的深度挖掘分析,实现经营数据的全面感知、动态传输、实时分析,形成科学决策与智能控制,提高企业资源的配置效率。例如,制造业通过智能工厂的部署,实现"无人工厂"的生产模式。

1.4.2.5 全球资源

企业经营能力从本地资源运营转为全球资源整合,买全球、卖全球、协作全球成为未来企业竞争的关键能力。随着互联网和电子商务的发展,新零售时代的到来,改变了传统的商业思维与交易模式。网络交易的透明化、公开化、便利性、实时性,互联网交易共享全球资源,让传统的交易不得不思考变革。近几年,各类行业和综合性互联网 2B 电商平台快速发展,已经聚集了海量、专业的商品资源,并累计了基于交易的评价信息,只要融合互联网电商平台,接入全球供应商或者销售平台,全网全球范围的买和卖就将成为交易的主流发展趋势之一。例如,全球司库就是结合行业资源以及技术资源,帮助企业建立统一的资金集中、结算、监控等,从而更好地管理财务,合理规范地使用资金。

通关测试

一、选择题

1. 最早提出 ERP 概念的咨询公司在(　　)。
   A. 英国　　　　　B. 中国　　　　　C. 德国　　　　　D. 美国
2. ERP 的基本思想是(　　)。
   A. 计划和管理　　B. 控制和组织　　C. 计划和控制　　D. 组织和管理
3. ERP 的中文含义是(　　)。
   A. 企业资源计划　B. 管理信息系统　C. 实务处理系统　D. 人力资源管理
4. ERP 系统的主要功能中,不可或缺的功能模块是(　　)。
   A. 财务管理　　　　　　　　　　　B. 物流管理
   C. 人力资源管理　　　　　　　　　D. 生产计划与控制管理
5. ERP 的发展经历了(　　)个主要的发展阶段。
   A. 1　　　　　　　B. 3　　　　　　　C. 4　　　　　　　D. 5

二、判断题

1. 企业资源计划未来的目标是提高灵活性。(　　)
2. 金蝶 EAS 和 K/3 系统各模块可独立使用,同时可与业务系统无缝集成,构成财务与业务集成化的企业应用解决方案。(　　)

3. 用友 U9 是 U8 的升级版，主要是针对离散型生产特点的企业。（ ）
4. 主生产计划就是将企业的经营规划目标转变为各产品族的生产计划。（ ）
5. MRP Ⅱ（制造资源计划）产生于 20 世纪 70 年代，在闭环 MRP 的基础上，集成了财务管理、供销链管理和制造管理，构成了完整的企业管理流程。（ ）

三、简答题

1. 列举国内外知名的 ERP 软件公司，并说出常见的 ERP 产品。
2. 简述什么是供应链管理。

模块 2　认知 ERP 系统的主要模块和功能

知识目标
1. 了解 ERP 系统的基本架构。
2. 了解 ERP 系统各模块的主要功能。
3. 了解财务管理系统的构成。

技能目标
1. 会登录 ERP 系统。
2. 会查询 ERP 系统中的财务管理系统。

任务 2.1　ERP 系统的基本架构

ERP 系统是将企业所有资源进行集成的数字化管理，简单地说，ERP 系统是将企业的"三流"（即物流、资金流和信息流）进行全面一体化管理的管理信息系统。

ERP 系统从最基本的层面上来看，可以分为财务管理、供应链管理、商贸管理、生产管理、成本管理、人力资源管理等，其基本架构如图 2.1 所示。

ERP 系统通常是由若干子系统（也称功能模块）组成，每个子系统具有特定的功能，各子系统之间又存在紧密的数据联系，它们相互作用、相互依存，形成一个整体。功能结构就是指子系统具备的功能和各子系统之间的相互关系。

本任务将主要介绍财务管理（financial management，FM）、供应链管理（supply chain management，SCM）、成本管理（cost management，CM）三大系统。

2.1.1　财务管理系统

对企业来说，清晰分明的财务管理是极其重要的，所以在 ERP 系统中它是不可或缺的一部分。ERP 系统中的财务管理系统与一般的财务软件不同，作为 ERP 系统中的一部分，它和 ERP 系统的其他系统有相应的接口，能够相互集成。例如，它可将由生产活动、采购活动输入的信息自动计入财务管理系统并生成总账、会计报表，免去了输入凭证的烦琐过程，几乎可以完全替代以往传统的手工操作。

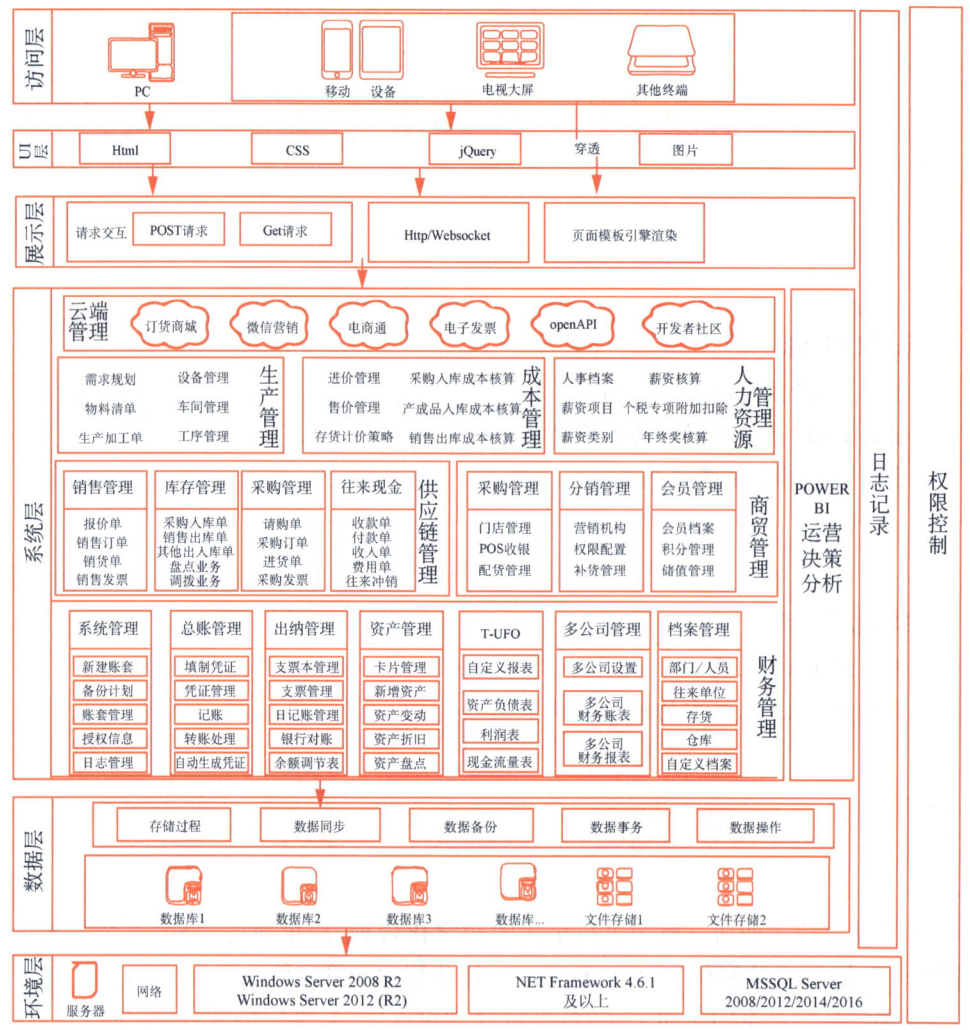

图 2.1 ERP 系统的基本架构

会计核算主要包括账务处理模块（总账模块）、固定资产管理模块、薪资管理模块、应收管理模块、应付管理模块、成本管理模块、报表管理模块、财务分析模块、预算管理模块、项目管理模块、其他管理模块。

财务管理系统的功能主要是基于会计核算的数据，再加以分析，从而进行相应的预测、管理和控制活动，它侧重于财务计划、分析和决策。财务计划是根据前期财务分析作出的。财务分析提供查询功能和通过用户定义的差异数据的图形显示进行财务绩效评估、账户分析等。财务决策是财务管理的核心部分，中心内容是作出有关资金的决策，包括资金筹集、投放及资金管理。

2.1.2 供应链管理系统

供应链管理系统是 ERP 系统的重要组成部分，它是以企业购销存环节中的各项活动为对象，不仅记录各项业务的发生，还能有效跟踪其发展过程，为财务核算、业务分析、管理决策提供依据,实现了财务业务一体化全面管理,实现了物流与资金流的统一。

供应链管理系统主要包括物料需求计划、采购管理、销售管理、库存管理、存货核算、质量管理等模块。其主要功能在于提高预测的准确性,减少库存,提高供货和发货的能力;缩短工作周期,提高生产效率,降低供应链成本,加快市场反应速度。同时,供应链管理系统在这些模块中提供了对采购、销售等业务环节的控制、对库存资金占用的控制以及对存货出入库成本的核算,使企业的管理模式更符合实际情况。通过供应链管理系统,企业能制定出最佳的企业运营方案,实现管理的高效率、实时性、安全性、科学性。

2.1.3 成本管理系统

成本管理系统是企业管理的一个重要组成部分,它对于促进增产节支、加强经济核算、改进企业管理、提高企业整体管理水平具有重大意义。企业要使自己的产品占领市场,就必须对其成本进行控制,否则就会失去市场竞争力,从而影响企业的生存和发展。ERP 系统为企业的成本管理提供了工具。把财务和成本管理纳入系统中,是 ERP 系统发展过程中的一个重要标志。

2.1.4 其他子系统

根据企业业务需要的不同,ERP 系统通常有很多辅助模块,如人力资源管理、客户关系管理、协同办公、电商与分销、决策支持等。

随着互联网时代的到来,企业的形态越来越多,业务形式也随之多样化。ERP 系统的功能根据企业实际业务的不断发展,也同步出现了多种变化,目的是更好地为企业业务提供服务,提高企业的管理效率。

2.1.5 畅捷通 T+

本教材以畅捷通 T+(13.0 版本)为例,介绍 ERP 系统的系统架构和模块功能[1]。

2.1.5.1 畅捷通 T+的特点

畅捷通 T+是用于中小企业的 ERP 系统,通过 PC 端和手机端,随时随地管理财务、销存、批量订货、生产管理、多门店经营等企业常见需求,轻松打通企业管理"人财货客"[2]全链条,全面提升企业的管理效率、降低企业运营中的损耗。

传统 ERP 系统主要是通过资金流、物流、信息流的三位一体化,帮助企业做好内部流程的管控。

现在这个时代我们称作云时代,也就是移动互联网造就的时代,当今企业在内部管控的同时,还要与外部的客户、订单等紧密联系起来,这种管理会使得企业的"人财货客"紧密地合为一体。充分利用互联网手段,使企业的行为数据和业务数据成为一个整体,从粗放式管理向精细化管理转变,这也就是互联网时代下 ERP 系统的特点。

2.1.5.2 畅捷通 T+的功能模块

畅捷通 T+主要包括采购管理、销售管理、库存核算、往来现金、生产管理、委外管理、总

---

[1] 本软件并非严格按照传统财务知识对功能、图表进行命名,有些命名存在简化情况,需读者结合相关基础课程进行理解。

[2] "人财货客"就是企业对人、财务、货物及商品、客户管理的四位一体的阐述。

账、T-UFO 报表、资产管理等子系统，主要应用于小型商贸企业、工业企业与工贸企业财务业务一体化管理。

2.1.5.3 畅捷通 T+各子系统之间的数据传递关系

畅捷通 T+的总流程如图 2.2 所示。

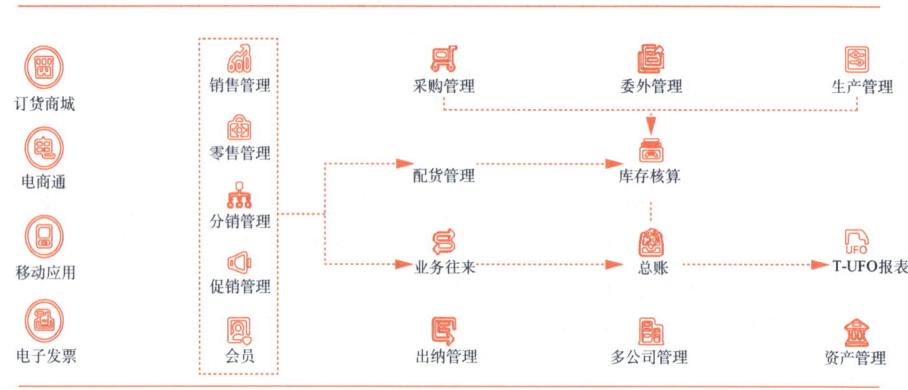

图 2.2　畅捷通 T+的总流程

库存核算模块可以生成存货入库、存货估价入账、存货出库、盘亏/毁损、存货销售收入、存货期初余额调整等业务的记账凭证，并传递到总账模块。

往来现金模块可以完成采购单据处理、供应商往来处理、票据新增、付款、退票处理等业务后，生成相应的记账凭证并传递到总账模块；可以完成销售单据处理、客户往来处理、票据处理及坏账处理等业务后，生成相应的记账凭证并传递到总账模块。

资产管理模块可以管理固定资产、无形资产、周转材料等多种形式的资产，生成资产增加、减少、盘盈、盘亏、资产变动、资产评估和折旧分配等业务的记账凭证，并传递到总账模块。

T-UFO 报表模块可以从各模块取数编制相关财务报表，并进行财务分析。

任务 2.2　体验系统管理模块

本模块内容的企业背景信息如下：上海徽宁便利有限公司是一家批发和零售鞋帽、服装、化妆品、食品、日用品等业务的商业企业。该公司为一般纳税人，适用 13% 的增值税税率，采用《企业会计准则》，系统启用日期为 2019 年 12 月 1 日。该公司的初始账套已完成，模块体验均由"账套主管"完成。

系统管理是设置 ERP 系统最基础信息的模块，一般来说，系统管理员可以登录系统管理模块进行系统基础信息的设置，这些信息包括账套管理、运行管理、服务器配置、实施工具、多公司管理等管理项目，这些设置是全局的设置，用来保证 ERP 系统的正常运行。这里主要介绍账套管理的功能，如图 2.3 所示。

（1）新建账套：新系统在使用之前，都需要建立新的账套。

（2）备份账套：将账套导出为指定的文件，存放在本地磁盘上。

（3）恢复账套：将本地磁盘上的账套文件，恢复到系统中，如果系统中有相同账套号的

图 2.3　账套管理的功能

账套,系统会提示是否覆盖。选择覆盖,则账套文件将会覆盖系统中现有的账套。

(4)用户权限:设置用户组及用户相关信息。其具体包括为用户组分配功能权限和字段权限,为用户设置所属的用户组,为用户分配功能、字段权限和数据权限,为用户分配移动应用权限等功能。

(5)选项设置:系统选项也称系统参数、业务处理控制参数,是指在企业业务处理过程中所使用的各种控制参数。系统参数的设置将决定用户使用系统的业务流程、业务模式、数据流向。

> 注:用户在进行选项设置之前,一定要详细了解选项开关对业务处理流程的影响,并结合企业的实际业务需要进行设置。由于有些选项在日常业务开始后不能随意更改,用户最好在业务开始前进行全盘考虑,尤其要注意那些对产品全局有影响的选项设置。

(6)单据设置:单据审核设置、单据编码设置、单据设计、移动模板设置、打印管理中心。

(7)基础档案设置:通过基础档案字段属性、自由项设置、自定义项设置等功能,来设置基础档案的显示格式以及基础档案中具体字段是否可以编辑、是否显示。支持基础档案设置的档案包括存货、往来单位、部门、员工、仓库、科目。

(8)日志管理:记录系统中硬件、软件和系统问题的信息,同时还可以监视系统中发生的事件。用户可以通过日志管理来检查错误发生的原因,或者寻找受到攻击时攻击者留下的痕迹。

日志管理是一种非常关键的组件,因为日志管理可以让用户充分了解自己的环境。这种系统日志信息对于决定故障的根本原因或者缩小系统攻击范围来说是非常关键的,因为系统日志可以让用户了解故障或者袭击发生之前的所有事件。为虚拟化环境制定一套良好的系统日志策略也是至关重要的,因为系统日志需要和许多不同的外部组件进行关联。良好的系统日志可以防止用户从错误的角度分析问题,避免浪费宝贵的排错时间。借助于系统日志,管理员很有可能会发现一些之前从未意识到的问题。

▶ 任务发放 2.2.1

以账套管理员 001 的身份,密码为"123456",登入日期为"2019-12-01",增加人员及相关权限设置,如表 2.1 所示。

任务发放 2.2.1
操作视频

表 2.1 增加人员及相关权限设置

编码	姓名	岗位	分管工作	权限
03003	吴芳芳	出纳	财务部出纳工作	往来现金收付款单填制、出纳管理系统、总账出纳签字

▶ 任务指引 2.2.1

进度一：以账套管理员 001 的身份，密码为"123456"，选择账套名称为"上海徽宁便利有限公司"，日期为"2019-12-01"，登录畅捷通 T+系统，单击"系统管理"。结果如图 2.4 所示。

图 2.4 "系统管理"界面

进度二：打开"新增用户"对话框。单击"用户权限"，打开"用户权限"窗口，单击工具栏的"新增用户"按钮，打开"新增用户"对话框。

进度三：编辑"新增用户"对话框。编辑"用户账号"为 03003，"用户名"为吴芳芳，"所属营销机构"为上海徽宁便利有限公司，"所属用户组"为出纳组，"密码"为（空）。结果如图 2.5 所示。

进度四：给出纳组授权。单击左侧"用户组"|"出纳组"，单击"组授权"，打开"组授权"界面，进行组授权。

进度五：保存并返回。单击"保存"按钮，保存权限窗口，单击"返回"按钮，返回"用户权限"窗口。

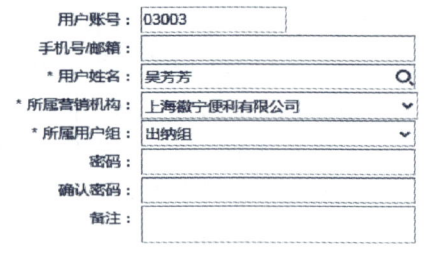

图 2.5 "新增用户"对话框

注：(1) 用户和用户组设置不分先后顺序，可以根据需要进行设置。但对于自动传递权限来说，应该先设定用户组，然后分配权限，最后进行用户的设置。这样在设置用户的时候，如果选择其归属哪一个用户组，则其自动具有该用户组的权限。

(2)一个用户组可以拥有多个用户。

(3)若用户组已经在用户设置中被选择过,则系统会将这些用户名称自动显示在用户组设置中的所属用户名称的列表中。

(4)只有账套主管有权限进行用户权限功能的设置。

▶ 任务发放 2.2.2

以账套管理员 001 的身份,密码为"123456",登入日期为"2019-12-01",查看添加吴芳芳的授权日志。

▶ 任务指引 2.2.2

进度一:以账套管理员 001 的身份,密码为"123456",选择账套名称为"上海徽宁便利有限公司",日期为"2019-12-01",登录畅捷通 T+系统,单击"系统管理"。

进度二:打开"日志管理"窗口。在"系统管理"界面中,单击"日志管理",打开"日志管理"窗口。

进度三:编辑"日志管理"窗口。编辑"模块"为系统管理,"用户"为 001(张亚楠),"功能"为用户权限,"操作日期"为当前操作时电脑系统时间。

进度四:退出。单击工具栏的"退出"按钮,退出"日志管理"窗口。

▶ 任务发放 2.2.3

以账套管理员 001 的身份,密码为"123456",登入日期为"2019-12-01",设置自定义档案,添加"档案编码"为 001,档案名称为付款条件。

任务发放 2.2.3 操作视频

▶ 任务指引 2.2.3

进度一:以账套管理员 001 的身份,密码为"123456",选择账套名称为"上海徽宁便利有限公司",日期为"2019-12-01",登录畅捷通 T+系统,单击"系统管理"。

进度二:打开"自定义档案设置"窗口。在单据档案设置栏单击"自定义档案设置",打开"自定义档案设置"窗口。

进度三:新增"付款条件"档案。单击工具栏的"新增"按钮,编辑"档案编码"为 001,"档案名称"为付款条件,"档案分类分级"为空。结果如图 2.6 所示。

序号		*档案编码	*档案名称	*档案分类分级
1	☐	001	付款条件	空

图 2.6 "自定义档案设置"窗口

进度四:保存。单击工具栏的"保存"按钮,保存"自定义档案设置"窗口。

进度五:退出。单击工具栏的"退出"按钮,退出"自定义档案设置"窗口。

▶ 任务发放 2.2.4

以账套管理员 001 的身份,密码为"123456",登入日期为"2019-12-01",设置"收款预警提前天数"为 3 天,"付款预警提前天数"为 5 天,"采购进货预警提前天数"为 7 天。

任务发放 2.2.4 操作视频

▶ 任务指引 2.2.4

进度一：以账套管理员 001 的身份，密码为"123456"，选择账套名称为"上海徽宁便利有限公司"，日期为"2019-12-01"，登录畅捷通 T+系统，单击"系统管理"。

进度二：打开"预警设置"窗口。依次单击"消息中心及预警设置"|"预警设置"，打开"预警设置"窗口。

进度三：设置预警设置。设置"收款预警提前天数"为 3 天，"付款预警提前天数"为 5 天，"采购进货预警提前天数"为 7 天。结果如图 2.7 所示。

进度四：确定。单击"确定"按钮，系统提示"保存成功"。

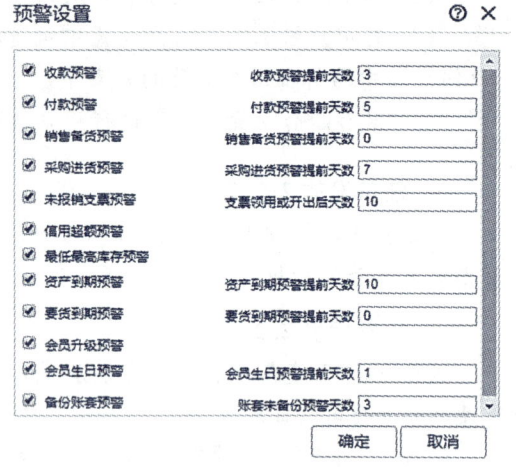

图 2.7 "预警设置"窗口

任务 2.3　体验供应链管理系统各模块

2.3.1　主要模块之间的关系

销售管理、采购管理和库存核算是供应链管理系统中的主要模块，它们之间的关系如图 2.8 所示。

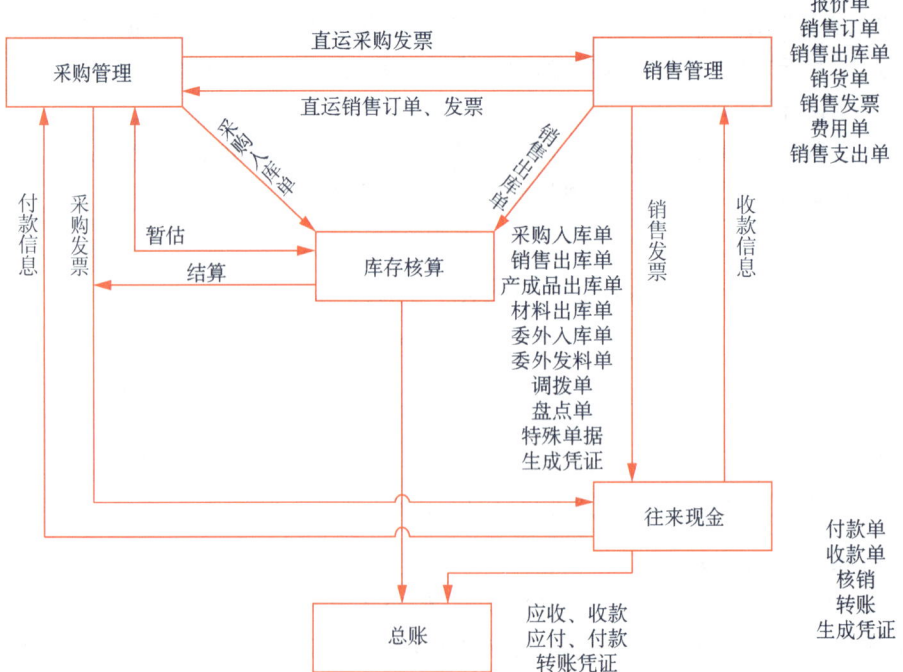

图 2.8　供应链系统各主要模块之间的关系

2.3.2 各模块的功能

2.3.2.1 销售管理

销售管理是指通过销售报价、销售订单、销售发货、退货、销售发票处理、客户管理、价格管理等功能,对销售全过程进行有效的控制和跟踪。其具体可包含以下内容:

(1) 最低售价控制、敏感信息控制、数量控制、信用控制、收款方式及收款期限控制。

(2) 全程订单跟踪,跟踪一定时期内销售订单的订货情况、销货、出库、开票、收款、合同执行等。

(3) 处理退换货、赠品、订金、折扣等。

(4) 支持交货日期管理、销售费用分摊管理、销售毛利预估。

(5) 支持按月结、现结、订金、固定期限等多种收款方式、收款期限管理。

(6) 提供增值税专用发票、普通发票、收据等凭单的管理。

(7) 支持按照客户、存货、部门对批发价、协议价、最新售价等进行管理。

(8) 支持销售订单跟踪表、综合统计表、销售排行榜等报表。

▶ **任务发放 2.3.1**

以账套管理员 001 的身份,密码为"123456",登入日期为"2019-12-01",对"销售"页签分别设置按照订单严格销售和最低售价控制,"控制时机"为审核,"控制方式"为密码,"密码"为 123456,"确认密码"为 123456。

任务发放 2.3.1~2.3.3
任务发放 2.3.8~2.3.12
操作视频

▶ **任务指引 2.3.1**

进度一:以账套管理员 001 的身份,密码为"123456",选择账套名称为"上海徽宁便利有限公司",日期为"2019-12-01",登录畅捷通 T+系统,进入"系统管理"界面。

进度二:设置"销售"页签。打开"选项设置"窗口,单击"销售"页签,在"销售"页签下点击"按照订单严格销售""最低售价控制",将两者设为选中状态✓;"控制时机"选中审核单选框,"控制方式"选中密码单选框,"密码"设为 123456,"确认密码"设为 123456。结果如图 2.9 所示。

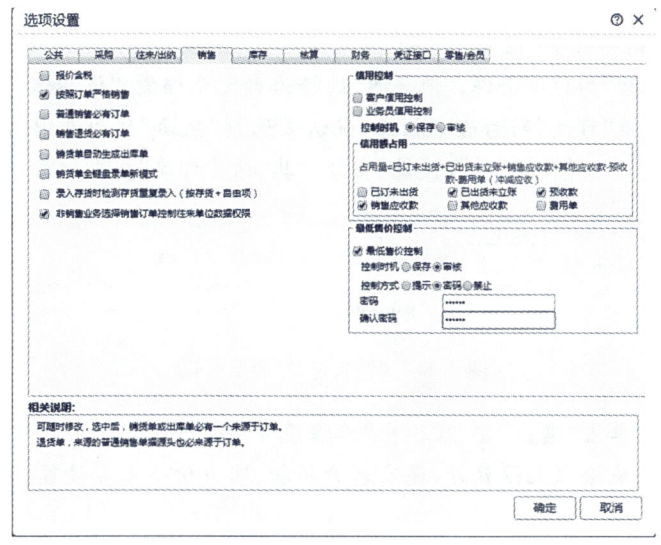

图 2.9 "销售"页签设置

任务发放 2.3.2

以账套管理员 001 的身份，密码为“123456”，登入日期为“2019-12-01”，设置客户协议价优先级为 2。

任务指引 2.3.2

进度一：以账套管理员 001 的身份，密码为“123456”，选择账套名称为“上海徽宁便利有限公司”，日期为“2019-12-01”，登录畅捷通 T＋系统。

进度二：打开“售价带出策略”窗口。依次单击“基础设置”|“价格信息”|“售价带出策略”，打开“售价带出策略”窗口。

进度三：设置客户协议价优先级。选中“客户协议价”，再单击工具栏的“行上移”按钮，移至“优先级次序”列为 2。结果如图 2.10 所示。

进度四：保存。单击工具栏的“保存”按钮，保存“售价带比策略”窗口。

序号	售价带出来源	是否使用	优先级次序	加价率%
1	客户促销价	☑	1	
2	客户协议价	☑	2	
3	客户最新售价	☑	3	
4	客户最新进价加价	☑	4	
5	客户折扣	☑	5	
6	部门最新售价	☑	6	
7	部门批发价	☑	7	
8	存货最新售价	☑	8	
9	存货批发价	☑	9	
10	存货数量档位价格	☑	10	
11	存货最新进价加价	☑	11	

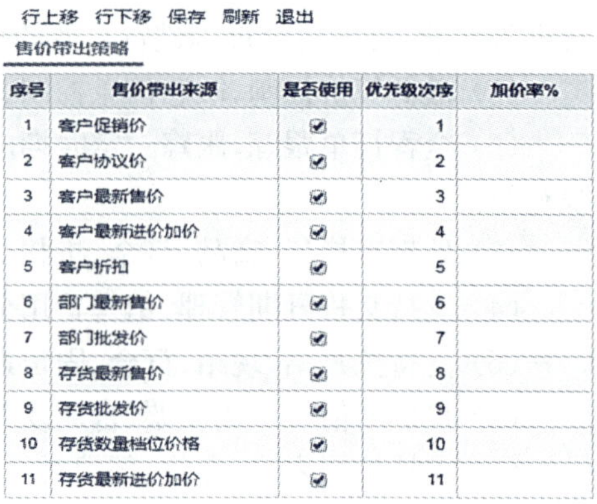

图 2.10 “售价带出策略”窗口

任务发放 2.3.3

以账套管理员 001 的身份，密码为“123456”，登入日期为“2019-12-01”，对销售订单设置表头，显示“付款条件”字段。

任务指引 2.3.3

进度一：以账套管理员 001 的身份，密码为“123456”，选择账套名称为“上海徽宁便利有限公司”，日期为“2019-12-01”，登录畅捷通 T＋系统，进入“系统管理”界面。

进度二：打开“单据设计”窗口。依次单击“单据档案设置”|“单据设计”，打开“单据设计”窗口。

进度三：打开“销售订单”设计页面。在“单据设计”窗口左侧工具栏单击“销售管理”|“销售订单”，打开“销售订单”单据设计页面。

进度四：设置“销售订单”表头。单击“自定义项设置”按钮，打开“自定义项设置”窗口，编辑第 1 行中“显示名称”为付款条件，“值来源”选择为自定义档案，“值具体内容”选择为付款条件和名称，确认多选框“可改”列为选中状态，确认多选框“显示”列为选中状态，单击“确定”按钮，系统提示保存成功并返回至“单据设计”窗口。其“销售订单”表头结果如图 2.11 所示。

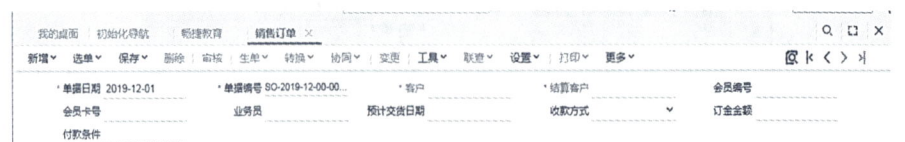

图 2.11 “销售订单”表头结果

进度五：退出。单击“退出”按钮，退出“单据设计”窗口。

注：销售管理系统除以上设置外，还有客户折扣、客户价格本等设置。

2.3.2.2 采购管理

采购管理是指对采购业务过程进行组织、实施与控制的管理过程，其具体可包含以下内容：

(1) 最高进价控制、敏感信息控制、数量控制、付款方式及付款期限控制。
(2) 订单跟踪,跟踪进货、入库、付款、开票等业务执行情况。
(3) 支持多种付款方式、付款期限、到货日期管理。
(4) 支持增值税专用发票、普通发票、收据等凭单的管理。
(5) 提供采购业务执行报表、采购业务综合统计表等。
(6) 支持赠品管理、折扣(整单折扣)。
(7) 支持退货管理(普通退货、换货、冲抵进货)。
(8) 根据销售订单采购、BOM 配比采购。

▶ **任务发放 2.3.4**

以账套管理员 001 的身份,密码为"123456",登入日期为"2019-12-01",增加供应商信息,如表 2.2 所示。

任务发放 2.3.4~2.3.5 操作视频

表 2.2 供应商信息

往来单位编码	往来单位名称	性质	分管部门	地区	税率	采购报价含税	默认收款方式	地址电话邮箱	银行账号开户银行	默认付款方式
0010005	北京欣新贸易公司	供应商	采购部	北京	13%	否		北京市房山区京周路 568 号 010-43659825 BJXXGS@126.com	9832543285234 中国农业银行京周路分行	其他

▶ **任务指引 2.3.4**

进度一:以账套管理员 001 的身份,密码为"123456",选择账套名称为"上海徽宁便利有限公司",日期为"2019-12-01",登录畅捷通 T+系统,进入"基础设置"界面。

进度二:打开"往来单位"窗口。在"基础档案"页签,单击"往来单位"菜单项,打开"往来单位"窗口。

进度三:新增供应商信息。单击"增加"按钮,增加供应商档案,编辑供应商档案的"基本信息"和"联系方式",包括编码、名称、简称、分类、币种、所属地区等。"基本信息"选项卡的结果如图 2.12 所示。

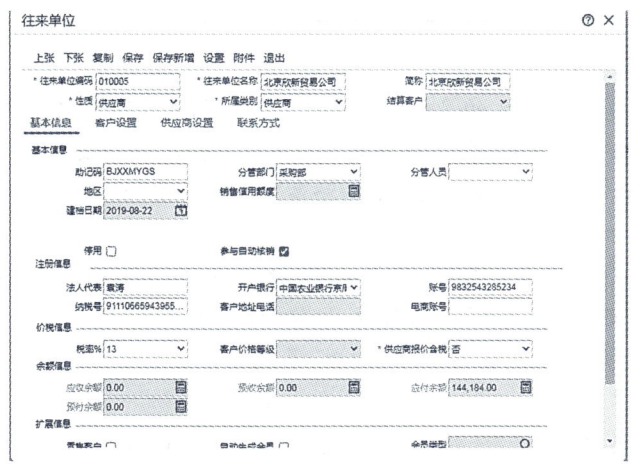

图 2.12 "往来单位——基本信息"窗口

进度四：保存。单击工具栏的"保存"按钮,保存该条记录。
进度五：退出。单击工具栏的"退出"按钮,退出该窗口。

▶ **任务发放 2.3.5**

以账套管理员 001 的身份,密码为"123456",登入日期为"2019-12-01",完成以下任务：
(1) 在"采购管理"模块进行选项设置：普通采购必有采购订单,最高进价控制,"控制时机"为审核,"控制方式"为密码,"密码"为 123456。
(2) 根据售价带出策略步骤,设置进价带出策略,设置存货最新进价优先级为 2。
(3) 设置采购订单表头,增加"付款条件"字段,显示"整单折扣％"字段。

▶ **任务指引 2.3.5**

步骤略,同销售管理模块任务。

2.3.2.3 库存核算

库存核算通过对仓库、货位等账务管理及入/出库类型、入/出库单据的管理,可以及时反映各种物资的仓储、流向情况,为生产管理和成本核算提供依据,是生产、计划和控制的基础。其具体包含以下几个内容：
(1) 支持包括赠品在内的企业各种出入库业务管理。
(2) 支持配比出库、同价调拨、异价调拨、形态转换、组装拆卸、货位、批号、多计量业务。
(3) 智能化的库存预警,实时库存成本核算,真正实现对企业仓储信息的全方位监控。

▶ **任务发放 2.3.6**

以账套管理员 001 的身份,密码为"123456",登入日期为"2019-12-01",新增存货计量单位信息,如表 2.3 所示。

表 2.3 存货计量单位信息

计量单位编码	计量单位名称	计量单位组	主计量	换算率
1	台	单计量		
2	部	单计量		
	盒	多计量	是	
	箱	多计量	否	10

▶ **任务指引 2.3.6**

进度一：以账套管理员 001 的身份,密码为"123456",选择账套名称为"上海徽宁便利有限公司",日期为"2019-12-01",登录畅捷通 T+系统,进入"基础设置"界面。
进度二：打开"计量单位"窗口。在"基础档案"页签,单击"计量单位"菜单项,打开"计量单位"窗口。
进度三：新增单计量单位。在"计量单位"窗口中,选中左窗格的"计量单位"为单计量,单击"新增"按钮,打开"计量单位"新增窗口,编辑"计量单位名称"为台。
进度四：保存新增。单击"保存新增"按钮,系统保存并打开"计量单位"新增窗口,编辑"计量单位名称"为部。
进度五：保存并退出。单击"保存"按钮,保存"计量单位"窗口;单击"退出"按钮,退出"计量单位"窗口。

进度六：新增多计量单位。在“计量单位”窗口中，选中左窗格的“计量单位”为多计量，单击“新增”按钮，打开“计量单位”新增窗口，编辑“计量单位组名称”为箱。

进度七：编辑计量单位组的主计量单位。编辑“计量单位名称”为盒，确认勾选主计量复选框显示“✔”图标，其他默认。

进度八：编辑计量单位组的副计量单位。编辑计量单位名称为箱，确认没有勾选主计量复选框，换算率为“10”，然后单击“保存”按钮，再单击“退出”按钮，返回“计量单位”窗口。结果如图 2.13 所示。

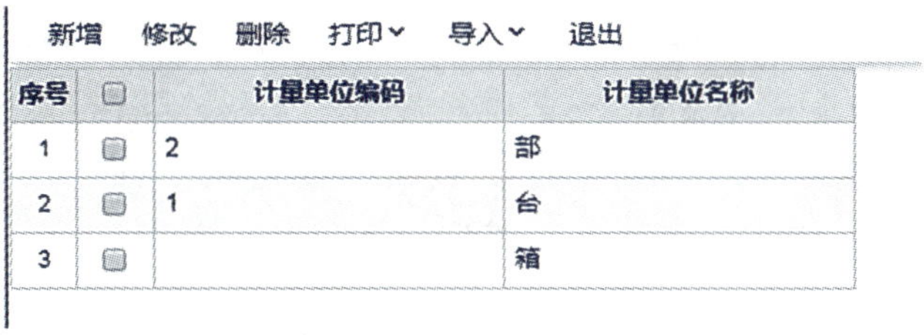

新增　修改　删除　打印　导入　退出

序号	☐	计量单位编码	计量单位名称
1	☐	2	部
2	☐	1	台
3	☐		箱

图 2.13　“计量单位”窗口

进度九：退出。单击工具栏的“退出”按钮，退出“计量单位”窗口。

▶ 任务发放 2.3.7

以账套管理员 001 的身份，密码为“123456”，登入日期为“2019-12-01”，新增仓库信息，如表 2.4 所示。

表 2.4　仓库信息

仓库编码	仓库名称
01	总仓
02	浦东仓

▶ 任务指引 2.3.7

进度一：打开“仓库”窗口。依次单击“基础设置”|“仓库”，打开“仓库”窗口。

进度二：新增仓库。单击菜单栏中的“新增”按钮，打开“仓库”编辑窗口，编辑“仓库编码”为 01，“仓库名称”为总仓。

进度三：保存新增。单击“保存新增”按钮，保存该窗口并打开新增窗口，编辑“仓库编码”为 02，“仓库名称”为浦东仓。

进度四：保存退出。单击“保存新增”按钮，保存该窗口，单击“退出”按钮，退出“仓库”编辑窗口，返回至“仓库”窗口。结果如图 2.14 所示。

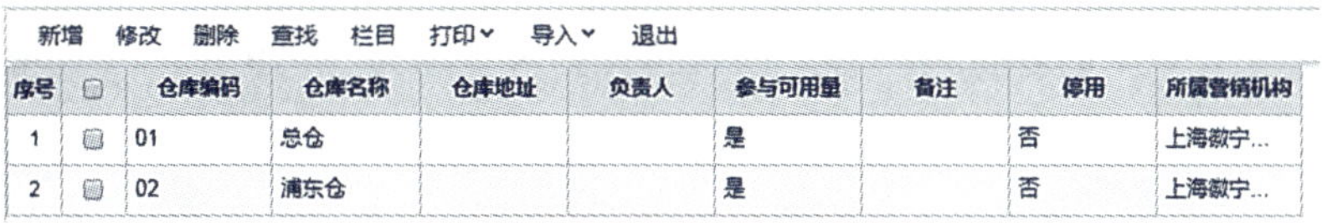

新增　修改　删除　查找　栏目　打印　导入　退出

序号	☐	仓库编码	仓库名称	仓库地址	负责人	参与可用量	备注	停用	所属营销机构
1	☐	01	总仓			是		否	上海叡宁...
2	☐	02	浦东仓			是		否	上海叡宁...

图 2.14　“仓库”窗口

注：库存核算除以上设置，还有存货档案设置、存货价格本及存货数量档位价格等。

2.3.2.4 分销管理

分销是当前国内很多企业为了能快速扩展业务,通过提供本地服务而采用的一种利用渠道网络进行产品动销的销售模式。分销管理业务场景如图 2.15 所示。

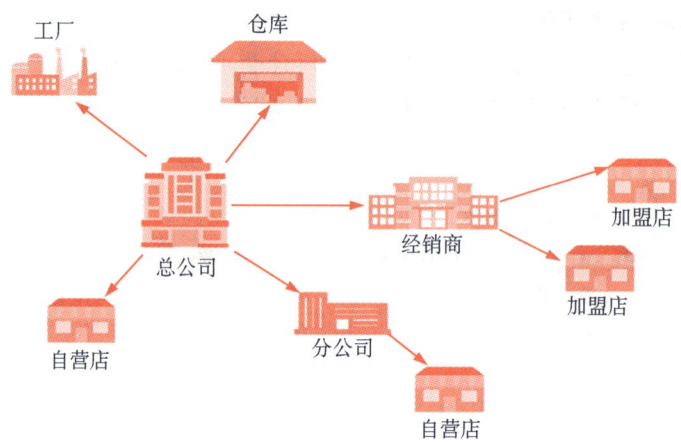

图 2.15 分销管理业务场景

一般来说,终端的销售机构通常分布在异地,随着企业规模的不断扩大,对异地的物流和资金流的管理难度就会加大。随着互联网的不断发展,ERP 系统利用网络的优势,可以对企业各地的机构进行统一管理,对各地分支机构的经营状况一目了然;同时,大大减少了异地管理的损耗。分支机构注册之后,可以直接通过 ERP 系统向总部订货,总部可以通过单据的流转,随时查看分销企业的销售情况和库存情况。分销管理业务流程如图 2.16 所示。

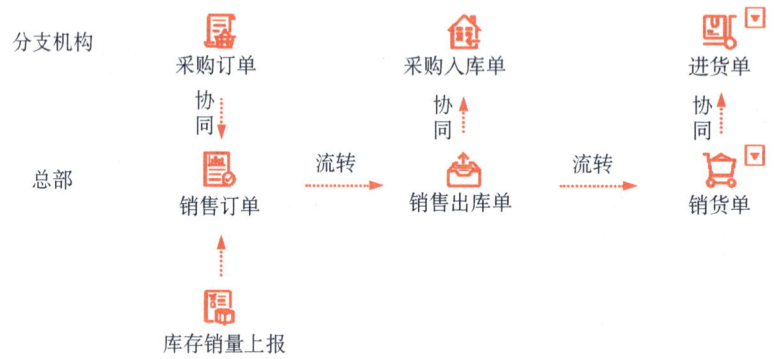

图 2.16 分销管理业务流程

▶ **任务发放 2.3.8**

以账套管理员 001 的身份,密码为"123456",登入日期为"2019-12-01",增加营销机构信息,如表 2.5 所示。

表 2.5 营销机构信息

营销机构编码	营销机构名称	上级营销机构	分管部门	客户价格等级
003	上海台恒有限公司	上海徽宁便利有限公司	营销部	一级批发价

▶ 任务指引 2.3.8

进度一：以账套管理员 001 的身份，密码为"123456"，选择账套名称为"上海徽宁便利有限公司"，日期为"2019-12-01"，登录 T＋系统。

进度二：打开"营销机构"窗口。在"分销管理"页签，单击"新建营销机构"菜单项，打开"营销机构"窗口。

进度三：新增营销机构。在左侧工作栏的往来单位分类中选择营销机构往来单位，再单击工具栏的"增加"按钮，新增营销机构的档案，编辑营销机构档案的"基本信息"。结果如图 2.17 所示。

序号		*营销机构编码	*营销机构名称	上级营销机构	分管部门	总部标识	停用
1	□	00	上海徽宁便…			☑	□
2	□	001	上海台名贸…	上海徽宁便…		□	□
3	□	002	上海安丰贸…	上海徽宁便…		□	□
☆	☑	003	上海台恒有…	上海徽宁便…	营销部	□	□

图 2.17 "营销机构"窗口

进度四：保存。单击工具栏的"保存"按钮，保存该条记录。

进度五：退出。单击工具栏的"退出"按钮，退出"营销机构"窗口。

2.3.2.5 零售管理

零售是销售业务中应用最多的一种形式，在现代企业中，零售的形式越来越多。以一家分销企业为例，零售的店面形式就会有自营店、加盟店、专柜等多种形式，每种形式都有自己不同的对账结算方式和要货方式，并可由企业进行统一管理。

零售管理主要分为收银流程和要货流程。收银流程包括自营店收银流程和专柜收银流程。收银员每天交班时可利用零售终端数据进行对账和结算。要货流程包括门店要货和加盟店采购。零售管理业务流程如图 2.18 所示。

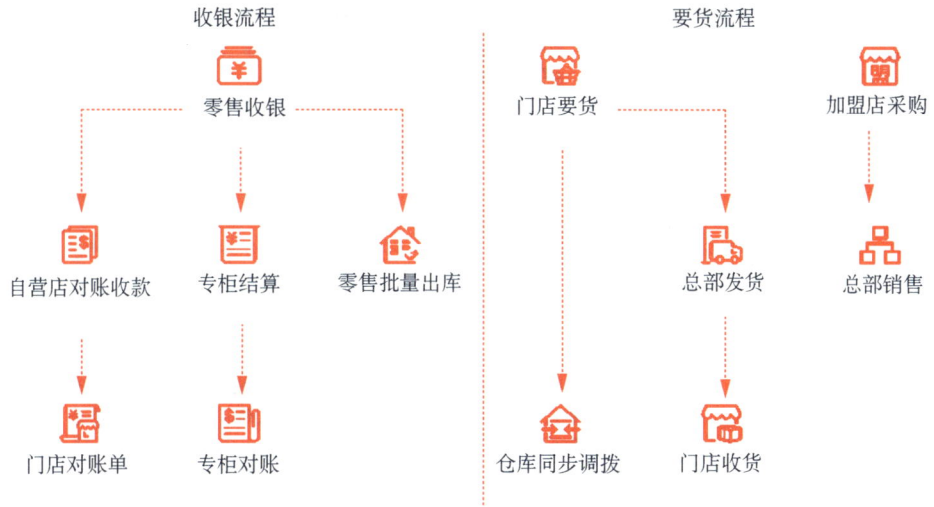

图 2.18 零售管理业务流程

▶ 任务发放 2.3.9

以账套管理员 001 的身份,密码为"123456",登入日期为"2019-12-01",完成以下任务:零售模块进行选项设置,收银对账方式为 POS 机对账。

▶ 任务指引 2.3.9

步骤略,同销售管理模块任务。

▶ 任务发放 2.3.10

以账套管理员 001 的身份,密码为"123456",登入日期为"2019-12-01",增加门店信息,如表 2.6 所示。

表 2.6　门店信息

营销机构编码	门店名称	门店类型	所属部门	门店仓库	客户	结算方式	POS机注册	班次管理
001	静安一店	自营店	门店	静安一仓	零售客户	1. 现金 2. 网银 3. 微信 4. 支付宝 5. 会员储值卡	0010001	早班 06:30:00

▶ 任务指引 2.3.10

进度一:以账套管理员 001 的身份,密码为"123456",选择账套名称为"上海徽宁便利有限公司",日期为"2019-12-01",登录畅捷通 T+系统,进入"基础设置"界面。

进度二:打开"门店"窗口。在"基础档案"页签,单击"门店"菜单项,打开"门店"窗口。

进度三:新增一个门店。单击工具栏"增加"按钮,根据资料编辑门店档案信息。结果如图 2.19 所示。

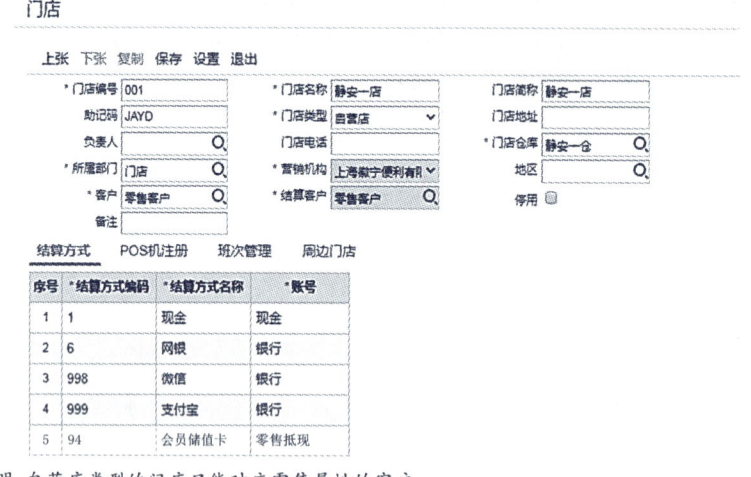

说明:自营店类型的门店只能对应零售属性的客户。
POS机注册支持 POS 端登录系统时自动注册,不需要手工注册。已经注册的 POS 编码(加密状态为已加密),如果出现系统重装、更换 POS 机等情况,导致 POS 编码不再应用可以手工注销,注销了的 POS 编码后续不可再使用,请谨慎操作!

图 2.19　"门店"窗品

进度四:保存。单击工具栏的"保存"按钮,保存该条记录。

进度五:退出。单击工具栏的"退出"按钮,退出"门店"窗口。

2.3.2.6 会员管理

会员制营销的目标是通过与会员建立富有感情的关系,不断激发并提高他们的忠诚度。

一般情况下,会员制组织是企业、机构及非盈利组织维系其客户的结果。它通过提供一系列的利益来吸引客户自愿加入,这一系列的利益称为客户忠诚度计划。而加入会员制组织的客户称为会员,会员制组织与会员之间的关系通过会员卡来体现,会员卡是会员进行消费时享受优惠政策或特殊待遇的"身份证"。

会员管理模块可以对注册会员进行管理,并为会员提供更好的服务。会员管理包括等级管理、会员升级、积分管理、积分兑换礼品、积分抵现、储值管理、现金储值、积分转储值等,具体流程如图 2.20 所示。

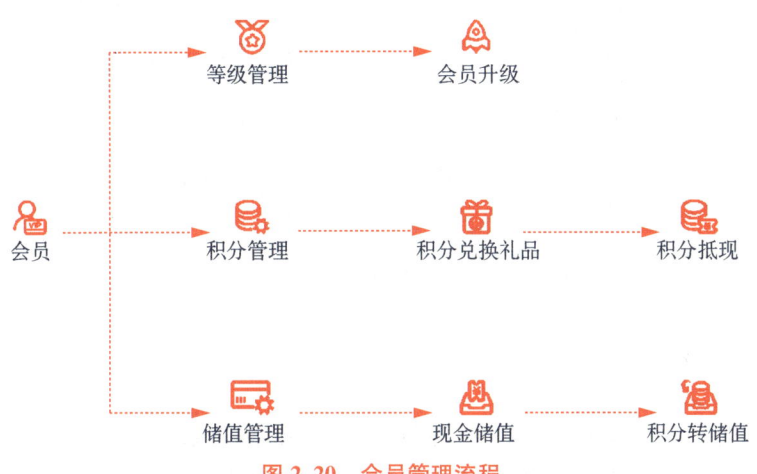

图 2.20 会员管理流程

▶ **任务发放 2.3.11**

以账套管理员 001 的身份,密码为"123456",登入日期为"2019-12-01",增加会员类型信息及会员信息,如表 2.7、表 2.8 所示。

表 2.7 会员类型信息

会员类型编码	会员类型名称	有效期	是否需要密码	储值	默认会员类型	手机号必录	折扣	积分
001	普通会员	1	否	否	否	是	否	通用积分消费1元,积1积分;会员生日当日获1.5倍积分
002	VIP会员	3	否	否	否	是	是	通用积分消费1元,积1.5积分;会员生日当日获2倍积分

表 2.8 会员信息

会员编号	会员卡号	会员类型	有效期	姓名	性别	手机号	开卡门店
0010002	0010002	普通会员	1年	方媛	女	13571268922	浦东二店
0020002	0020002	VIP会员	3年	赵文君	男	13698743096	浦东二店

▶ **任务指引 2.3.11**

进度一:以账套管理员 001 的身份,密码为"123456",选择账套名称为"上海徽宁便利有限公司",日期为"2019-12-01",登录畅捷通T＋系统,进入"会员管理"界面。

进度二:打开"会员"窗口。在"会员信息"页签,单击"会员"菜单项,打开"会员"窗口。

进度三:新增会员类型。在"会员"窗口左侧工具栏中单击"增加分类"按钮,打开"会员类型"窗口,根据资料编辑会员类型。

进度四:新增会员。单击工具栏的"新增"按钮,打开"会员"对话框,根据资料编辑会员信息。结果如图2.21所示。

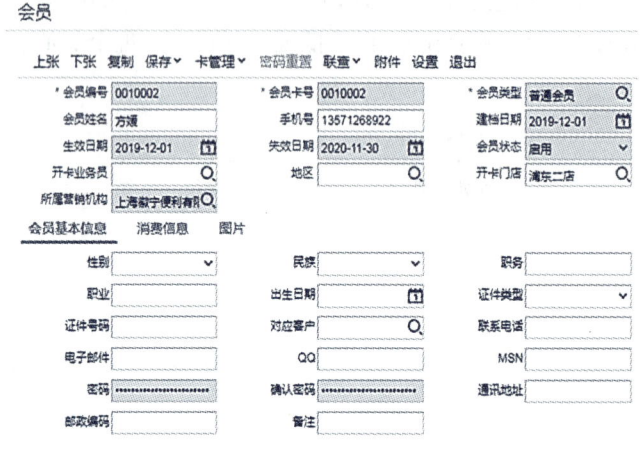

图2.21 "会员"对话框

进度五:保存。单击工具栏中的"保存"按钮,保存该条记录。

进度六:退出。单击工具栏中的"退出"按钮,退出"会员"窗口。

2.3.2.7 促销管理

促销活动是企业常用的商业活动之一,其目的在于吸引更多客户,扩大销售量。促销管理的方法和手段很多,如我们常见的打折、返现、满减、满赠等多种优惠活动。

促销活动的方法类别很多,但对于商品的管理和会计核算来说,就会有很多麻烦。畅捷通T＋中的促销管理模块可以用来对商品促销进行统一管理,具体流程如图2.22所示。

图2.22 促销管理模块流程

▶ **任务发放 2.3.12**

以账套管理员 001 的身份,密码为"123456",登入日期为"2019-12-01",增加单品打折促销信息,如表 2.9 所示。

表 2.9　单品打折促销

促销明细	促销门店	促销开始时间	促销结束时间	促销范围	促销范围	促销方式
清风抽纸	静安一店	2019-12-01 00:00:00	2019-12-03 23:59:59	自营店	促销对象:商品 促销顾客分类:普通会员,VIP会员,会员折上折 促销门店对象:门店	单价折扣率 95%

▶ **任务指引 2.3.12**

进度一:以账套管理员 001 的身份,密码为"123456",选择账套名称为"上海徽宁便利有限公司",日期为"2019-12-01",登录畅捷通 T+系统,进入"促销管理"界面。

进度二:打开"单品打折"窗口。在"促销管理"页签,单击"单品打折"菜单项,打开"单品打折"窗口。

进度三:新增单品打折促销信息。单击工具栏的"新增"按钮,增加单品打折单据,根据资料编辑单品打折信息。结果如图 2.23 所示。

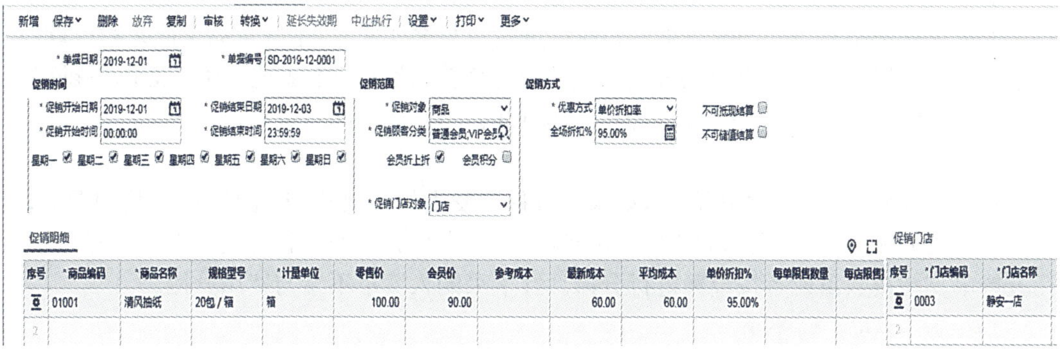

图 2.23　"单品打折"窗口

进度四:保存。单击工具栏的"保存"按钮,保存该条记录。

进度五:退出。单击工具栏的"退出"按钮,退出"单品打折"窗口。

任务 2.4　体验成本管理系统各模块

2.4.1　各模块之间的关系

成本管理系统各模块之间的关系如图 2.24 所示。

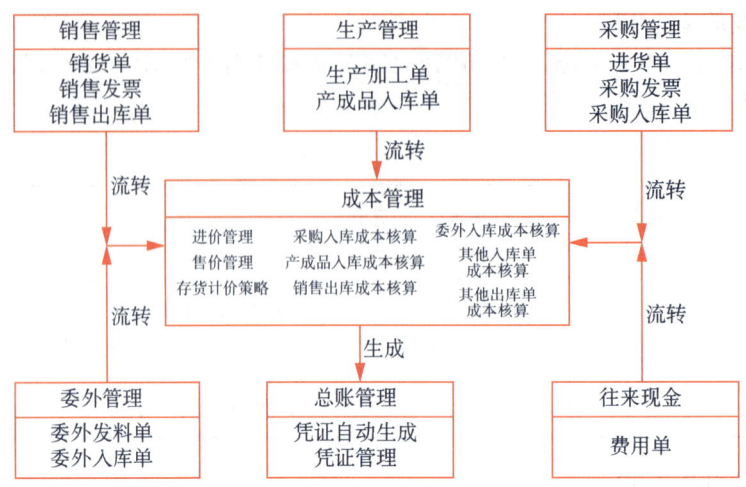

图 2.24　成本管理系统各模块之间的关系

2.4.2　各模块的功能

2.4.2.1　采购核算单

采购核算是指根据采购业务的立账单据（进货单或采购发票）确认采购入库单的实际入库成本。

采购核算单是记录进货单（或采购发票）与采购入库单核算过程的单据。它由系统自动生成。

进货单立账是指当采购入库单有相应的进货单与之匹配时，系统自动生成采购核算单。

采购发票立账是指当采购入库单有相应的采购发票与之匹配时，系统自动生成采购核算单。

注：当进货单与采购入库单设置为合并流程时，不产生采购核算单。

2.4.2.2　费用分摊单

对于构成采购入库成本的费用，如采购过程中发生的运输费、差旅费、搬运装卸费等，可以通过费用分摊单，把费用单的金额分摊到已核算、未核算或部分核算的采购入库单中。费用分摊单支持按数量或者按金额进行分摊。红字采购入库单不参与费用分摊。

2.4.2.3　入库调整单

在入库单中，如果一开始录入的成本单价和后来确认的成本单价不一致，就需要根据两者的差额进行入库成本的调整。

入库调整单只对存货的入库成本进行调整，不影响数量。

入库成本调整可以由系统自动调整也可以手工调整，采购核算、费用分摊引起的成本差额由系统自动生成入库调整单。

进行采购核算时，在当月部分核算、跨月核算（单到补差）、当月全部核算但采购入库单已经生成凭证的情况下，如果核算金额和暂估金额不一致，系统将根据差额生成入库调整单。

在对入库单据进行费用分摊时，如果费用分摊日期和入库单据不在同一个月份或者原入库单已经生成凭证，导致分摊的费用不能直接更改原入库单的入库单价和金额时，系统会根据所分摊的费用金额生成入库调整单。

2.4.2.4　出库调整单

出库调整单用于调整存货的出库成本。

对于采用个别计价法和先进先出法计价的存货,当采购核算或费用分摊引起入库成本调整时,会同时影响以前月份关联的出库单的出库成本,系统将自动生成出库调整单。

当手工填制的入库调整单影响关联出库单的出库成本时,系统将自动生成出库调整单。

对于结存数量为零,结存金额不为零的存货,在期末处理时如果用户勾选了"结存数量为零,余额不为零的,自动生成出库调整单"选项,系统将自动生成出库调整单,参见期末处理。

手工填制的出库调整单不能关联出库单,只能调整存货的结存成本。

2.4.2.5 重新计价

重新计价是在用户手工指定的一个范围内,由系统根据计价模式和计价方式对存货的收发存业务进行重新计价处理。

重新计价是由用户操作进行的,对于"计价时机"设置为定时计价的情况,在发生了插单、改单或删单后,如果希望立即更新当前单据与后续单据的发出成本和结存成本时,可以随时手工执行重新计价功能;其他情况下,用户也可以手工执行重新计价功能。

产品成本计算是指处理按照生产加工单或委外加工单进行产成品成本分配后,材料成本发生了变化,需要重新计算产品成本的业务。

2.4.2.6 产品成本分配

产品成本分配可以按照加工单、产成品入库单/委外入库单归集材料出库单的直接材料,并可按照产品的主计量数量、直接材料金额、参考成本分配各种间接费用。

▶ **任务发放 2.4.1**

以账套管理员 001 的身份,密码为"123456",登入日期为"2019-12-01",对"核算"页签分别设置暂估处理方式为单到回冲,入库成本为参考成本,零成本出库为上次出库成本,退货/退料出库成本为上次出库成本。

任务发放 2.3.4~2.3.7、2.4.1 操作视频

▶ **任务指引 2.4.1**

进度一:以账套管理员 001 的身份,密码为"123456",选择账套名称为"上海徽宁便利有限公司",日期为"2019-12-01",登录畅捷通 T+系统,进入"系统管理"界面。

进度二:打开"选项设置"窗口。单击"选项设置",打开"选项设置"窗口,再单击"核算"页签,"暂估处理方式"下选中单到回冲,"入库成本"下选中参考成本,"零成本出库"下选中上次出库成本,"退货/退料出库成本"下选中上次出库成本。结果如图 2.25 所示。

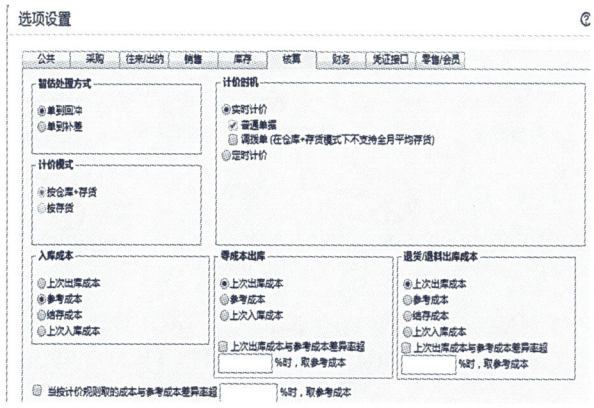

图 2.25 "核算"页签设置

进度三：保存。单击"保存"按钮，保存选项设置。

任务 2.5　体验财务管理系统各模块

2.5.1　各模块之间的关系

在畅捷通 T+中，财务管理系统主要包括总账管理、资产管理、往来现金、T-UFO 报表等模块，如图 2.26 所示。

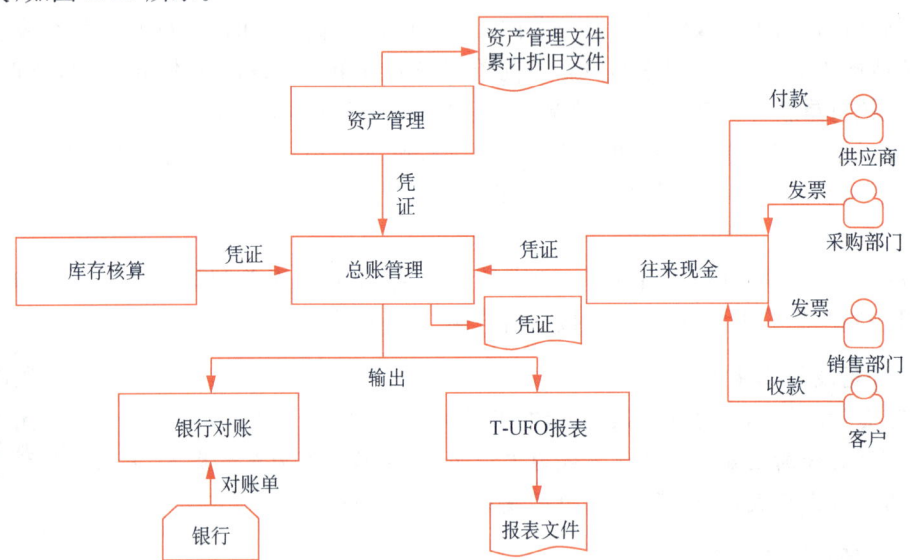

图 2.26　财务管理系统各模块间关系

2.5.2　各模块的功能

2.5.2.1　总账管理模块

总账管理模块业务流程如图 2.27 所示。

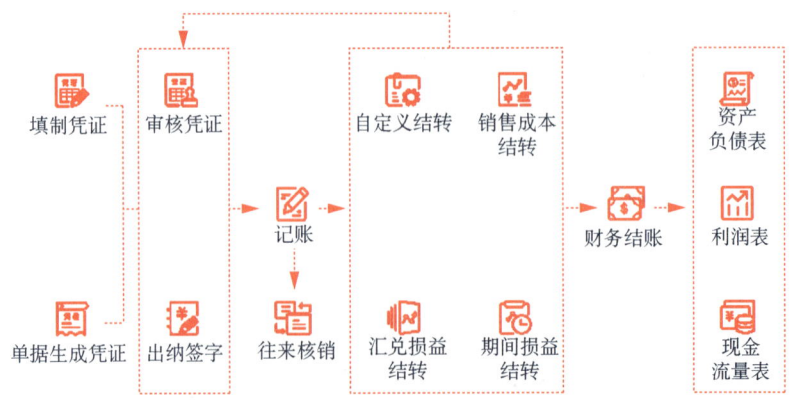

图 2.27　总账管理模块业务流程

总账管理新增凭证有以下来源：
(1) 手工填制的凭证,即在总账模块中,直接用手工填制的凭证。
(2) 根据其他子模块中的单据生成的凭证。
(3) 月末经过各种结转之后,生成的凭证。

凭证填制完成或者生成之后,要经过主管的审核,涉及库存现金和银行存款的,需要出纳签字。完成审核和出纳签字的凭证,经过记账及往来核销,一般在月末进行各类结转。

▶ **任务发放 2.5.1**

以账套管理员 001 的身份,密码为"123456",登入日期为"2019-12-01",对"财务"页签分别设置凭证需审核才可记账、出纳凭证必须经由出纳签字、预计使用年限期满最后一个月提足折旧。

任务发放
2.5.1~2.5.3
操作视频

▶ **任务指引 2.5.1**

步骤略,同任务 2.3.1。结果如图 2.28 所示。

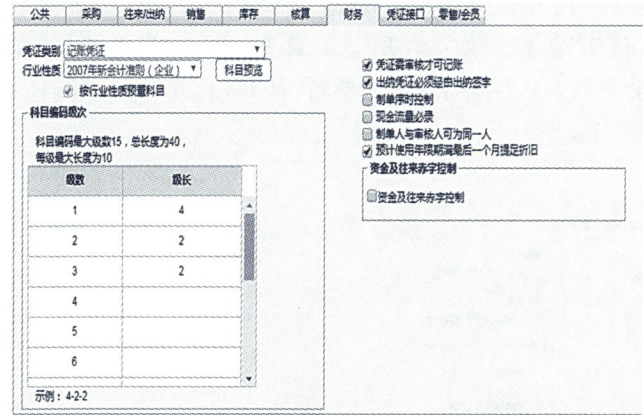

图 2.28 "财务"页签设置

▶ **任务发放 2.5.2**

以账套管理员 001 的身份,密码为"123456",登入日期为"2019-12-01",增加凭证字为"记",增加凭证类别为"记账凭证"。

▶ **任务指引 2.5.2**

进度一：以账套管理员 001 的身份,密码为"123456",选择账套名称为"上海徽宁便利有限公司",日期为"2019-12-01",登录畅捷通 T+系统。

进度二：打开"凭证类别"窗口。依次单击"基础设置"|"财务信息"|"凭证类别",打开"凭证类别"窗口。

进度三：新增凭证类别。单击工具栏的"新增"按钮,编辑"凭证字"为记,"凭证类别"为记账凭证,"限制类型"为无限制。结果如图 2.29 所示。

序号		*凭证字	*凭证类别	*限制类型	限制科目
1		记	记账凭证	无限制	

图 2.29 "凭证类别"窗口

进度四:保存。单击工具栏的"保存"按钮,保存该窗口。

进度五:退出。单击工具栏的"退出"按钮,退出该窗口。

▶ **任务发放 2.5.3**

以账套管理员 001 的身份,密码为"123456",登入日期为"2019-12-01",新增 100201 会计科目、修改 1122 会计科目的辅助核算,如表 2.10 所示。

表 2.10　新增、修改会计科目信息

科目编码	科目名称	辅助核算
100201	中国工商银行上海浦东分行	
1122	应收账款	往来单位

▶ **任务指引 2.5.3**

进度一:以账套管理员 001 的身份,密码为"123456",选择账套名称为"上海徽宁便利有限公司",日期为"2019-12-01",登录畅捷通 T+系统。

进度二:打开"科目"窗口。依次单击"基础设置"|"科目",打开"科目"窗口。

进度三:新增会计科目。单击菜单栏"新增"按钮,打开"科目"编辑对话框,根据表格编辑,结果如图 2.30 所示。

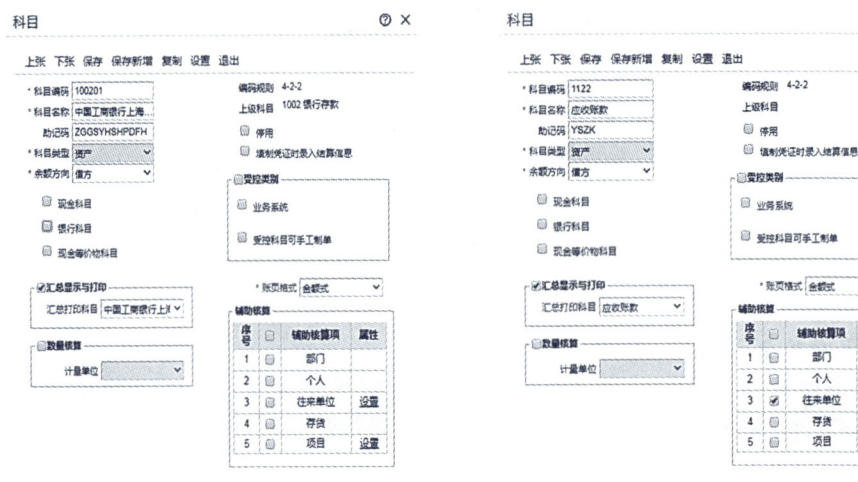

图 2.30　新增会计科目　　　　　　图 2.31　修改辅助核算

进度四:保存。单击工具栏的"保存"按钮,保存该窗口。

进度五:退出。单击工具栏的"退出"按钮,退出该窗口。

进度六:修改会计科目辅助核算。选中"1122 应收账款"会计科目,再单击工具栏的"修改"按钮,打开"科目"编辑对话框,在辅助核算栏中选中"往来单位"。结果如图 2.31 所示。

进度七:保存。单击工具栏的"保存"按钮,保存该窗口。

进度八:退出。单击工具栏的"退出"按钮,退出该窗口。

进度九:退出。单击工具栏中的"退出"按钮,退出"科目"窗口。

2.5.2.2　T-UFO 报表模块

T-UFO 报表是一种报表编制工具。用户可以利用 T-UFO 报表来定义用于申报和管理的各类报表，如财务上的资产负债表、利润表、现金流量表等。用户可以根据需要定义用于申报和管理的各类报表的模板。通过模板设计功能新建的模板将可以用于各类报表的生成。T-UFO报表模块业务流程如图2.32所示。

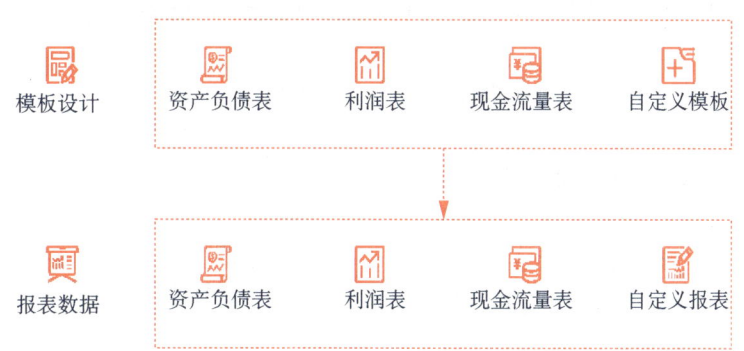

图 2.32　T-UFO 报表模块业务流程

2.5.2.3　资产管理模块

资产管理模块用于记录资产从入账到清理的全生命周期的财务信息和使用信息。资产管理模块业务流程如图2.33所示。

资产管理模块的主要功能如下：

（1）建账。

（2）设置系统，包括账套设置（选项、预警）、单据设置（编码、样式）。

（3）录入档案，包括常用信息（部门、员工、往来单位、计量单位、项目等）、资产信息（资产属性、资产分类、存放位置等）。

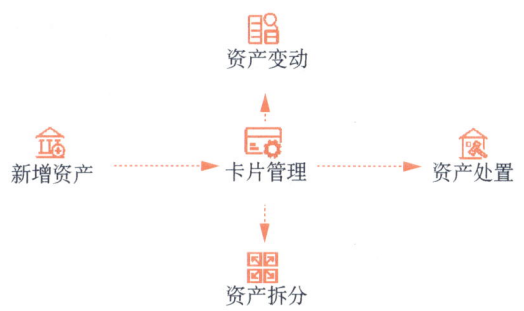

图 2.33　资产管理模块业务流程

（4）录入期初资料，包括初始化（期初资产卡片）等。

（5）设置科目，包括生成凭证（科目设置、摘要设置）等。

（6）日常业务，包括新增资产、变动资产的使用信息和价值信息、拆分、处置、盘点、统计工作量、计提折旧与摊销、生成凭证、与总账对账。

▶ **任务发放 2.5.4**

以账套管理员001的身份，密码为"123456"，登入日期为"2019-12-01"，新增其他固定资产分类，如表2.11所示。

任务发放 2.5.4 操作视频

表 2.11　新增其他固定资产分类信息

资产分类编码	资产分类名称	资产属性	使用年限	折旧/摊销方法	残值率	卡片样式（折旧通用）
06	其他固定资产	固定资产	3年	年限平均法	3%	折旧通用（固定资产适用）

▶ 任务指引 2.5.4

进度一:以账套管理员 001 的身份,密码为"123456",选择账套名称为"上海徽宁便利有限公司",日期为"2019-12-01",登录畅捷通 T＋系统。

进度二:打开"资产分类"窗口。依次单击"基础设置"|"财务信息"|"资产分类",打开"资产分类"窗口。

进度三:新增资产分类。单击菜单栏为"新增"按钮,打开"资产分类"窗口,编辑"资产分类编码"为 06,"资产分类名称"为其他固定资产,"资产属性"为固定资产,"默认折旧/摊销方法"为年限平均法,"默认使用年限"为 3 年,"卡片样式"为折旧通用(固定资产适用)。结果如图 2.34 所示。

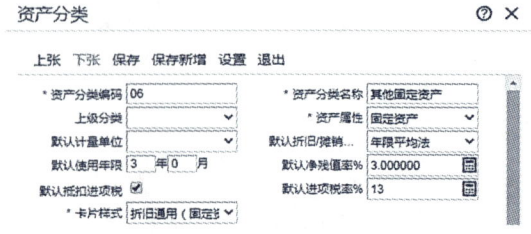

图 2.34 "资产分类"窗口

进度四:保存。单击工具栏的"保存"按钮,保存该窗口。

进度五:退出。单击工具栏的"退出"按钮,退出该窗口。

2.5.2.4 出纳管理

出纳管理主要记录企业资金日记账、现金盘点、银行对账、支票使用、日记账与总账对账、资金统计、资金余额等信息。出纳管理模块业务流程如图 2.35 所示。

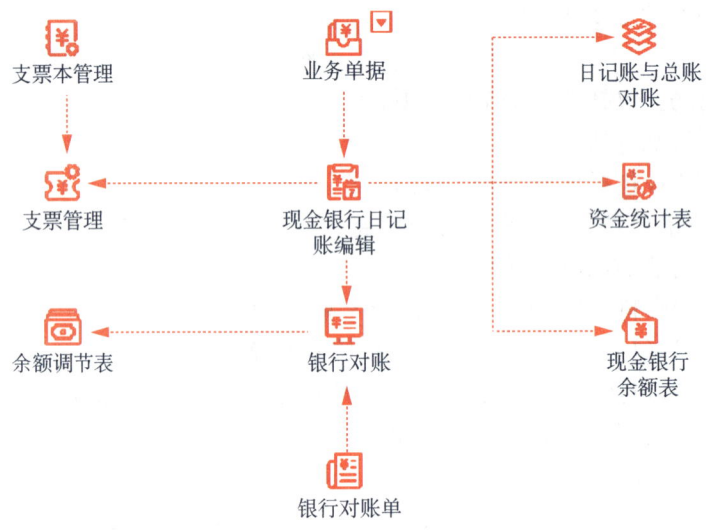

图 2.35 出纳管理模块业务流程

出纳管理模块主要功能如下:

(1)建账,包含设置本位币、是否多币种、是否往来单位分类管理、现结类单据生效时是否自动登记日记账、基础档案定义(部门、员工、往来单位、结算方式、账号、币种、券别、用户)。

(2)期初,包含录入现金银行期初余额、录入银行对账期初。

(3)日常业务,包含录入转款与收支单据,登记现金银行日记账的编辑、审核,盘点库存现金,银行对账,支票购置、领用、打印、报销、作废。

(4)报表查询,包含单据报表、现金银行日记账、日记账与总账对账、资金统计表、现金银行余额表。

▶ **任务发放 2.5.5**

以账套管理员 001 的身份,密码为"123456",登入日期为"2019-12-01",新增银行账号,如表 2.12 所示。

任务发放 2.5.5
操作视频

表 2.12　新增银行账号信息

账号名称	账号类型	开户银行	账号	赤字控制	银行对账
交通银行静安支行	银行	交通银行静安支行	6223874598423752	是	是

▶ **任务指引 2.5.5**

进度一:以账套管理员 001 的身份,密码为"123456",选择账套名称为"上海徽宁便利有限公司",日期为"2019-12-01",登录畅捷通 T+系统。

进度二:打开"账号"窗口。依次单击"基础设置"|"收付结算"|"账号",打开"账号"窗口。

进度三:新增账号。单击菜单栏"新增"按钮,打开"账号"编辑对话框,编辑"账号名称"为交通银行静安支行,"账号类型"为银行,"开户银行"为交通银行静安支行,"账号"为 6223874598423752,"赤字控制"复选框为选中状态,"银行对账"复选框为选中状态。结果如图 2.36 所示。

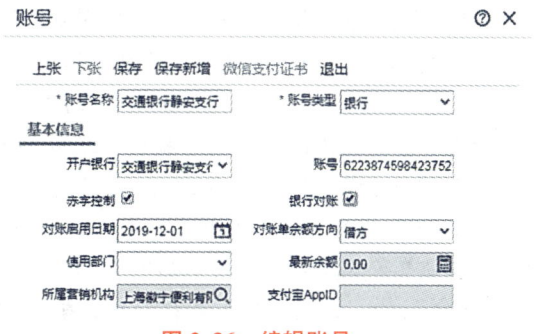
图 2.36　编辑账号

进度四:保存。单击工具栏的"保存"按钮,保存该窗口。

进度五:退出。单击工具栏的"退出"按钮,退出该窗口。

2.5.2.5　往来现金模块

往来现金模块是管理各类涉及现金的业务模块,根据其他业务的不同,往来现金模块的业务,会有多种不同的业务流程。此处简要介绍支持的业务类型,具体流程将在其他任务中介绍。往来现金模块业务流程如图 2.37 所示。

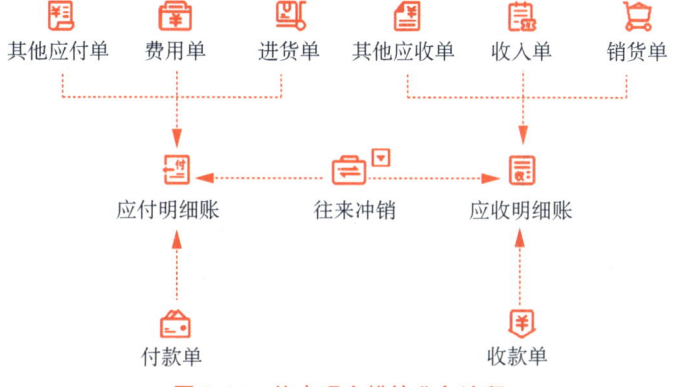
图 2.37　往来现金模块业务流程

往来现金模块支持应收核销流程、应付核销流程、手工核销流程、应收冲应收、应付冲应付、应收冲应付、预收冲应收、预付冲应付等多种业务流程。

▶ 任务发放 2.5.6

以账套管理员 001 身份,密码为 123456,登入日期为"2019-12-01",新增费用类型,如表 2.13 所示。

任务发放 2.5.6
操作视频

表 2.13　新增费用类型信息

费用编码	费用名称	税率	费用类型	进行分摊	分摊方式
108	销售运费	9%	销售费用	是	按金额

▶ 任务指引 2.5.6

进度一:以账套管理员 001 的身份,密码为"123456",选择账套名称为"上海徽宁便利有限公司",日期为"2019-12-01",登录畅捷通 T+系统。

进度二:打开"费用"窗口。依次单击"基础设置"|"收付结算"|"费用",打开"费用"窗口。

进度三:新增费用。单击工具栏的"新增"按钮,打开"费用"编辑对话框,编辑"费用编码"为108,"费用名称"为销售运费,"税率%"为 9,"费用类型"为销售费用,"进行分摊"复选框为选中状态,"分摊方式"选择按金额。结果如图 2.38 所示。

进度四:保存。单击工具栏的"保存"按钮,保存该窗口。

进度五:退出。单击工具栏的"退出"按钮,退出该窗口。

图 2.38　编辑费用

通关测试

一、选择题

1. 必须先建立(　　),才能建立职员档案。
   A. 客户分类　　　B. 部门档案　　　C. 会计科目　　　D. 开户银行
2. 在畅捷通 T+的基础设置中,可以对(　　)账套信息进行修改。
   A. 会计期间　　　B. 数据精度　　　C. 编码方案　　　D. 系统启用
3. 财务档案包括(　　)等内容。
   A. 结算方式　　　B. 项目目录　　　C. 凭证类别　　　D. 常用摘要
4. 如果公司客户较多,"应收账款"科目应选择(　　)辅助核算。
   A. 部门核算　　　B. 个人往来　　　C. 客户往来　　　D. 供应商往来
5. 系统管理员无权进行(　　)操作。
   A. 建立账套　　　B. 修改账套　　　C. 备份账套　　　D. 恢复账套

二、判断题

1. 只有以账套主管的身份登录系统管理才能进行创建账套的工作。（ ）
2. 从系统安全考虑，操作员应定期通过系统管理员更改自己的密码。（ ）
3. 一个账套可以指定多个账套主管。（ ）
4. 系统管理员和账套主管拥有畅捷通 T＋中所有子系统的操作权限。（ ）
5. 只有设置了启用的子系统才可以进行登录。（ ）

三、实训题

以账套管理员 001 的身份，密码为"123456"，登入日期为"2019-12-01"，查看系统管理、供应链管理、财务管理及其各子系统。

模块 3　供应链管理系统的主要模块实训

1. 了解销售报价、销售订货管理功能。
2. 了解价格及折扣管理功能。
3. 了解应收开票与收款核销。
4. 了解采购管理系统功能。
5. 了解价格及折扣管理功能。
6. 了解付款收票与付款核销。
7. 了解库存调拨处理功能。
8. 了解库存盘点功能。
9. 了解即时库存查询功能。

1. 会销售管理子系统的操作。
2. 会采购管理子系统的操作。
3. 会往来现金子系统的操作。
4. 会库存调拨的操作。
5. 会库存盘点的功能。
6. 会库存查询的操作。

任务 3.1　供应链管理系统概述及导入案例

3.1.1　供应链管理系统概述

供应链是指围绕核心企业,从配套零件开始,制成中间产品以及最终产品,最后由销售网络把产品送到消费者手中,将供应商、制造商、分销商直到最终用户连成一个整体的功能网链结构。

供应链是一个包含供应商、制造商、运输商、零售商以及客户等多个主体的系统。供应链管理就是指对整个供应链系统进行计划、协调、操作、控制和优化的各种活动和过程，其目标是将顾客所需的产品，在正确的时间，按照正确的数量、质量和状态送到正确的地点，并使这一过程所耗费的总成本最小。显然，供应链管理是一种体现着整合与协调思想的管理模式，它要求组成供应链系统的成员企业协同运作，共同应对外部市场复杂多变的形势。

企业应该尽可能地选择供应链伙伴作为信息化合作对象，实施供应链信息化。这是因为企业的根本目标在于追求自身利润的最大化，而这一目标的实现，是通过很好地满足下游企业的需求来实现的，在这一过程中，还必须依赖于上游企业的供应。所以供需关系是连结企业与企业的最紧密的关系。每个企业都应该从供需匹配的视角来思考问题。对于供应链中的一个节点企业来说，它很关心来自上游的供应信息和下游的需求信息，如果能够充分了解这些信息，它就能有的放矢地进行生产、运输和销售等方面的安排。供应链管理要求信息化完成以后，企业的管理人员能够通过信息系统有效地了解到这些信息，而不是像传统的单企业信息化那样，只能形成掌控本企业中局部信息的能力。

3.1.2 导入案例

上海徽宁便利有限公司是一家批发和零售鞋帽、服装、化妆品、食品、日用品等业务的商业企业。该公司的基本企业信息如下：

(1) 开户行及账号：中国工商银行上海浦东分行 31006658001034328。
(2) 纳税人识别号：91310120M1HM2CC43。
(3) 公司业务期间从每年 1 月 1 日开始到 12 月 31 日结束。
(4) 采用人民币为记账本位币。
(5) 数量、单价、换算率、发票单价等小数位均为 2 位。
(6) 往来单位、存货采用分类管理。
(7) 计价方式采用存货＋仓库计价，计价时间为实时计价。
(8) 销售、采购业务采用进货单、销售发票立账，业务、仓库分开管理。存货价格均为不含税价格。
(9) 暂估处理方式为单到回冲。
(10) 系统启用日期为 2019 年 12 月 1 日。
(11) 单价均为无税单价。
(12) 采用《企业会计准则》(2007)。
(13) 税收政策如下：经国家税务部门认定为增值税一般纳税人企业，增值税税率为 13％，运费增值税税率为 9％，城市维护建设税税率为 7％，教育费附加税税率为 3％，地方教育附加为 2％。企业所得税采用查账征收方式，全年汇算清缴，企业所得税税率为 25％。
(14) 法定盈余公积按照净利润的 10％提取，根据公司章程年末按照净利润的 20％提取股东股利。
(15) 个人所得税按七级超额累进税率计算代扣代缴，如表 3.1 所示。工薪所得个人所得税的起征点为 5 000 元(暂不考虑专项附加扣除项目)。

表 3.1 七级超额累进税率计算表

级数	应纳税所得额	税率	速算扣除数
1	不超过 3 000 元的部分	3%	0
2	超过 3 000 元至 120 00 元的部分	10%	210
3	超过 12 000 元至 25 000 元的部分	20%	1 410
4	超过 25 000 元至 35 000 元的部分	25%	2 660
5	超过 35 000 元至 55 000 元的部分	30%	4 410
6	超过 55 000 元至 80 000 元的部分	35%	7 160
7	超过 80 000 元的部分	45%	15 160

(16) 损益结转采用账结法。

(17) 本地社保最新缴费比例如表 3.2 所示。

表 3.2 本地社保最新缴费比例

缴费项目	单位缴费比例	个人缴费比例	合计
养老	16%	8%	24%
医疗	9.5%	2%	11.5%
失业	0.5%	0.5%	1%
生育	1%	0	1%
工伤	0.16%	0	0.16%
合计	27.16%	10.5%	37.66%

(18) 上海徽宁便利有限公司购买了畅捷通 T+中的总账、出纳管理、资产管理、销售管理、采购管理、库存核算、分销管理、零售管理、促销管理、会员管理等子系统,并于 2019 年 12 月开始使用畅捷通 T+管理企业业务。该公司为此专门成立信息化小组,信息部经理张亚楠为账套主管。初始化账套已完成,相关人员权限如表 3.3 所示。

表 3.3 人员职责权限表

编码	姓名	岗位	分管工作	权限
001	张亚楠	信息部经理	信息化	账套主管
03001	张金凯	财务部经理	全面负责财务部各项工作	记账凭证审核、查询、对账、总账结账、编制 T-UFO 报表
03002	于建飞	会计	财务部会计工作	总账(凭证处理、查询凭证、账表、期末处理、记账)、往来核销、资产管理、库存核算所有权限、往来现金审核

(续表)

编码	姓名	岗位	分管工作	权限
03003	吴芳芳	出纳	财务部出纳工作	收付款单填制、出纳签字、出纳管理所有权限
04001	阮立恒	采购主管	采购业务审核	采购管理所有权限
04002	潘明亮	采购员	采购业务制单	采购业务制单权限
05001	钱 枫	销售主管	销售业务审核	销售管理所有权限
05002	张大钟	业务员	销售业务制单	销售业务制单权限
06001	王 霞	营销主管	分销审核	分销管理所有权限
06002	马 俊	营销员	分销制单	分销业务制单权限
07001	贾瑞林	门店店长	全面负责门店工作	零售管理所有权限
07002	叶 恒	门店收银员	收银	收银权限
08001	林怡静	仓库主管	审核入库单	库存核算所有权限
08002	尹 婷	仓库员	库存业务制单	库存业务制单权限

注意：如无特别说明，本教材中的任务发放、巩固提升、通关测试均以上海徽宁便利有限公司作为案例背景。

任务 3.2 销售与应收

销售是企业经营成果的实现过程，是企业经营活动的中心。畅捷通 T+的销售管理子系统，提供了报价、订货、发货、开票的完整销售流程管理，支持普通销售、直运、分销、零售等多种类型的销售业务，以及销售退货等逆向业务；可以进行现结业务、代垫费用销售支出的业务处理；可以制订销售计划，对价格和信用进行实时监控。

普通销售可分为先发货后开票业务和开票直接发货业务。先发货后开票业务是指按照销售订单或其他销售合同，向客户先发出货物，然后根据销货单开票的业务。销售订单作为仓库出货的依据，可以对应企业的专用票据，如销售小票、提货单、发货单等。销售流程如图3.1所示。

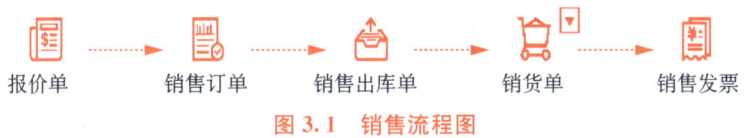

图 3.1 销售流程图

3.2.1 普通销售业务

普通销售业务根据"发货—开票"的实际业务流程不同，可以分为两种业务模式：一种是先发货后开票模式；另一种是先开票后发货模式。系统在处理这两种业务模式时的流程不同，但允许两种流程并存。系统判断两种流程的最本质区别是先录入销售出库单还是先录入销售发票。

3.2.1.1 先发货后开票

▶ **任务发放 3.2.1**

任务发放 3.2.1
操作视频

（1）2019 年 12 月 1 日，销售部与上海简腾贸易有限公司签订购销合同，出售洁面乳 420 箱，单价为 1 280 元，收到订金 5 000 元。

（2）2019 年 12 月 1 日，仓库开出销售出库单发出上述商品。

（3）2019 年 12 月 2 日，销售部在对方确认收货无误后开出此次商品的增值税专用发票，发票号码为 66270214。

相关合同、单据如图 3.2 至图 3.5 所示。

购销合同

合同编号 51027158

购货单位（甲方）：上海简腾贸易有限公司
供货单位（乙方）：上海徽宁便利有限公司

根据《中华人民共和国合同法》及国家相关法律、法规之规定，甲乙双方本着平等互利的原则，就甲方购买乙方货物一事达成以下协议。

一、货物的名称、数量及价格。

货物名称	规格型号	单位	数量	单价	金额	税率	价税合计
洁面乳		箱	420	1 280.00	537 600.00	13%	607 488.00
合计（大写）	陆拾万柒仟肆佰捌拾捌元整					¥607 488.00	

二、交货方式和费用承担：交货方式：销货方送货　　　，交货时间：2019 年 12 月 02 日　　　前。
交货地点：上海市静安目华北路 388 号　　　，运费由　　购货方　　承担。
三、付款时间与付款方式：合同签订后支付订金 5000 元，余款收货后支付
四、质量异议：订货方对供货方的货物质量有异议时，应在收到货物后　　30　　内提出，过期视为货物质量合格。
五、未尽事宜经双方协商可作补充协议，与本合同具有同等效力。
六、本合同自双方签字、盖章之日起生效；本合同壹式贰份，甲乙双方各执壹份。
甲方（签章）　　　　　　　　　　　　　　　乙方（签章）
授权代表：卢伟明　　　　　　　　　　　　　授权代表：贺冠
地　址：上海市静安区目华北路 388 号　　　地　址：上海市奉贤区环城西路 3311 号 5 号楼 201 室
电　话：021-71565598　　　　　　　　　　电　话：021-88754966
日　期：　2019　年　12　月　01　日　　　日　期：　2019　年　12　月　01　日

图 3.2　购销合同

上海徽宁便利有限公司 收款收据　　No.60743767

2019 年 12 月 01 日

交款单位或个人	上海简腾贸易有限公司			
款项内容	订金		收款方式	现金
人民币（大写）	伍仟元整		现金收讫	¥ 5,000.00
收款单位盖章	（财务专用章）	收款人签字 吴芳芳	经办人	吴芳芳

图 3.3　收款收据

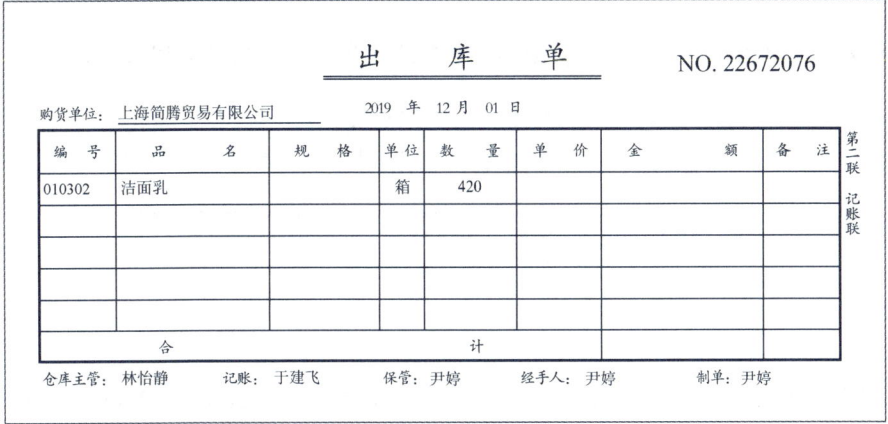

图 3.4　销售出库单

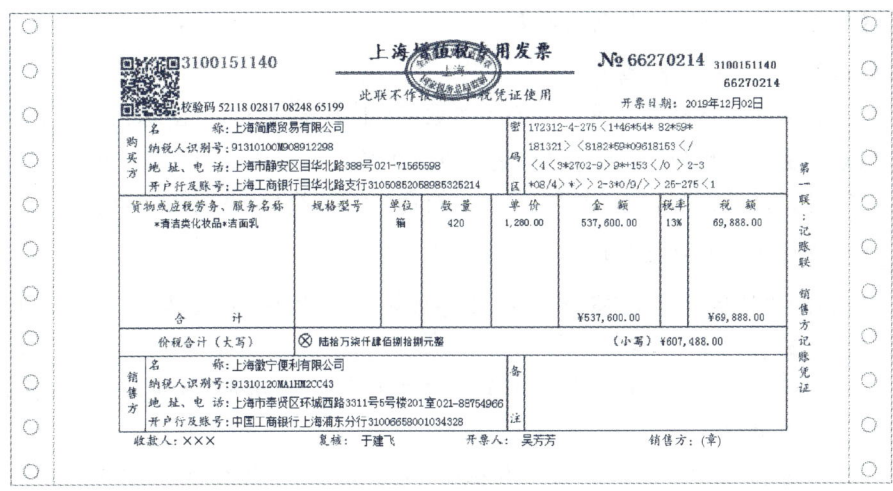

图 3.5　销售发票

任务流程如图 3.6 所示。

图 3.6　先发货后开票流程

▶ 任务指引 3.2.1

【业务员张大钟填制销售订单】

进度一：打开"销售订单"窗口。在"销售管理"子系统中，依次单击"销售管理"|"销售订单"，打开"销售订单"窗口。

进度二：编辑并保存销售订单。在"销售订单"窗口，进行如下操作。

（1）编辑表头。编辑"客户"为上海简腾贸易有限公司，"订金金额"为 5 000，其他选项均为默认。

（2）编辑表体。"存货名称"为洁面乳，"数量"为 420，"单价"为 1 280，其他选项均为默认。

(3) 保存。单击工具栏的"保存"按钮，保存该销售订单。结果如图 3.7 所示。

图 3.7　销售订单

注：销售订单录入订金后，会自动生成一张收款单，后续操作在出纳管理模块进行处理。

进度三：退出。单击"销售订单"窗口右上角的"关闭"按钮，关闭该窗口。

【销售主管钱枫审核销售订单】

进度一：打开"销售订单"窗口。

进度二：查阅并审核销售订单。单击工具栏的"上张"按钮（"<"图标），查阅到相应的销售订单，然后单击工具栏的"审核"按钮，完成审核工作。

进度三：退出。单击"销售订单"窗口右上角的"关闭"按钮，关闭该窗口。

【仓库员尹婷参照销售订单生成销售出库单】

进度一：打开"销售出库单"窗口。在"库存核算"子系统中，依次单击"库存核算"|"销售出库单"，打开"销售出库单"窗口。

进度二：参照销售订单生成销售出库单。单击工具栏的"增加"按钮，新增一张销售出库单，然后进行如下操作。

(1) 打开"选单"窗口。依次单击工具栏的"选单"|"选销售订单"菜单项，打开"选销售订单"对话框，单击"查询"按钮。

(2) 复制信息。双击要选择的销售订单所对应的"选择"栏，"选择"栏显示"✓"图标，此时单击"确定"按钮，返回"销售出库单"窗口，销售订单资料会自动传递过来。

进度三：编辑并保存销售出库单。在"销售出库单"窗口，进行如下操作。

(1) 修改表头。编辑"业务类型"为普通销售，"客户"为上海简腾贸易有限公司，"仓库"为总仓，其他选项均为默认。

(2) 表体信息。选项均为默认。

(3) 保存。单击工具栏的"保存"按钮，保存该销售出库单。结果如图 3.8 所示。

图 3.8　销售出库单

销售出库单【仓库主管林怡静审核销售出库单】

进度一：打开“销售出库单”窗口。

进度二：查阅并审核销售出库单。单击工具栏的“上张”按钮（“<”图标），查阅到相应的销售出库单，然后单击工具栏的“审核”按钮，完成审核工作。

进度三：退出。单击“销售出库单”窗口右上角的“关闭”按钮，关闭该窗口。

销售出库单【业务员张大钟参照销售出库单生成销货单】

进度一：打开“销货单”窗口。在“销售管理”子系统中，依次单击“销售管理”|“销货单”，打开“销货单”窗口。

进度二：参照销售出库单生成销货单。单击工具栏的“增加”按钮，新增一张销货单，然后进行如下操作。

(1) 打开“选单”窗口。依次单击工具栏的“选单”|“选销售出库单”菜单项，打开“选销售出库单”对话框，单击“查询”按钮。

(2) 复制信息。双击要选择的销售出库单所对应的“选择”栏，“选择”栏显示“✔”图标，此时单击“确定”按钮，返回“销货单”窗口，销售出库单资料会自动传递过来。

进度三：编辑并保存销货单。在“销货单”窗口，进行如下操作。

(1) 修改表头。编辑“业务类型”为普通销售，“结算客户”为上海简腾贸易有限公司，其他选项均为默认。

(2) 表体信息。选项均为默认。

(3) 保存。单击工具栏的“保存”按钮，保存该销货单。结果如图 3.9 所示。

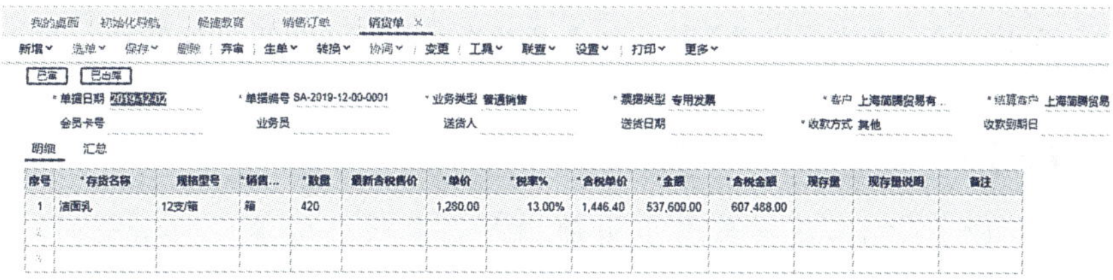

图 3.9 销货单

销货单【销售主管钱枫审核销货单】

进度一：打开“销货单”窗口。

进度二：查阅并审核销货单。单击工具栏的“上张”按钮（“<”图标），查阅到相应的销货单，然后单击工具栏的“审核”按钮，完成审核工作。

进度三：退出。单击“销货单”窗口右上角的“关闭”按钮，关闭该窗口。

销售发票【业务员张大钟参照销货单生成销售发票】

进度一：打开“销售发票”窗口。在“销售管理”子系统中，依次单击“销售管理”|“销售发票”，打开“销售发票”窗口。

进度二：参照销货单生成销售发票。单击工具栏的“增加”按钮，新增一张销售发票，然后进行如下操作。

(1) 打开“选单”窗口。依次单击工具栏的“选单”|“选销货单”菜单项，打开“选销货单”

对话框,单击"查询"按钮。

(2) 复制信息。双击要选择的销货单所对应的"选择"栏,"选择"栏显示"✓"图标,此时单击"确定"按钮,返回"销售发票"窗口,销货单资料会自动传递过来。

进度三:编辑并保存销售发票。在"销售发票"窗口,进行如下操作。

(1) 修改表头。编辑"发票号"为66270214,"结算客户"为上海简腾贸易有限公司,其他选项均为默认。

(2) 表体信息。选项均为默认。

(3) 保存。单击工具栏的"保存"按钮,保存该销售发票。结果如图3.10所示。

图 3.10 销售发票

【销售主管钱枫审核销售发票】

进度一:打开"销售发票"窗口。

进度二:查阅并审核销售发票。单击工具栏的"上张"按钮("<"图标),查阅到相应的销售发票,然后单击工具栏的"审核"按钮,完成审核工作。

进度三:退出。单击"销售发票"窗口右上角的"关闭"按钮,关闭该窗口。

【巩固提升】

(1) 2019年12月2日,销售部与上海简腾贸易有限公司签订购销合同,出售洁面乳200箱,单价为1 280元,银行收到订金5 000元。仓库于12月2日开出销售出库单,发出上述商品。销售部于12月3日在对方确认收货无误后开出此次销售商品的增值税专用发票,发票号码为66270219,同时收到客户用网银方式支付的剩余货款,并进行现结处理。

(2) 2019年12月4日,销售部向上海沛霖商贸公司销售清风抽纸200箱,单价为70元,乐事薯片200箱,单价为75元,约定合同签订当日上海沛霖商贸公司需支付订金10 000元。仓库已发出货物,现金支付运费价税合计280元,取得增值税专用发票。12月5日在对方确认收货无误后销售部开出了此笔交易的增值税专用发票一张,发票号为66270220,尚未收到剩余货款。

3.2.1.2 先开票后发货

▶ 任务发放 3.2.2

(1) 2019年12月12日,销售部向北京艾格贸易有限公司进行报价,销售商品为120箱云南白药牙膏,报价单价为1 200元,经协商可享受2%的商业折扣。

(2) 2019年12月12日,销售部根据报价单信息向北京艾格贸易有限公司开出销售订单。

任务发放 3.2.2 操作视频

(3) 2019 年 12 月 12 日,销售部开具销货单,向北京艾格贸易有限公司开具销售专用发票,发票号为 66270215。

(4) 2019 年 12 月 12 日,财务部门收到转账支票一张,票号为 83203625,并进行现结处理。

(5) 2019 年 12 月 13 日,仓库向北京艾格贸易有限公司发出货物,从总仓办理出库手续。

相关合同、单据如图 3.11 至图 3.14 所示。

购销合同

合同编号 62514658

购货单位(甲方):北京艾格贸易有限公司
供货单位(乙方):上海徽宁便利有限公司

根据《中华人民共和国合同法》及国家相关法律、法律之规定,甲乙双方本着平等互利的原则,就甲方购买乙方货物一事达成以下协议。

一、货物的名称、数量及价格。

货物名称	规格型号	单位	数量	报价	金额	税率	价税合计
云南白药牙膏		箱	120	1,200.00	144,000.00	13%	162,720.00
			120	−24.00	−2,880.00	13%	−3,254.00
合计(大写) 壹拾伍万玖仟肆佰陆拾伍元陆角整							¥159,465.60

二、交货方式和费用承担。交货方式:购货方自提_____,交货时间:2019 年 12 月 13 日前,交货地点:销货方仓库_____,运费由 购货方 承担。

三、付款时间与付款方式:_____。

四、质量异议如乙方供货的货物质量有异议时,应在收到货物后____15___日内提出,逾期视为货物质量合格。

五、未尽事宜经双方协商可作补充协议,与本合同具有同等效力。

六、本合同双方签章,盖章之日起生效;本合同壹式贰份,甲乙双方各执壹份。

甲方(签章):   乙方(签章):
授权代表: 授权代表:贺冠
地 址:北京市西城区西单文化广场   地 址:上海市奉贤区环城西路 3311 号 5 号楼 201 室
电 话:010-5039035   电 话:021-88754966
日 期: 2019 年 12 月 12 日   日 期: 2019 年 12 月 12 日

图 3.11 购销合同

上海 增值税专用发票 №66270215

3100151140
机器编号:982888812388
此联不做报销,请凭税证使用
开票日期:2019年12月12日

购买方 名 称:北京艾格贸易有限公司
纳税人识别号:911056048902351
地址、电话:北京市西城区西单文化广场010-5039035
开户行及账号:中国工商银行西城区支行3105880562201847

货物或应税劳务、服务名称	规格型号	单位	数量	单价	金额	税率	税额
*牙膏、漱口液*云南白药牙膏		箱	120	1,200.00	144,000.00	13%	18,720.00
					−2,880.00	13%	−374.40

合 计   ¥141,120.00   ¥18,345.60

价税合计(大写) 壹拾伍万玖仟肆佰陆拾伍元陆角整   (小写) ¥159,465.60

销售方 名 称:上海徽宁便利有限公司
纳税人识别号:91310120MA1HM2CC43
地址、电话:上海市奉贤区环城西路3311号5号楼201室 021-88754966
开户行及账号:中国工商银行上海浦东分行3100665800103432

校验码:52118 02817 08248 65199

收款人:于健飞 复核:于健飞 开票人:吴芳芳 销售方:(章)

图 3.12 销售发票

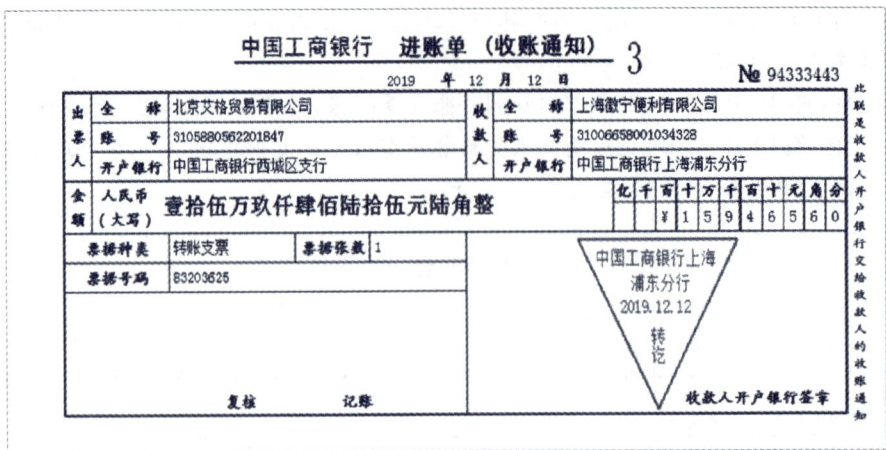

图 3.13 进账单

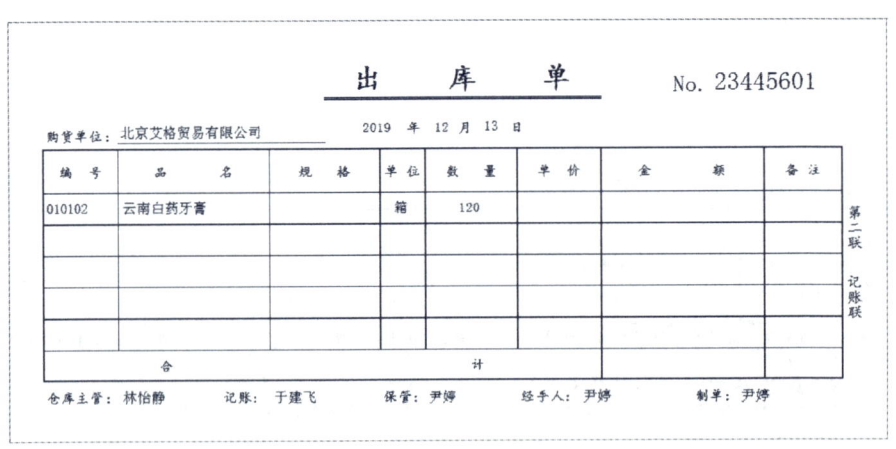

图 3.14 销售出库单

本业务是一次销售先开票后发货业务，2019 年 12 月 12 日需要填制并审核销售订单和销货单，2019 年 12 月 13 日需要填制并审核销售出库单。

任务流程如图 3.15 所示。

图 3.15 先开票后发货的流程

▶ 任务指引 3.2.2

【业务员张大钟填制报价单】

进度一：打开"报价单"窗口。在"销售管理"子系统中，依次单击"销售管理"|"报价单"，打开"报价单"窗口。

进度二：编辑报价单。单击工具栏的"增加"按钮，新增一张报价单，然后进行如下操作。

（1）编辑表头。编辑"客户"为北京艾格贸易有限公司，"部门"为销售部，"整单折扣"为 98%，其他选项均为默认。

（2）编辑表体。"存货名称"为云南白药牙膏，"数量"为120，"报价"为1 200.00，其他项为默认。

进度三：保存。单击工具栏的"保存"按钮，保存该单据。结果如图3.16所示。

图 3.16　报价单

进度四：退出。单击"报价单"窗口右上角的"关闭"按钮，关闭该窗口。

【销售主管钱枫审核报价单】

进度一：打开"报价单"窗口。

进度二：查阅并审核报价单。单击工具栏的"上张"按钮（""图标），查阅到相应的报价单，然后单击工具栏的"审核"按钮，完成审核工作。

进度三：退出。单击"报价单"窗口右上角的"关闭"按钮，关闭该窗口。

【业务员张大钟参照报价单生成销售订单】

进度一：打开"销售订单"窗口。在"销售管理"子系统中，依次单击"销售管理"|"销售订单"，打开"销售订单"窗口。

进度二：参照报价单选单生成销售订单。单击工具栏的"增加"按钮，新增一张销售订单，然后进行如下操作。

（1）打开"选单"窗口。依次单击工具栏的"选单"|"选报价单"菜单项，打开"选报价单"对话框，单击"查询"按钮。

（2）复制信息。双击要选择的报价单所对应的"选择"栏，"选择"栏显示""图标，此时单击"确定"按钮，返回"销售订单"窗口，销售订单资料会自动传递过来。

进度三：编辑并保存销售订单。在"销售订单"窗口，进行如下操作。

（1）编辑表头。编辑"预计交货日期"为2019-12-13，其他选项均为默认。

（2）表体信息。选项均为默认。

（3）保存。单击工具栏的"保存"按钮，保存该销售订单。结果如图3.17所示。

图 3.17　销售订单

进度四：退出。单击"销售订单"窗口右上角的"关闭"按钮，关闭该窗口。

【销售主管钱枫审核销售订单】

进度一：打开"销售订单"窗口。

进度二：查阅并审核销售订单。单击工具栏的"上张"按钮（"＜"图标），查阅到相应的销售订单，然后单击工具栏的"审核"按钮，完成审核工作。

进度三：退出。单击"销售订单"窗口右上角的"关闭"按钮，关闭该窗口。

【业务员张大钟参照销售订单生成销货单】

进度一：打开"销货单"窗口。在"销售管理"子系统中，依次单击"销售管理"|"销货单"，打开"销货单"窗口。

进度二：参照销售订单生成销货单。依次单击工具栏的"增加"按钮，新增一张销货单，然后进行如下操作。

（1）打开"选单"窗口。依次单击工具栏的"选单"|"选销售订单"菜单项，打开"选销售订单"对话框，单击"查询"按钮。

（2）复制信息。双击要选择的销售订单所对应的"选择"栏，"选择"栏显示"✓"图标，此时单击"确定"按钮，返回"销货单"窗口，销售订单资料会自动传递过来。

进度三：编辑并保存销货单。在"销货单"窗口，进行如下操作。

（1）修改表头。编辑"业务类型"为普通销售，"结算客户"为北京艾格贸易有限公司，其他选项均为默认。

（2）表体信息。选项均为默认。

（3）保存。单击工具栏的"保存"按钮，保存该销货单。结果如图3.18所示。

图3.18 销货单

【销售主管钱枫审核销货单】

进度一：打开"销货单"窗口。

进度二：查阅并审核销货单。单击工具栏的"上张"按钮（"＜"图标），查阅到相应的销货单，然后单击工具栏的"审核"按钮，完成审核工作。

进度三：退出。单击"销货单"窗口右上角的"关闭"按钮，关闭该窗口。

【业务员张大钟参照销货单生成销售发票】

进度一：打开"销售发票"窗口。在"销售管理"子系统中，依次单击"销售管理"|"销售发票"，打开"销售发票"窗口。

进度二：参照销货单生成销售发票。单击工具栏的"增加"按钮，新增一张销售发票，然后进行如下操作：

（1）打开"选单"窗口。依次单击工具栏的"选单"|"选销货单"菜单项，打开"选销货单"对话框，单击"查询"按钮。

（2）复制信息。双击要选择的销货单所对应的"选择"栏，"选择"栏显示"✓"图标，此时单击"确定"按钮，返回"销售发票"窗口，销货单资料会自动传递过来。

进度三：编辑并保存销售发票。在"销售发票"窗口，做如下编辑。

（1）修改表头。编辑"发票号"为66270215，"结算客户"为北京艾格贸易有限公司，单击"现结金额"按钮（"🔍"图标），系统弹出"现结"窗口，编辑"结算方式"为支票，"收款金额"为159 465.60，"票据号"为83203625，单击"确定"按钮，其他选项均为默认。

（2）表体信息。选项均为默认。

（3）保存。单击工具栏的"保存"按钮，保存该销售发票。结果如图3.19所示。

图3.19　销售发票

【销售主管钱枫审核销售发票】

进度一：打开"销售发票"窗口。

进度二：查阅并审核销售发票。单击工具栏的"上张"按钮（"＜"图标），查阅到相应的销售发票，然后单击工具栏的"审核"按钮，完成审核工作。

进度三：退出。单击"销售发票"窗口右上角的"关闭"按钮，关闭该窗口。

【仓库员尹婷参照销货单生成销售出库单】

进度一：打开"销售出库单"窗口。在"库存核算"子系统中，依次单击"库存核算"|"销售出库单"，打开"销售出库单"窗口。

进度二：参照销货单生成销售出库单。单击工具栏的"增加"按钮，新增一张销售出库单，然后进行如下操作。

（1）打开"选单"窗口。依次单击工具栏的"选单"|"选销货单"菜单项，打开"选销货单"对话框，单击"查询"按钮。

（2）复制信息。双击要选择的销货单所对应的"选择"栏，"选择"栏显示"✓"图标，此时单击"确定"按钮，返回"销售出库单"窗口，销货单资料会自动传递过来。

进度三：编辑并保存销售出库单。在"销售出库单"窗口，做如下编辑。

（1）修改表头。编辑"单据日期"为2019-12-13，"业务类型"为普通销售，"客户"为北京艾格贸易有限公司,"仓库"为总仓,其他选项均为默认。

(2) 表体信息。选项均为默认。

(3) 保存。单击工具栏的"保存"按钮,保存该销售出库单。结果如图3.20所示。

序号	*仓库	*存货名称	规格型号	*计量…	*数量	现存量	现存量说明
1	总仓	云南白药牙膏	20支/箱	箱	120	179	179箱

单据日期 2019-12-13　　单据编号 IO-2019-12-00-0002　　业务类型 普通销售
会员编号　　　　　　　　会员卡号　　　　　　　　　　经手人

图3.20　销售出库单

【仓库主管林怡静审核销售出库单】

进度一:打开"销售出库单"窗口。

进度二:查阅并审核销售出库单。单击工具栏的"上张"按钮("<"图标),查阅到相应的销售出库单,然后单击工具栏的"审核"按钮,完成审核工作。

进度三:退出。单击"销售出库单"窗口右上角的"关闭"按钮,关闭该窗口。

【巩固提升】

(1) 2019年12月15日,销售部向北京艾格贸易有限公司进行报价,销售商品为180箱云南白药牙膏,单价为1 200元,经协商可享受2%的商业折扣,当日签订销售合同。销售部开具销货单,向北京艾格贸易有限公司开具销售专用发票,发票号为66270224。财务部门于当日收到转账支票一张,票号为83203765,进行现结处理。2019年12月17日,销售部向北京艾格贸易有限公司发出货物,从总仓办理出库手续。

(2) 2019年12月16日,销售部向上海沛霖商贸公司进行报价,销售润唇膏180箱,单价602元,洁面乳150箱,单价为1 280元。对方接受此次报价,并签订购销合同,约定付款方式"5/1,2/5,n/10",经协商给予价税合计1%的商业折扣。销售部于当日开出增值税专用发票,发票号为66270225。2019年12月20日,仓库发出货物,运输过程中用现金代垫了一笔运费,价税合计450元,货款及代垫运费暂未收到。

3.2.2　零售业务

零售业务是一种特殊的销售业务种类。零售单用于收集零售门店前台零售数据,在POS端收银过程中将零售业务填制在零售单上,并通过数据同步上传至平台。零售业务结算后,收银员(自营店)或者商场专柜需要与财务通过零售结算单进行交款确认零售收入,支持普通零售结算(自营店)、专柜零售结算。

▶ 任务发放3.2.3

2019年12月20日,浦东一店累计向零售客户(普通会员)销售清风抽纸3箱,含税单价为113元,好丽友派12箱,含税单价为355.15元,矿泉水8箱,含税单价

任务发放3.2.3
操作视频

为47.46元,零售款已全部结清,如图3.21和图3.22所示。

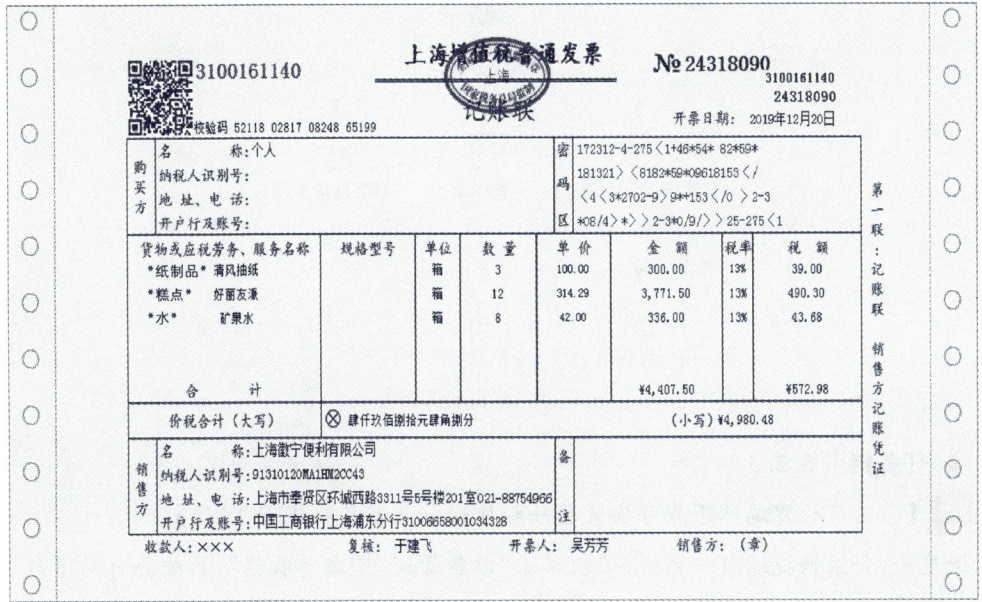

图3.21　零售发票

图3.22　收款凭证

任务流程如图3.23所示。

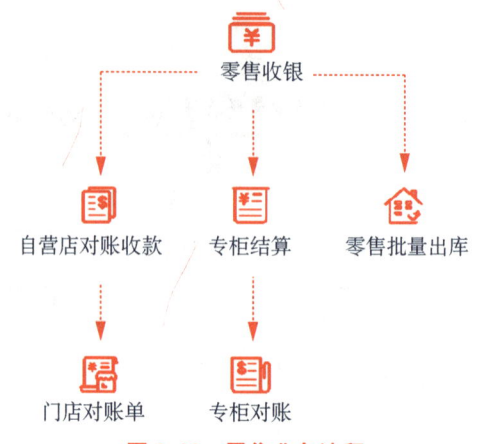

图 3.23　零售业务流程

▶ 任务指引 3.2.3

【门店店长贾瑞林下载并安装登陆畅捷通 T＋零售收银 POS 端】

进度一：登录畅捷通 T＋系统，依次单击"零售管理"|"零售收银"，系统会自动下载 POS 端安装程序。

进度二：解压文件，并安装到本地电脑。

进度三：双击桌面畅捷通"T＋零售收银"，运行此程序。

【门店店长贾瑞林登录 POS 端】

进度一：登录畅捷通 T＋系统后，在浏览区地址栏，找到畅捷通 T＋服务器地址（见图 3.24），此地址是每次都要随机分配的。因此创建新练习或者考试，其地址有可能跟之前的就不一样了，此处需特别注意。

图 3.24　浏览区地址栏

进度二：配置服务器。录入畅捷通 T＋服务器地址和端口（http://t07.tplusexam.chanjet.com/tplus/），端口为 80；此处服务器的地址和随机分配的 T＋服务器地址相同。

进度三：登录 POS 端。"用户名"为学生准考证号加上"\\07002"；"密码"为空；"账套"为上海徽宁便利有限公司；"门店"为浦东一店；"POS"机号为 00010001（门店档案中的 POS 编码）。录入完毕后按回车键，等待下载更新程序。

进度四：收银员登录。程序下载更新后系统弹出收银员登录的对话框，编辑"收银员编码"为 07002，"密码"为（空）。

【门店收银员叶恒进行零售收银】

进度一：收银员当班。点击"当班"确认当班。

进度二：前台收银。"商品编码"为01001（清风抽纸），"价格"为100，按键盘右方向键，修改"数量"为3；"商品编码"为02003（好丽友派），"价格"为314.29，按键盘右方向键，修改"数量"为12；"商品编码"为02004（矿泉水），"价格"为42，按键盘右方向键，修改"数量"为8。确认后按"F2"键，系统弹出"会员卡"窗口，输入张涛的"卡号"为0010001。按"F6"键，选择"使用微信收款"，金额为4 980.48。

进度三：数据同步。收完款再退出系统进行交班，并将数据同步至软件中。

【门店店长贾瑞林进行收款对账】

进度一：查看数据。在"零售管理"子系统中，依次单击"零售管理"|"零售数据中心"，系统弹出POS端收银的数据。

进度二：对账收款。单击流程图上的"自营店对账收款"。在相应记录里录入实际收到的金额，点击"确认收款"。

进度三：零售结算单。系统会自动生成一条已审核且已结清的零售结算单。

进度四：在"往来现金——收款单"生成一条与该零售结算单核销的单据。

注：零售单只能在POS端进行新增、编辑等单据操作。平台上零售单不能进行新增、编辑、删除等单据操作，只能进行统计查看和后续根据零售单进行出库和结算的流转操作。收款对账/收银对账方式为"收银员对账"时，按交班单号＋结算方式＋账号分组汇总显示；零售选项/收银对账方式为"POS机对账"时，按日结单号＋结算方式＋账号分组汇总显示。

【巩固提升】

（1）2019年12月25日，黄浦一店累计向零售客户销售德芙巧克力1箱，含税单价为988.75元，云南白药牙膏1箱，含税单价为1 356元，矿泉水5箱，含税单价为47.46元，零售款全部现金收讫，客户普通会员（卡号：0010001）享受会员积分。

（2）2019年12月26日，浦东一店向零售客户销售面膜1箱，含税单价为1 356元，现金已收讫，由于客户是VIP会员（卡号：0020001），所以全部商品整单享受98折优惠且享受VIP会员积分。（注：需进行零售选项设置，会员优惠允许打折）

3.2.3 分销业务

随着企业业务的不断扩展，其经营网点也会遍及全国各地。在以手工、电话、传真等传统方式下，企业的分销渠道会存在如下一系列问题：企业总部无法实时监控各地分公司、办事处、营业网点的经营状况；订货、销售、库存等数据和信息反馈不及时，商品积压、缺货情况经常出现；往来单据、经营数据采集严重滞后，准确性差，不利于统计、分析和处理；客户需求和市场信息不能及时反馈到总部，造成企业在制定生产预测和商品调拨计划时存在较大的盲目性，使得经营决策缺乏准确数据和信息支持等。

畅捷通T＋具有分销管理功能，可支持多种分销类型，支持经销商多种上报销量和库存的方式、支持多营销机构管理、支持终端销售数据分析以及支持多种计算规则的补货需求分析。

任务发放 3.2.4

（1）2019 年 12 月 25 日，经销商上海台名贸易有限公司向总部订购德芙巧克力 400 箱，单价为 577.5 元。

（2）2019 年 12 月 25 日，总部接收订单后同意发货，营销部向仓库发出发货通知，仓库当天发出商品。

（3）2019 年 12 月 25 日，营销部开出增值税专用发票，发票号为 66270222，财务部收到增值税专用发票确认收入，货款暂未收到。

相关合同、单据如图 3.25 至图 3.27 所示。

任务发放 3.2.4
操作视频

购销合同

合同编号 08172685

购货单位（甲方）：上海台名贸易有限公司
供货单位（乙方）：上海徽宁便利有限公司

根据《中华人民共和国合同法》及国家相关法律、法规之规定，甲乙双方本着平等互利的原则，就甲方购买乙方货物一事达成以下协议。

一、货物的名称、数量及价格：

货物名称	规格型号	单位	数量	单价	金额	税率	价税合计
德芙巧克力		箱	400	577.50	231,000.00	13%	261,030.00
合计（大写）	贰拾陆万壹仟零叁拾元整						￥261,030.00

二、交货方式和费用承担：交货方式：销货方送货_____，交货时间：2019 年 12 月 25 日_____前
交货地点：上海市迪发路 285 号_____，运费由 购货方 承担。

三、付款时间与付款方式：_____

四、质量异议期：_____ 收到货物后 30 日 _____ 货物质量合格。

五、未尽事宜经双方协商可补充协议，与本合同具有同等效力。

六、本合同壹式贰份，甲乙双方各执壹份。

甲方（签章）：	乙方（签章）：
授权代表：林秀	授权代表：贺冠
地 址：上海市迪发路 285 号	地 址：上海市奉贤区环城西路 3311 号 5 号楼 201 室
电 话：55920111	电 话：
日 期：2019 年 12 月 25 日	日 期：2019 年 12 月 25 日

图 3.25 购销合同

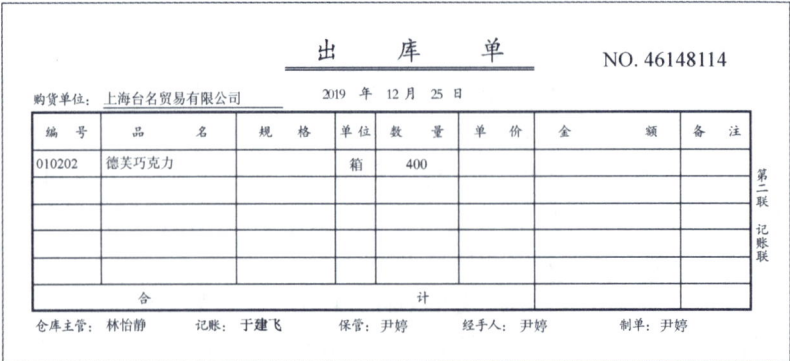

图 3.26 销售出库单

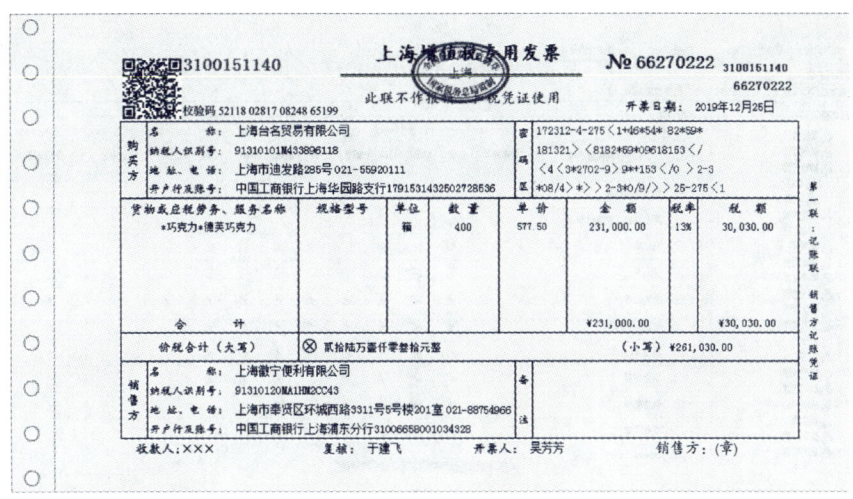

图 3.27　分销发票

任务流程如图 3.28 所示。

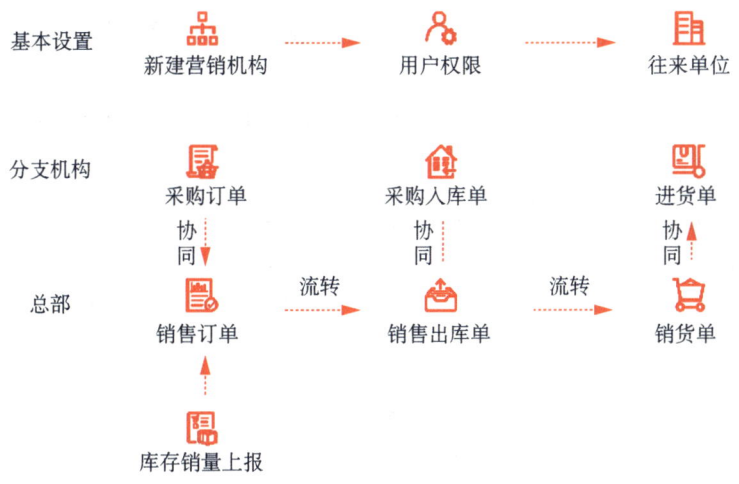

图 3.28　分销业务流程

▶ **任务指引 3.2.4**

【账套主管给分销组授权销售单据相关权限】

进度一：打开"用户权限"。在"系统管理"中，依次单击"系统管理"|"用户权限"，打开"用户权限"对话框。

进度二：分销组授权。选中"分销组"，单击工具栏中的"组授权"按钮，打开"功能与字段权限设置"窗口。结果如图 3.29 所示。

进度三：保存。单击"保存"按钮，保存分销组的授权。

【营销员马俊填制销售订单】

进度一：打开"销售订单"窗口。依次单击"分销管理"|"客户订货"菜单项，打开"销售订单"窗口。

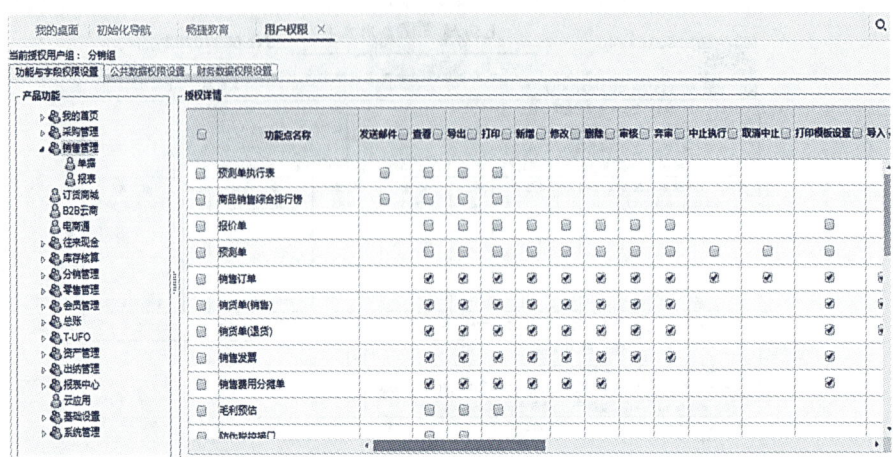

图 3.29 组授权

进度二:编辑并保存销售订单。在"销售订单"窗口,进行如下操作。

(1) 编辑表头。编辑"客户"为上海台名贸易有限公司,其他选项均为默认。

(2) 编辑表体。"存货名称"为德芙巧克力,"数量"为400,"单价"为577.50,其他选项均为默认。

(3) 保存。单击工具栏的"保存"按钮,保存该销售订单。结果如图3.30所示。

图 3.30 销售订单

进度三:退出。单击"销售订单"窗口右上角的"关闭"按钮,关闭该窗口。

【营销主管王霞审核销售订单】

进度一:打开"销售订单"窗口。

进度二:查阅并审核销售订单。单击工具栏的"上张"按钮("<"图标),查阅到相应的销售订单,然后单击工具栏的"审核"按钮,完成审核工作。

进度三:退出。单击"销售订单"窗口右上角的"关闭"按钮,关闭该窗口。

【仓库员尹婷参照销售订单生成销售出库单】

进度一:打开"销售出库单"窗口。在"库存核算"子系统中,依次单击"库存核算"|"销售出库单",打开"销售出库单"窗口。

进度二:参照销售订单生成销售出库单。单击工具栏的"增加"按钮,新增一张销售出库单,然后进行如下操作。

(1) 打开"选单"窗口。依次单击工具栏的"选单"|"选销售订单"菜单项,打开"选销售订单"对话框,单击"查询"按钮。

(2) 复制信息。双击要选择的销售订单所对应的"选择"栏,"选择"栏显示"✓"图标,此时单击"确定"按钮,返回"销售出库单"窗口,销售订单资料会自动传递过来。

进度三:编辑并保存销售出库单。在"销售出库单"窗口,做如下编辑。

(1) 修改表头。编辑"业务类型"为普通销售,"客户"为上海台名贸易有限公司,"仓库"为总仓,其他选项均为默认。

(2) 表体信息。选项均为默认。

(3) 保存。单击工具栏的"保存"按钮,保存该销售出库单。结果如图3.31所示。

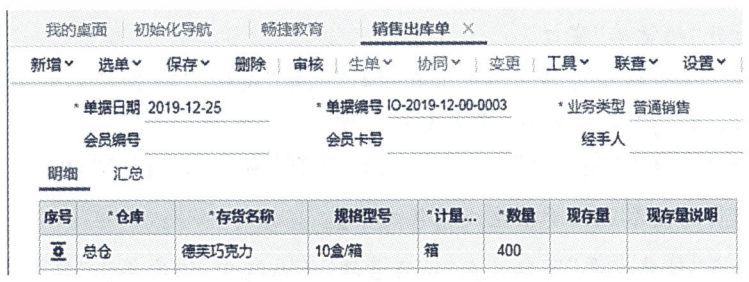

图 3.31　销售出库单

【仓库主管林怡静审核销售出库单】

进度一:打开"销售出库单"窗口。

进度二:查阅并审核销售出库单。单击工具栏的"上张"按钮("<"图标),查阅到相应的销售出库单,然后单击工具栏的"审核"按钮,完成审核工作。

进度三:退出。单击"销售出库单"窗口右上角的"关闭"按钮,关闭该窗口。

【营销员马俊参照销售出库单生成销货单】

进度一:打开"销货单"窗口。在"销售管理"子系统中,依次单击"销售管理"|"销货单",打开"销货单"窗口。

进度二:参照销售出库单生成销货单。单击工具栏的"增加"按钮,新增一张销货单,然后进行如下操作。

(1) 打开"选单"窗口。依次单击工具栏的"选单"|"选销售出库单"菜单项,打开"选销售出库单"对话框,单击"查询"按钮。

(2) 复制信息。双击要选择的销售出库单所对应的"选择"栏,"选择"栏显示"✓"图标,此时单击"确定"按钮,返回"销货单"窗口,销售出库单资料会自动传递过来。

进度三:编辑并保存销货单。在"销货单"窗口,进行如下操作。

(1) 修改表头。编辑"业务类型"为普通销售,"票据类型"为专用发票,"结算客户"为上海台名贸易有限公司,其他选项均为默认。

(2) 表体信息。选项均为默认。

(3) 保存。单击工具栏的"保存"按钮,保存该销货单。结果如图3.32所示。

图 3.32　销货单

【营销主管王霞审核销货单】

进度一:打开"销货单"窗口。

进度二:查阅并审核销货单。单击工具栏的"上张"按钮("<"图标),查阅到相应的销货单,然后单击工具栏的"审核"按钮,完成审核工作。

进度三:退出。单击"销货单"窗口右上角的"关闭"按钮,关闭该窗口。

【营销员马俊参照销货单生成销售发票】

进度一:打开"销售发票"窗口。在"销售管理"子系统中,依次单击"销售管理"|"销售发票",打开"销售发票"窗口。

进度二:参照销货单生成销售发票。单击工具栏的"增加"按钮,新增一张销售发票,然后进行如下操作。

(1) 打开"选单"窗口。依次单击工具栏的"选单"|"选销货单"菜单项,打开"选销货单"对话框,单击"查询"按钮。

(2) 复制信息。双击要选择的销货单所对应的"选择"栏,"选择"栏显示"✓"图标,此时单击"确定"按钮,返回"销售发票"窗口,销货单资料会自动传递过来。

进度三:编辑并保存销售发票。在"销售发票"窗口,进行如下操作。

(1) 修改表头。编辑"发票号"为 66270222,"结算客户"为上海台名贸易有限公司,其他选项均为默认。

(2) 表体信息。选项均为默认。

(3) 保存。单击工具栏的"保存"按钮,保存该销售发票。结果如图 3.33 所示。

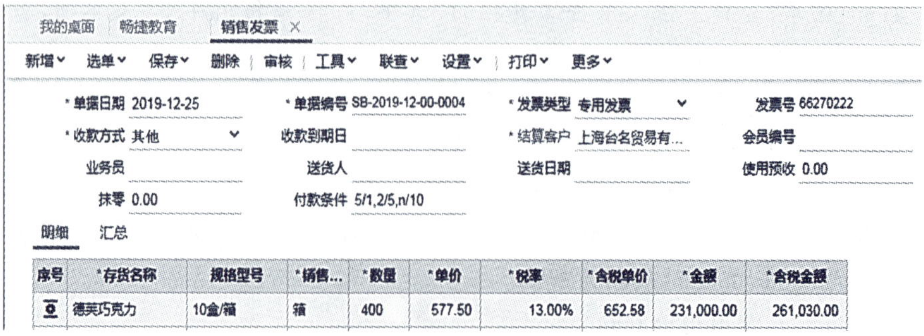

图 3.33　销售发票

【营销主管王霞审核销售发票】

进度一：打开"销售发票"窗口。

进度二：查阅并审核销售发票。单击工具栏的"上张"按钮（" "图标），查阅到相应的销售发票，然后单击工具栏的"审核"按钮，完成审核工作。

进度三：退出。单击"销售发票"窗口右上角的"关闭"按钮，关闭该窗口。

【巩固提升】

（1）2019年12月25日，经销商上海台名贸易有限公司向总部订购洁柔手帕纸400箱，单价为64.68元，矿泉水1 200箱，单价为28元。总部接收订单后同意发货，当日从总仓发出商品，营销部于当日开出增值税专用发票，发票号为66270224。

（2）2019年12月27日，经销商上海安丰贸易有限公司向总部订购清风抽纸500箱，单价为66元，洁面乳200箱，单价为1 206元，商品预计12月28日送达。财务部通过网上银行收取订金50 000元。营销部于当日开出增值税专用发票，发票号为66270225，于12月28日通知仓库从总仓发出上述商品。

3.2.4　运营分析

运营分析是将销售目标和实际销售情况放在一起进行的衡量、评价。运营分析可以通过销售差异分析和微观销售分析两个层次来完成。前者主要用于分析各个不同的因素对销售绩效的不同作用，为企业的市场策略提供建议和参考；后者主要分析未能达到销售额的特定产品、地区等。

畅捷通T+提供了执行表和统计表的查询、销售发票收款执行表、销售出库开单执行表、销售毛利分析表、销售综合统计分析表等，查询的结果可以表格显示，也可以图标显示。

进入销售综合统计分析表查询界面（见图3.34、图3.35）有以下几种方式：

（1）销售模块→综合报表→销售综合统计分析表。

（2）销售管理工作台→销售综合统计分析表。

序号	客户编码	客户	订货数量（主单位）	订货金额	订货含税金额	销货数量（主单位）	销货金额	销货含税金额
1	00001	上海台名贸易…	400	231000.00	261030.00	400	231000.00	261030.00
2	020001	上海沛翼商贸…	1000	220000.00	248600.00	1000	220000.00	248600.00
3	020002	上海涵腾贸易…	420	537600.00	607488.00	420	537600.00	607488.00
4	020003	北京文裕贸易…	120	141120.00	159465.60	120	141120.00	159465.60
5	LS	零售客户				23	4407.50	4980.48

图3.34　销售综合统计分析表

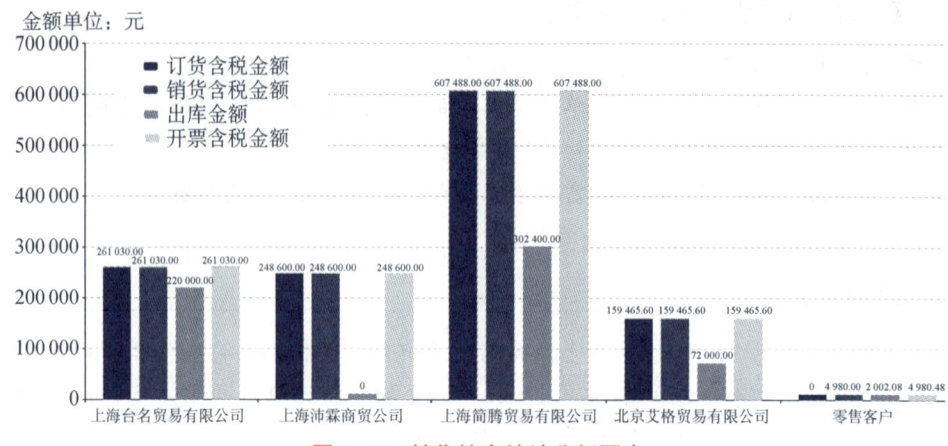

图 3.35　销售综合统计分析图表

任务 3.3　采购与应付

采购管理是畅捷通 T+供应链的重要组成部分，它提供了请购、采购订货、采购到货、采购入库、采购开票、采购核销等业务管理。用户可以根据业务需要选用不同的业务单据和业务流程，而且企业类型不同则采购业务的管理也不同。

本企业是商贸流通企业，在采购系统中的存货是指库存商品、包装物、低值易耗品等。

3.3.1　普通采购业务

普通采购业务按照货物和发票到达的先后顺序，可以划分为票货同到的普通采购业务、票到货未到的在途业务、货到票未到的采购业务和上月到货次月发票到的暂估结算业务四类。

3.3.1.1　票货同到的普通采购业务

▶ 任务发放 3.3.1

(1) 2019 年 12 月 2 日，仓库向采购部请购洁面乳 200 箱、面膜 200 箱，要求 12 月 3 日到货。采购员潘明亮请购洁面乳和面膜。

(2) 2019 年 12 月 2 日，采购员潘明亮在请购获得批准后与上海天华有限公司签订采购合同采购洁面乳 200 箱，单价为 720 元，面膜 200 箱，单价为 916 元，约定到货日期为 12 月 3 日。

(3) 2019 年 12 月 3 日，按照合同约定从上海天华有限公司采购的洁面乳 200 箱、面膜 200 箱到货，仓库办理验收入库，入总仓。

(4) 2019 年 12 月 3 日，收到采购洁面乳、面膜的增值税专用发票 1 张。

相关合同、单据如图 3.36 至图 3.38 所示。

任务发放 3.3.1 操作视频

购销合同

合同编号 72455407

购货单位(甲方):上海徽宁便利有限公司
供货单位(乙方):上海天华有限公司

根据《中华人民共和国合同法》及国家相关法律、法规之规定,甲乙双方本着平等互利的原则,就甲方购买乙方货物一事达成以下协议。

一、货物的名称、数量及价格:

货物名称	规格型号	单位	数量	单价	金额	税率	价税合计
洁面乳		箱	200	720.00	144,000.00	13%	162,720.00
面膜		箱	200	916.00	183,200.00	13%	207,016.00
合计(大写) 叁拾陆万玖仟柒佰叁拾陆元整							¥369,736.00

二、交货方式和费用承担:交货方式:销货方送货_____,交货时间:2019年12月03日_____前,交货地点:上海市奉贤区环城西路3311号5号楼201室,_____,运费由_____购货方_____承担。

三、付款时间与付款方式:_____

四、质量异议期:订货方对销货方的货物质量有异议时,应在收到货物后_____30 天_____内提出,逾期视为货物质量合格。

五、未尽事宜经双方协商可作补充协议,与本合同具有同等效力。

六、本合同自双方签字、盖章之日起生效;本合同壹式贰份,甲乙双方各执壹份。

甲方(签章):
授权代表:贺冠
地址:上海市奉贤区环城西路3311号5楼201室
电话:021-88754966
日期:2019年12月02日

乙方(签章):
授权代表:
地址:上海市静安区愚园路392号
电话:021-67320981
日期:2019年12月02日

图 3.36 购销合同

入 库 单

NO. 15081457

供货单位:上海天华有限公司   2019 年 12 月 03 日

编号	品名	规格	单位	数量	单价	金额	备注
010103	面膜		箱	200			
010302	洁面乳		箱	200			
合				计			

仓库主管:林怡静   记账:于建飞   保管:尹婷   经手人:尹婷   制单:尹婷

图 3.37 入库单

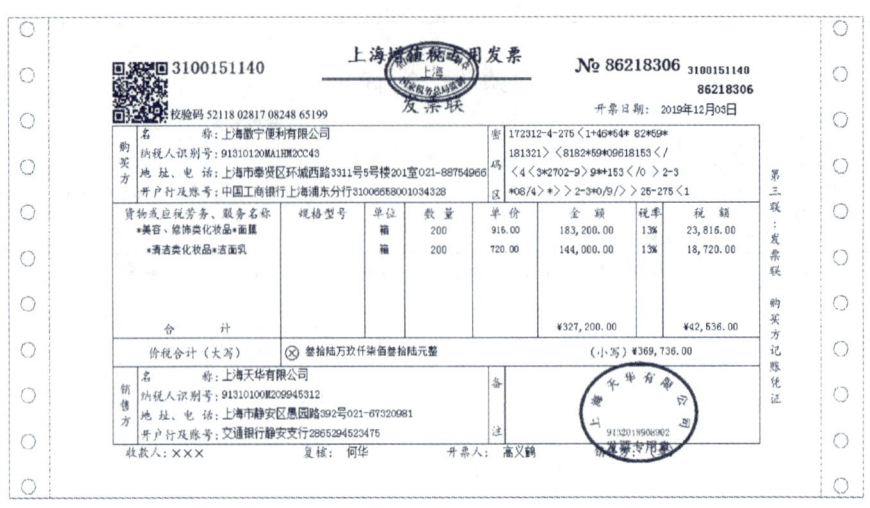

图 3.38 采购发票(发票联)

任务流程如图 3.39 所示。

图 3.39 票货同到的普通采购业务流程

▶ 任务指引 3.3.1

【采购员潘明亮填制请购单】

进度一:打开请购单窗口。在"采购管理"子系统中,依次单击"采购管理"|"请购单",打开"请购单"窗口。

进度二:填制请购单。在"请购单"窗口中,单击工具栏的"增加"按钮,新增一张请购单,然后进行如下操作。

(1)编辑表头。修改表头的"单据日期"为 2019-12-02,"部门"为采购部,"请购人"为潘明亮,"建议供应商"为上海天华有限公司,"需求日期"为 2019-12-03。

(2)编辑表体。参照生成"存货编码"为 03003(面膜),"数量"为 200,"单价"为 720.00,其他选项均为默认。参照生成"存货编码"为 03002(洁面乳),"数量"为 200,"单价"为 916.00,其他选项均为默认。

进度三:保存。单击工具栏的"保存"按钮,保存该请购单。结果如图 3.40 所示。

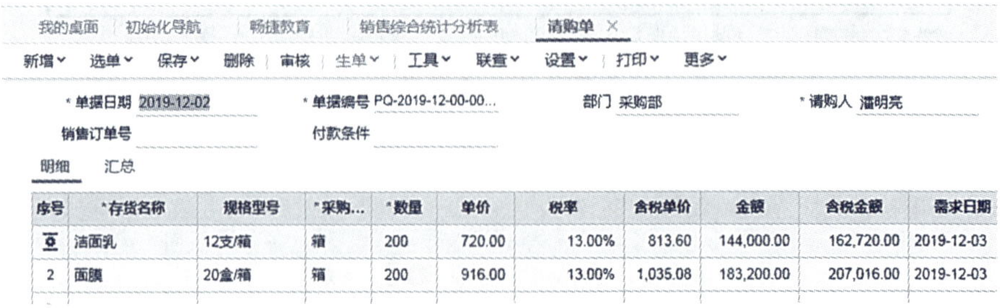

图 3.40 请购单

进度四:退出。单击"请购单"窗口右上角的"关闭"按钮,关闭该窗口。

【采购主管阮立恒审核请购单】

进度一:打开"请购单"窗口。

进度二:查阅并审核请购单。在"请购单"窗口中,单击工具栏的"上张"(按钮"<"图标),查阅到本业务生成的请购单,然后单击"审核"按钮,完成审核工作。

进度三:退出。单击"请购单"窗口右上角的"关闭"按钮,关闭该窗口。

【采购员潘明亮参照请购单生成采购订单】

进度一:打开"采购订单"窗口。在"采购管理"子系统中,依次单击"采购管理"|"采购订单",打开"采购订单"窗口。

进度二:参照请购单生成采购订单。单击工具栏的"增加"按钮,新增一张采购订单,然后进行如下操作。

(1) 打开"选单"窗口。依次单击工具栏的"选单"|"选请购单"菜单项,打开"选请购单"对话框,单击"查询"按钮。

(2) 复制信息。双击要选择的采购请购单所对应的"选择"栏,"选择"栏显示"✓"图标,此时单击"确定"按钮,返回"采购订单"窗口,请购单资料会自动传递过来。

进度三:编辑并保存采购订单。在"采购订单"窗口,进行如下操作。

(1) 修改表头。编辑"采购类型"为普通采购,"供应商"为上海天华有限公司,其他选项均为默认。

(2) 表体信息。选项均为默认。

(3) 保存。单击工具栏的"保存"按钮,保存该采购订单。结果如图3.41所示。

序号	存货名称	规格型号	采购...	数量	单价	税率	含税单价	金额	含税金额	预计到货日期
1	洁面乳	12支/箱	箱	200	720	13.00%	813.60	144,000.00	162,720.00	2019-12-03
2	面膜	20盒/箱	箱	200	916	13.00%	1,035.08	183,200.00	207,016.00	2019-12-03

图 3.41 采购订单

(4) 退出。单击"采购订单"窗口右上角的"关闭"按钮,关闭该窗口。

注:如果采购业务中有订金,那么在采购订单中录入订金后,系统会自动生成一张付款单。相关后续操作在出纳管理模块进行处理。

【采购主管阮立恒审核采购订单】

进度一:打开"采购订单"窗口。

进度二:查阅并审核采购订单。单击工具栏的"上张"(按钮"<"图标),查阅到相应的采

购订单,然后单击工具栏的"审核"按钮,完成审核工作。

进度三:退出。单击"采购订单"窗口右上角的"关闭"按钮,关闭并退出该窗口。

【仓库员尹婷参照采购订单生成采购入库单】

进度一:打开"采购入库单"窗口。在"库存核算"子系统中,依次单击"库存核算"|"采购入库单",打开"采购入库单"窗口。

进度二:参照采购订单生成采购入库单。在"采购入库单"窗口中,单击工具栏的"增加"按钮,新增一张采购入库单,然后进行如下操作。

(1) 打开"选单"窗口。依次单击工具栏的"选单"|"选采购订单"菜单项,打开"选采购订单"对话框,单击"查询"按钮。

(2) 复制信息。双击要选择的采购订单所对应的"选择"栏,"选择"栏显示"✓"图标,再单击"确定"按钮,系统返回"采购入库单"窗口,此时相关的信息已经默认显示在入库单上。

进度三:编辑并保存采购入库单。在"采购入库单"窗口,进行如下编辑。

(1) 修改表头。"仓库"为总仓,其他选项均为默认。

(2) 表体信息。选项均为默认。

(3) 保存。单击工具栏的"保存"按钮,保存该采购入库单。结果如图 3.42 所示。

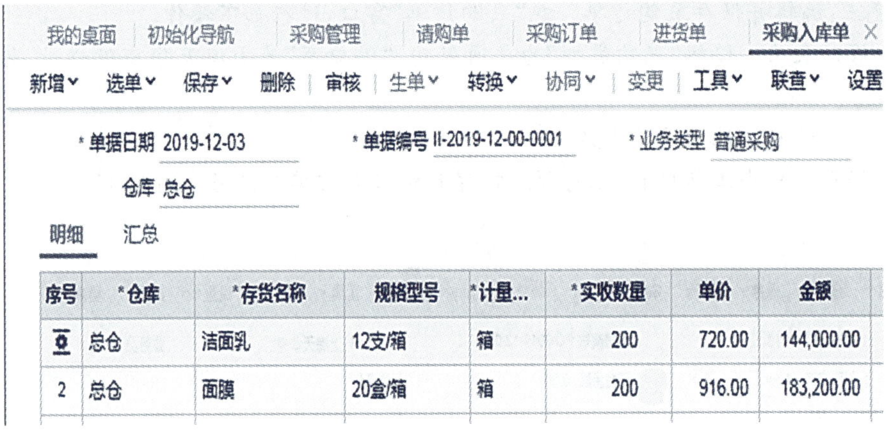

图 3.42 采购入库单

进度四:退出。单击"采购入库单"窗口右上角的"关闭"按钮,关闭并退出该窗口。

【仓库主管林怡静审核采购入库单】

进度一:打开库存核算的"采购入库单"窗口。

进度二:查阅并审核采购入库单。单击工具栏的"末张"按钮,查阅到本业务生成的采购入库单,然后单击工具栏的"审核"按钮,系统弹出信息框提示审核完成,单击"确定"按钮,完成审核工作。

进度三:退出。单击"采购入库单"窗口右上角的"关闭"按钮,关闭该窗口。

【采购员潘明亮参照采购入库单生成进货单】

进度一:打开"进货单"窗口。在"采购管理"子系统中,依次单击"采购管理"|"进货单",打开"进货单"窗口。

进度二：参照采购入库单生成进货单。单击工具栏的“增加”按钮，新增一张进货单然后进行如下操作。

(1) 打开“选单”窗口。依次单击工具栏的“选单”|“选采购入库单”菜单项，打开“选采购入库单”对话框，单击“查询”按钮。

(2) 复制信息。双击要选择的采购入库单所对应的“选择”栏，“选择”栏显示“✔”图标，单击“确定”按钮。返回“进货单”窗口，采购入库单资料会自动传递过来。

进度三：编辑并保存进货单。在“进货单”窗口，进行如下操作。

(1) 修改表头。选项均为默认。

(2) 表体信息。选项均为默认。

(3) 保存。单击工具栏的“保存”按钮，保存该进货单。结果如图 3.43 所示。

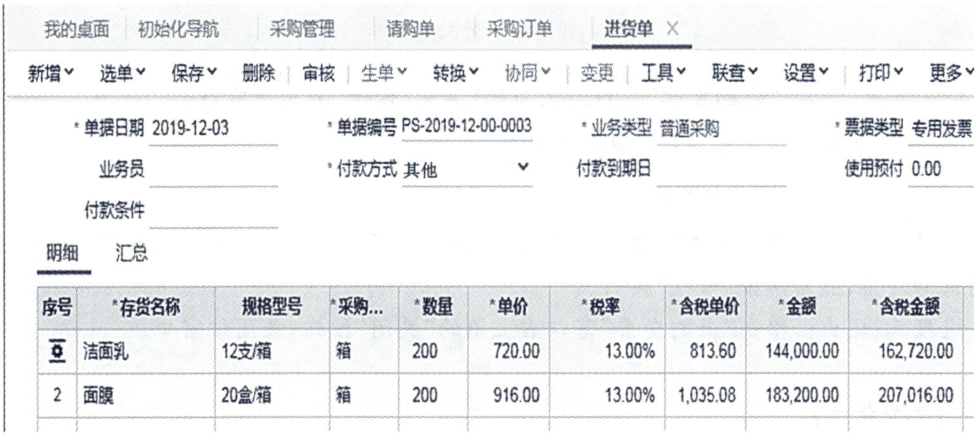
我的桌面　初始化导航　采购管理　请购单　采购订单　进货单 ×

新增　选单　保存　删除　审核　生单　转换　协同　变更　工具　联查　设置　打印　更多

*单据日期 2019-12-03　*单据编号 PS-2019-12-00-0003　*业务类型 普通采购　*票据类型 专用发票

业务员　*付款方式 其他　付款到期日　使用预付 0.00

付款条件

明细　汇总

序号	*存货名称	规格型号	*采购...	*数量	*单价	*税率	*含税单价	*金额	*含税金额
1	洁面乳	12支/箱	箱	200	720.00	13.00%	813.60	144,000.00	162,720.00
2	面膜	20盒/箱	箱	200	916.00	13.00%	1,035.08	183,200.00	207,016.00

图 3.43　进货单

(4) 退出。单击“进货单”窗口右上角的“关闭”按钮，关闭该窗口。

进货单【采购主管阮立恒审核进货单】

进度一：打开“进货单”窗口。

进度二：查阅并审核采购进货单。单击工具栏的“上张”(按钮“<”图标)，查阅到本业务生成的采购进货单，然后单击“审核”按钮。

进度三：退出。单击“进货单”窗口右上角的“关闭”按钮，关闭该窗口。

采购发票【采购员潘明亮参照进货单生成采购发票】

进度一：打开“采购发票”窗口。在“采购管理”子系统中，依次单击“采购管理”|“采购发票”，打开“采购发票”窗口。

进度二：参照进货单生成采购发票。在“采购发票”窗口中，单击工具栏的“增加”按钮，新增一张采购发票，然后进行如下操作。

(1) 打开“选单”窗口。依次单击工具栏的“选单”|“选进货单”菜单项，打开“选进货单”对话框，单击“查询”按钮，系统查询进货单。

(2) 复制信息。双击要选择的采购入库单所对应的“选择”栏，“选择”栏显示“✔”图标，然后单击“确定”按钮，返回“采购发票”窗口。

(3) 编辑表头。编辑"发票类型"为专用发票,修改"发票号"为86218306,其他选项均为默认。
(4) 保存。单击工具栏的"保存"按钮。结果如图3.44所示。

序号	*存货名称	规格型号	*采购	*数量	*单价	*税率	含税单价	*金额	*含税金额
1	洁面乳	12支/箱	箱	200	720.00	13.00%	813.60	144,000.00	162,720.00
2	面膜	20盒/箱	箱	200	916.00	13.00%	1,035.08	183,200.00	207,016.00

图3.44 采购发票

(5) 退出。单击"采购发票"窗口右上角的"关闭"按钮,关闭该窗口。

【采购主管阮立恒审核采购发票】

进度一:打开"采购发票"窗口。

进度二:查阅并审核采购发票。单击工具栏的"上张"按钮("◁"图标),查阅到本业务生成的采购发票,然后单击"审核"按钮。

进度三:退出。单击"采购发票"窗口右上角的"关闭"按钮,关闭该窗口。

【巩固提升】

(1) 2019年12月5日,仓库向采购部请购洁面乳120箱、面膜150箱,要求12月6日到货。采购员潘明亮请购洁面乳和面膜。5日,采购员潘明亮在请购获得批准后与上海天华有限公司签订采购合同采购洁面乳120箱,单价为720元,面膜150箱,单价为916元,约定到货日期为12月6日。按照合同约定从上海天华有限公司采购的洁面乳120箱、面膜150箱到货,仓库办理验收入库,入总仓,同时收到采购洁面乳、面膜的增值税专用发票1张。

(2) 2019年12月15日,采购部与北京欣新贸易公司签订采购合同,采购清风抽纸500箱,不含税单价为45元,适用税率为13%。货物已到达,总部仓库验收入库,同日收到增值税专用发票,货品运输过程中产生运费价税合计600元,并进行费用分摊,款项未付。

3.3.1.2 票到货未到的在途业务

▶ 任务发放3.3.2

(1) 2019年12月6日,采购员潘明亮与北京欣新贸易公司签订采购合同订购云南白药牙膏200箱,单价为800元,适用税率为13%,预计到货日期为12月10日。为了维护客户关系,供应商决定给予2%的商业折扣。

(2) 同日收到北京欣新贸易公司开来的增值税专用发票,发票号为38464062。
相关合同、单据如图3.45、图3.46所示。

任务发放3.3.2
操作视频

购销合同

合同编号 88630158

购货单位(甲方):上海徽宁便利有限公司
供货单位(乙方):北京欣新贸易公司

根据《中华人民共和国合同法》及国家相关法律、法规之规定,甲乙双方本着平等互利的原则,就甲方购买乙方货物一事达成以下协议。

一、货物的名称、数量及价格。

货物名称	规格型号	单位	数量	单价	金额	税率	价税合计
云南白药牙膏		箱	200	800.00	160,000.00	13%	180,800.00
			200	−16.00	−3,200.00	13%	−3,616.00
合计(大写) 壹拾柒万柒仟壹佰捌拾肆元整							¥177,184.00

二、委货方式和费用承担:委货方式:销货方送货 ,委货时间:2019 年 12 月 10 日 前,委货地点: 上海市奉贤区环城西路 3311 号 5 号楼 201 室 ,运费由 购货方 承担。

三、付款时间与付款方式:

四、质量异议:订货方对验收方的货物质量有异议时,应在收到货物后 30 日 内提出,逾期视为货物质量合格。

五、未尽事宜经双方协商可作补充协议,与本合同具有同等效力。

六、本合同自双方签字、盖章之日起生效;本合同壹式贰份,甲乙双方各执壹份。

甲方(签章): 乙方(签章):
授权代表:郭冠 授权代表:罗兰
地 址:上海市奉贤区环城西路 3311 号 5 号楼 201 室 地 址:北京市房山区京周路 568 号
电 话:021-88754966 电 话:010-83532465
日 期: 2019 年 12 月 06 日 日 期: 2019 年 12 月 06 日

图 3.45 购销合同

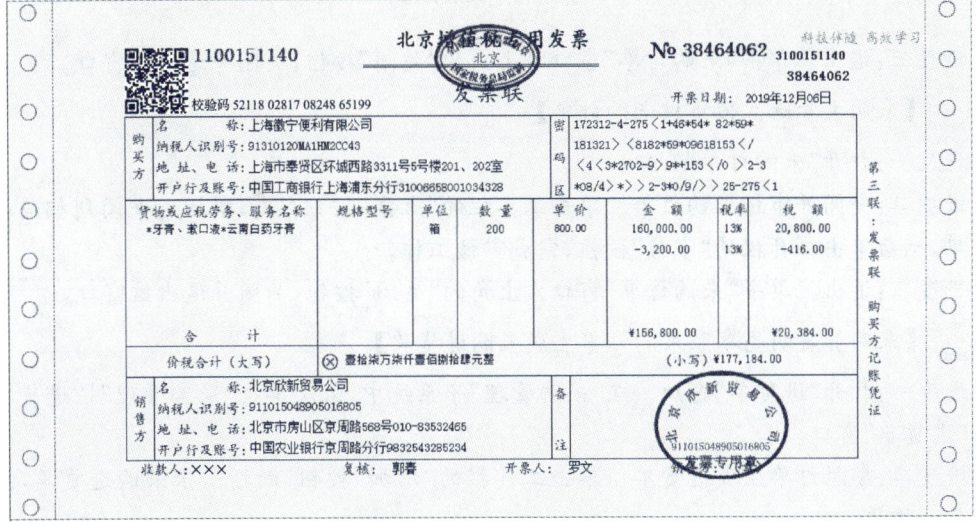

图 3.46 采购发票(发票联)

任务流程如图 3.47 所示。

图 3.47　票到货未到的在途业务流程

▶ 任务指引 3.3.2

【采购员潘明亮填制采购订单】

进度一：打开订单窗口。在"采购管理"子系统中，依次单击"采购管理"|"采购订单"，打开"采购订单"窗口。

进度二：填制采购订单。在"采购订单"窗口中，单击工具栏的"增加"按钮，新增一张采购订单，然后进行如下操作。

（1）编辑表头。修改表头的"单据日期"为 2019-12-06，"供应商"为北京欣新贸易公司，"仓库"为总仓，"预计到货日期"为 2019-12-10。

（2）编辑表体。在第 1 行，参照生成"存货名称"为云南白药牙膏，"数量"编辑为 200，"报价"编辑为 800.00，其他选项均为默认。

（3）保存。单击工具栏的"保存"按钮，保存该采购订单。结果如图 3.48 所示。

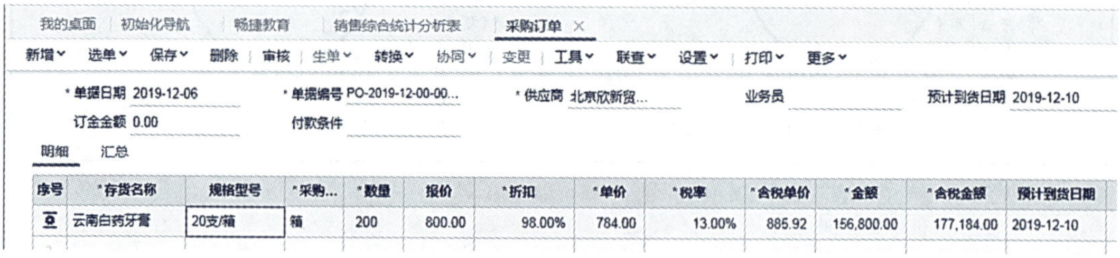

图 3.48　采购订单

进度三：退出。单击"采购订单"窗口右上角的"关闭"按钮，关闭并退出该窗口。

【采购主管阮立恒审核采购订单】

进度一：打开"采购订单"窗口。

进度二：查阅并审核采购订单。单击工具栏的"上张"按钮（"＜"图标），查阅到相应的采购订单，然后单击工具栏的"审核"按钮，完成审核工作。

进度三：退出。单击"采购订单"窗口右上角的"关闭"按钮，关闭并退出该窗口。

【采购员潘明亮参照采购订单生成采购进货单】

进度一：打开"进货单"窗口。在"采购管理"子系统中，依次单击"采购管理"|"进货单"，打开"进货单"窗口。

进度二：参照订单生成进货单。单击工具栏的"增加"按钮，新增一张采购进货单，然后进行如下操作。

（1）打开"选单"窗口。依次单击工具栏的"选单"|"选采购订单"菜单项，打开"选采购订单"对话框，单击其"查询"按钮。

（2）复制信息。双击要选择的采购订单所对应的“选择”栏，“选择”栏显示“✔”图标，单击“确定”按钮。返回“进货单”窗口，采购订单资料会自动传递过来。

进度三：编辑并保存进货单。在“进货单”窗口，进行如下操作。

（1）修改表头。编辑“单据日期”为 2019-12-06，其他选项均为默认。

（2）表体信息。选项均为默认。

（3）保存。单击工具栏的“保存”按钮，保存该进货单。结果如图 3.49 所示。

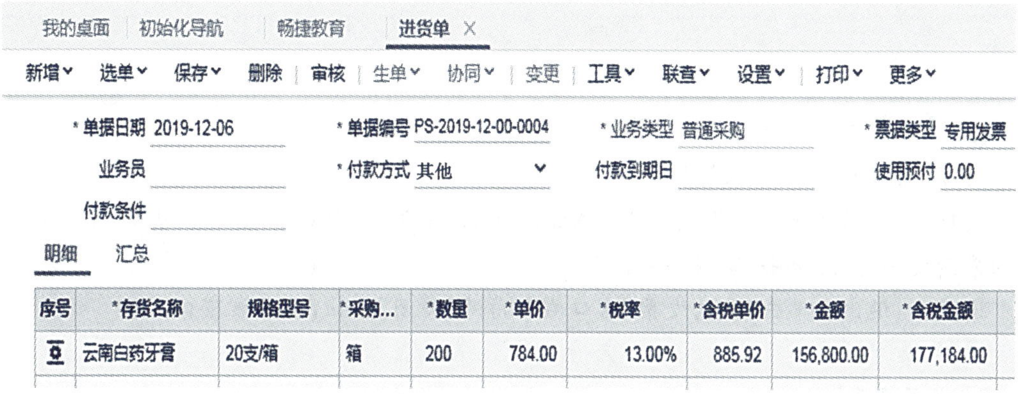
我的桌面
初始化导航
畅捷教育
进货单
新增
选单
保存
删除
审核
生单
协同
变更
工具
联查
设置
打印
更多
*单据日期 2019-12-06
*单据编号 PS-2019-12-00-0004
*业务类型 普通采购
*票据类型 专用发票
业务员
*付款方式 其他
付款到期日
使用预付 0.00
付款条件
明细
汇总
序号
*存货名称
规格型号
*采购...
*数量
*单价
*税率
*含税单价
*金额
*含税金额
云南白药牙膏
20支/箱
箱
200
784.00
13.00%
885.92
156,800.00
177,184.00

图 3.49　进货单

（4）退出。单击“进货单”窗口右上角的“关闭”按钮，关闭并退出该窗口。

【采购主管阮立恒审核进货单】

进度一：打开“进货单”窗口。

进度二：查阅并审核进货单。单击工具栏的“上张”按钮（“<”图标），查阅到相应的采购订单，然后单击工具栏的“审核”按钮，完成审核工作。

进度三：退出。单击“进货单”窗口右上角的“关闭”按钮，关闭并退出该窗口。

【采购员潘明亮参照进货单生成采购发票】

进度一：打开“采购发票”窗口。在“采购管理”子系统中，依次单击“采购管理”|“采购发票”，打开“采购发票”窗口。

进度二：参照进货单生成采购发票。在“采购发票”窗口中，单击工具栏的“增加”按钮，新增一张采购发票，然后进行如下操作。

（1）打开“选单”窗口。依次单击工具栏的“选单”|“选进货单”菜单项，打开“选进货单”对话框，单击“查询”按钮，查询进货单。

（2）复制信息。双击要选择的采购入库单所对应的“选择”栏，“选择”栏显示“✔”图标，然后单击“确定”按钮，返回“采购发票”窗口。

（3）编辑表头。编辑“发票类型”为专用发票，修改“发票号”为 38464062，其他选项均为默认。

（4）保存。单击工具栏的“保存”按钮。结果如图 3.50 所示。

进度三：退出。单击“采购发票”窗口右上角的“关闭”按钮，关闭并退出该窗口。

图 3.50 采购发票

【采购主管阮立恒审核采购发票】

进度一：打开"采购发票"窗口。

进度二：查阅并审核采购发票。单击工具栏的"上张"按钮（"◁"图标），查阅到本业务生成的采购发票，然后单击"审核"按钮。

进度三：退出。单击"采购发票"窗口右上角的"关闭"按钮，关闭该窗口。

【巩固提升】

(1) 2019 年 12 月 6 日，采购部与上海康明有限公司签订采购合同订购云南白药牙膏 250 箱，单价为 800 元，适用税率为 13%，合同约定通过网银方式支付订金 5 000 元，预计到货日期为 12 月 10 日。为了维护客户关系，供应商决定给予 2% 的商业折扣。同日收到上海康明有限公司开来的增值税专用发票，发票号为 67340212。

(2) 2019 年 12 月 20 日，采购部与三得利（上海）食品贸易有限公司签订采购合同，订购矿泉水 2 000 箱，单价为 28 元，好丽友派 600 箱，单价为 75 元，合同约定货物于 21 日到达仓库。同日财务部收到对方开具的增值税专用发票并通过网上银行支付该笔订单全部货款，发票号为 53207832。

3.3.1.3 货到票未到的采购业务

▶ **任务发放 3.3.3**

(1) 2019 年 12 月 25 日，采购员潘明亮从北京德辉商贸有限公司订购矿泉水 1 500 箱，单价为 11.8 元，适用税率为 13%，采购商品已全部发出。

(2) 2019 年 12 月 25 日，仓库对矿泉水做验收入库处理，进总仓库。

相关合同、单据如图 3.51 和图 3.52 所示。

任务发放 3.3.3 操作视频

购销合同

合同编号 10547831

购货单位(甲方):上海徽宁便利有限公司
供货单位(乙方):北京德辉商贸有限公司

根据《中华人民共和国合同法》及国家相关法律、法规之规定,甲乙双方本着平等互利的原则,就甲方购买乙方货物一事达成如下协议。

一、货物的名称、数量及价格。

货物名称	规格型号	单位	数量	单价	金额	税率	价税合计
矿泉水		箱	1,500	11.80	17,700.00	13%	20,001.00
合计(大写) 贰万零壹元整							¥20,001.00

二、交货方式和费用承担:交货方式:<u>销货方送货</u>,交货时间:<u>2019</u>年<u>12</u>月<u>25</u>日前,
交货地点:<u>购货方仓库</u>,运费由<u>承担</u>。
三、付款时间与付款方式:
四、质量异议期:订货方对销货方的货物质量有异议时,应在收到货物后<u>30</u>内提出,逾期视为货物质量合格。
五、未尽事宜经双方协商可作补充协议,与本合同具有同等效力。
六、本合同自双方签字、盖章之日起生效;本合同壹式贰份,甲乙双方各执壹份。
甲方(签章) 乙方(签章)
授权代表:贺冠 授权代表:
地 址:上海市奉贤区环城西路3311号5号楼201室 地 址:北京市海淀区紫竹院路1504号
电 话:021-88754966 电 话:010-2845899
日 期:<u>2019</u>年<u>12</u>月<u>25</u>日 日 期:<u>2019</u>年<u>12</u>月<u>25</u>日

图 3.51 购销合同

入 库 单

NO. 59334867

供货单位:北京德辉商贸有限公司 2019 年 12 月 25 日

编号	品名	规格	单位	数量	单价	金额	备注
010204	矿泉水		箱	1500			
				合计			

仓库主管:林怡静 记账:于建飞 保管:尹婷 经手人:尹婷 制单:尹婷

图 3.52 入库单

任务流程如图 3.53 所示。

图 3.53 货到票未到的采购业务流程

任务指引 3.3.3

【采购员潘明亮填制采购订单】

进度一：打开"采购订单"窗口。在"采购管理"子系统中，依次单击"采购管理"|"采购订单"，打开"采购订单"窗口。

进度二：填制采购订单。在"采购订单"窗口中，单击工具栏的"增加"按钮，新增一张采购订单，然后进行如下操作。

（1）编辑表头。修改表头的"单据日期"为 2019-12-25，"供应商"为北京德辉商贸有限公司，"预计到货日期"为 2019-12-25。

（2）编辑表体。在第 1 行，参照生成"存货名称"为矿泉水，"数量"为 1 500，"单价"为 11.80，其他选项均为默认。

（3）保存。单击工具栏的"保存"按钮，保存该单据。结果如图 3.54 所示。

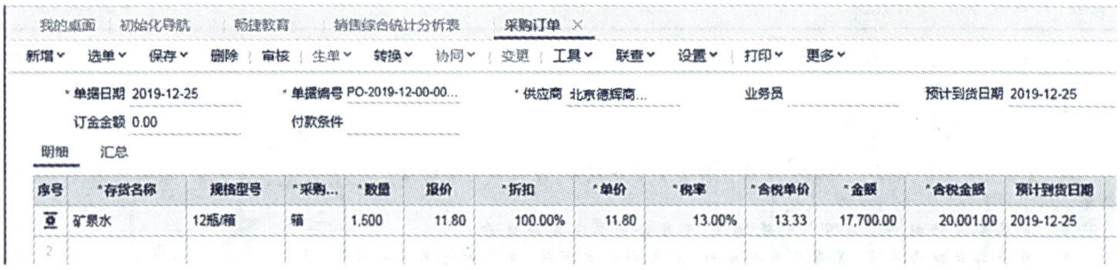

图 3.54 采购订单

【采购主管阮立恒审核采购订单】

进度一：打开"采购订单"窗口。

进度二：查阅并审核采购订单。单击工具栏的"上张"按钮（"❮"图标），查阅到相应的采购订单，然后单击工具栏的"审核"按钮，完成审核工作。

进度三：退出。单击"采购订单"窗口右上角的"关闭"按钮，关闭并退出该窗口。

【仓库员尹婷参照采购订单生成采购入库单】

进度一：打开库存核算的"采购入库单"窗口。在"库存核算"子系统中，依次单击"库存核算"|"采购入库单"，打开"采购入库单"窗口。

进度二：参照采购订单生成采购入库单。在"采购入库单"窗口中，先单击工具栏的"增加"按钮，新增一张采购入库单，然后进行如下操作。

（1）打开"选采购订单"对话框。单击工具栏的"选单"|"选采购订单"菜单项，打开"选采购订单"对话框，单击"查询"按钮，系统查询采购订单。

（2）复制信息。在"选采购订单"对话框中，双击要选择的采购订单所对应的"选择"栏，"选择"栏显示勾选状态，然后单击"确定"按钮，返回"采购入库单"窗口。

（3）编辑表头。编辑"单据日期"为 2019-12-25，"业务类型"为普通采购，"供应商"为北京德辉商贸有限公司，"仓库"为总仓。

（4）编辑表体。在第 1 行，选择"仓库"为总仓，其他选项均为默认。

进度三：保存。单击工具栏的"保存"按钮，保存该采购入库单。结果如图 3.55 所示。

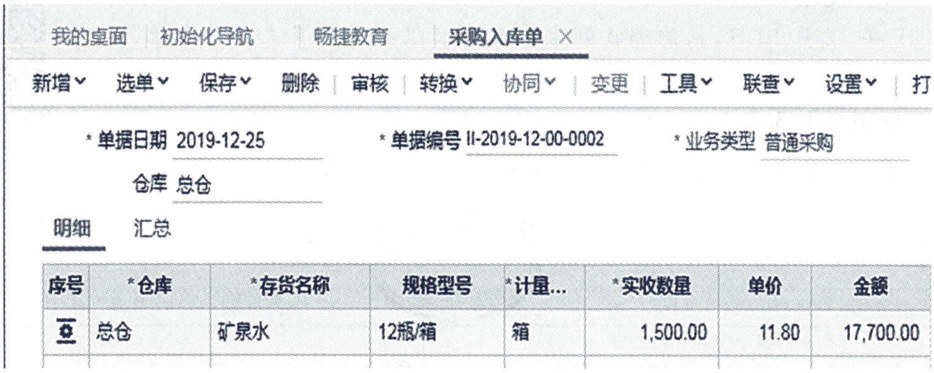

模块3 供应链管理系统的主要模块实训 | 081

图3.55 采购入库单

进度四：退出。单击"采购入库单"窗口右上角的"关闭"按钮，关闭并退出该窗口。

【仓库主管林怡静审核采购入库单】

进度一：打开库存核算的"采购入库单"窗口。

进度二：查阅并审核采购入库单。单击工具栏的"末张"按钮，查阅到本业务生成的采购入库单，然后单击工具栏的"审核"按钮，系统弹出信息框提示审核完成，单击"确定"按钮，完成审核工作。

进度三：退出，单击"采购入库单"窗口右上角的"关闭"按钮，关闭该窗口。

【巩固提升】

（1）2019年12月5日，采购员潘明亮与上海康明有限公司签订购销合同，订购德芙巧克力350箱，单价为550元，适用税率为13%，同日总部仓库收到该批货物，并验收入库。

（2）2019年12月7日，采购部从上海天华有限公司采购乐事薯片500箱，单价为60元，适用税率为13%，合同约定货物9日到达仓库，合同签订之日通过网上银行支付订金5 000元。9日，货物到达仓库，采购部验货时发现运输过程中有4箱外包装变形严重。

3.3.1.4 上月到货次月发票到的暂估结算业务

存货暂估是指外购入库的货物发票未到，在无法确定实际的采购成本时，财务人员期末暂时按估计价格入账，后续按照选择的暂估处理方式进行回冲或者补差处理。

畅捷通T+提供单到回冲和单到补差两种暂估处理方式。单到回冲是指报销处理时系统自动生成红字回冲单和采购报销入库单；单到补差是指报销处理时系统自动生成一笔调整单，调整金额为实际金额与暂估金额的差额。

上海徽宁便利有限公司采用单到回冲方式进行暂估处理。对于以前月份的暂估、本月全部报销的普通采购业务，畅捷通T+的处理方法是先查找存货明细账中对应的单据记录，再依据其生成红字回冲单和蓝字回冲单。红字回冲单的金额为原入库单据的暂估金额，方向与原暂估金额相反；蓝字回冲单的金额为原入库单据的已报销金额（即相应的采购成本）。系统对自动生成的红字回冲单和蓝字回冲单直接计入存货明细账，用户不能修改。

任务发放 3.3.4

2019年12月10日,采购部收到上海天华有限公司上月未开的发票(见图3.56)。

任务指引 3.3.4

【采购员潘明亮参照期初采购入库单生成进货单】

	上海增值税专用发票		No 65802025 3100151140
3100151140			65802025
校验码 52118 02817 08248 65199			开票日期:2019 年 12 月 10 日

购买方	名　　称:上海徽宁便利有限公司 纳税人识别号:91310120MA1HM2CC43 地　址、电话:上海市奉贤区环城西路 3311 号 5 号楼 201 室 021-88754966 开户行及账号:中国工商银行上海浦东分行 31006658001034328		密码区	172312-4-275<1+46*54*82*59* 181321><8162*59*09618153</ 4<3*2702-9>9+153</0>2-3 *08/4>*>>2-3*0/9/>>25-275<1
	货物或应税劳务、服务名称	规格型号	单位	数量	单价	金额	税率	税额
	*清洁类化妆品*洁面乳		箱	500	720.00	360,000.00	13%	46,800.00
	合　　　计					￥36,000.00		￥46,800.00
价税合计(大写)	⊗肆拾万陆仟捌佰元整			(小写)￥406,800.00
销售方	名　　称:上海天华有限公司 纳税人识别号:91310100209945312 地　址、电话:上海市静安区愚园路 392 号 021-67320981 开户行及账号:交通银行静安支行 2865294523475		备注	
收款人:×××		复核:何华	开票人:高义鹤	销售方(发票专用章)

图 3.56　采购发票(发票联)

任务流程如图 3.57 所示。

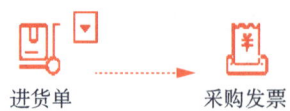

图 3.57　上月到货次月发票到的暂估结算业务流程

进度一:打开"进货单"窗口。在"采购管理"子系统中,依次单击"采购管理"|"进货单",打开"进货单"窗口。

进度二:参照采购入库单生成进货单。在"进货单"窗口中,单击工具栏的"增加"按钮,新增一张进货单,然后进行如下操作。

(1) 打开"选采购入库单"对话框。依次单击工具栏的"选单"|"选采购入库单"菜单项,打开"选采购入库单"对话框,单击"查询"按钮,系统查询采购入库单。

(2) 复制信息。双击要选择的采购入库单所对应的"选择"栏,"选择"栏显示"✓"图标,然后单击"确定"按钮,返回"进货单"窗口。

(3) 编辑表头。编辑"单据日期"为 2019-12-10,"业务类型"为普通采购,"票据类型"为专用发票,"付款方式"为其他,其他项默认。

(4) 保存。单击工具栏的"保存"按钮。结果如图 3.58 所示。

进度三:退出。单击"进货单"窗口右上角的"关闭"按钮,关闭并退出该窗口。

图 3.58 进货单

【采购主管阮立恒审核进货单】

进度一:打开"采购订单"窗口。

进度二:查阅并审核采购订单。单击工具栏的"上张"按钮("<"图标),查阅到相应的采购订单,然后单击工具栏的"审核"按钮,完成审核工作。

进度三:退出。单击"采购订单"窗口右上角的"关闭"按钮,关闭并退出该窗口。

【采购员潘明亮参照进货单生成采购发票】

进度一:打开"采购发票"窗口。在"采购管理"子系统中,依次单击"采购管理"|"采购发票",打开"采购发票"窗口。

进度二:参照进货单生成采购发票。在"采购发票"窗口中,单击工具栏的"增加"按钮,新增一张采购发票,然后进行如下操作。

(1)打开"选单"窗口。依次单击工具栏的"选单"|"选进货单"菜单项,打开"选进货单"对话框,单击"查询"按钮,系统查询进货单。

(2)复制信息。双击要选择的采购入库单所对应的"选择"栏,"选择"栏显示"✓"图标,然后单击"确定"按钮,返回"采购发票"窗口。

(3)编辑表头。编辑"发票类型"为专用发票,修改"发票号"为 65802025,"现结金额"为 406 800.00,其他选项均为默认。

(4)保存。单击工具栏的"保存"按钮。结果如图 3.59 所示。

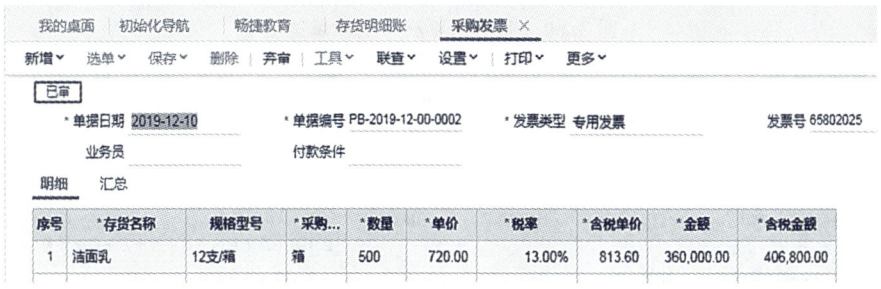

图 3.59 采购发票

进度三:退出。单击"采购发票"窗口右上角的"关闭"按钮,关闭并退出该窗口。

【采购主管阮立恒审核采购发票】

进度一:打开"采购发票"窗口。

进度二:查阅并审核采购发票。单击工具栏的"上张"按钮("<"图标),查阅到本业务生

成的采购发票，然后单击“审核”按钮。

进度三：退出。单击“采购发票”窗口右上角的“关闭”按钮，关闭该窗口。

注：红蓝字回冲单可以依次点击“库存核算”|“成本核算”|“红蓝字回冲单列表”，进行查询。

单据生凭证 【会计于建飞根据暂估业务生成凭证】

进度一：打开“单据生凭证”窗口。在“总账”子系统中，依次单击“日常业务”|“单据生凭证”，打开“单据生凭证”窗口。

进度二：选择单据来源。在“过滤分组”中选择供应链，在供应链列表框中选中“单据类型”为采购业务类的“选择”按钮，单击工具栏的“下一步”按钮。在系统弹出的“查询条件”对话框中，直接单击“下一步”按钮，打开“查询结果”窗口，编辑按合并规则设置合并号为“ ”。

进度三：生成凭证。选中“单据类型”为红字回冲单和蓝字回冲单，然后单击工具栏的“生成凭证”按钮，打开“生成凭证”窗口，并默认本业务采购单据上的相关信息。

进度四：保存凭证。单击工具栏中的“保存”按钮，然后单击工具栏中的“下张”按钮（“ ”图标），继续保存凭证。结果如图 3.60 至图 3.62 所示。

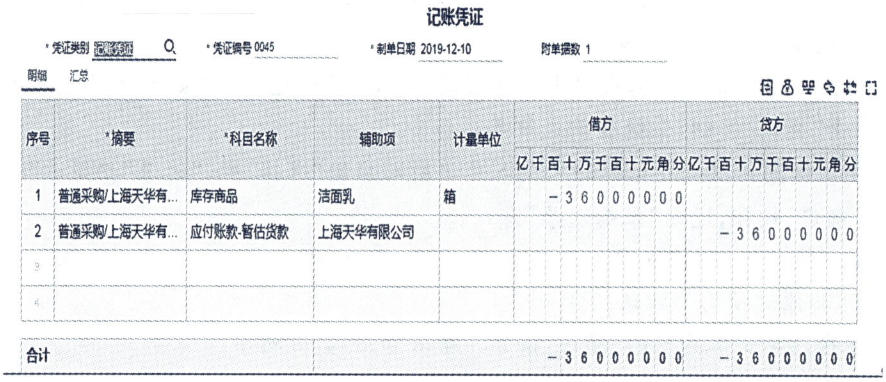

记账凭证

*凭证类别 记账凭证 *凭证编号 0045 *制单日期 2019-12-10 附单据数 1

明细 汇总

序号	*摘要	*科目名称	辅助项	计量单位	借方	贷方
1	普通采购/上海天华有...	库存商品	洁面乳	箱	-36000000	
2	普通采购/上海天华有...	应付账款-暂估贷款	上海天华有限公司			-36000000
3						
4						
合计					-36000000	-36000000

图 3.60 暂估结算红字回冲单凭证

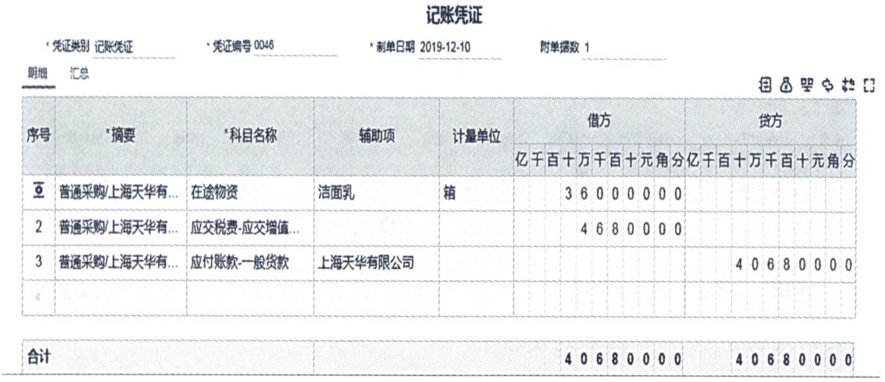

记账凭证

*凭证类别 记账凭证 *凭证编号 0046 *制单日期 2019-12-10 附单据数 1

明细 汇总

序号	*摘要	*科目名称	辅助项	计量单位	借方	贷方
1	普通采购/上海天华有...	在途物资	洁面乳	箱	36000000	
2	普通采购/上海天华有...	应交税费-应交增值...			4680000	
3	普通采购/上海天华有...	应付账款-一般贷款	上海天华有限公司			40680000
4						
合计					40680000	40680000

图 3.61 进货单生成凭证

图 3.62　暂估结算蓝字凭证

【巩固提升】

(1) 2019 年 12 月 18 日,采购部收到上海康明有限公司上月未开的发票。

(2) 2019 年 12 月 25 日,采购部收到北京欣新贸易公司上月未开的发票并现结全部货款。

任务发放 3.3.5

2019 年 12 月 26 日,收到北京德辉商贸有限公司分批开具矿泉水的增值税专用发票,注明数量为 1 000 箱,单价为 13 元(见图 3.63)。剩余货物的发票待下月开具。(注:此任务承接任务发放 3.3.3)

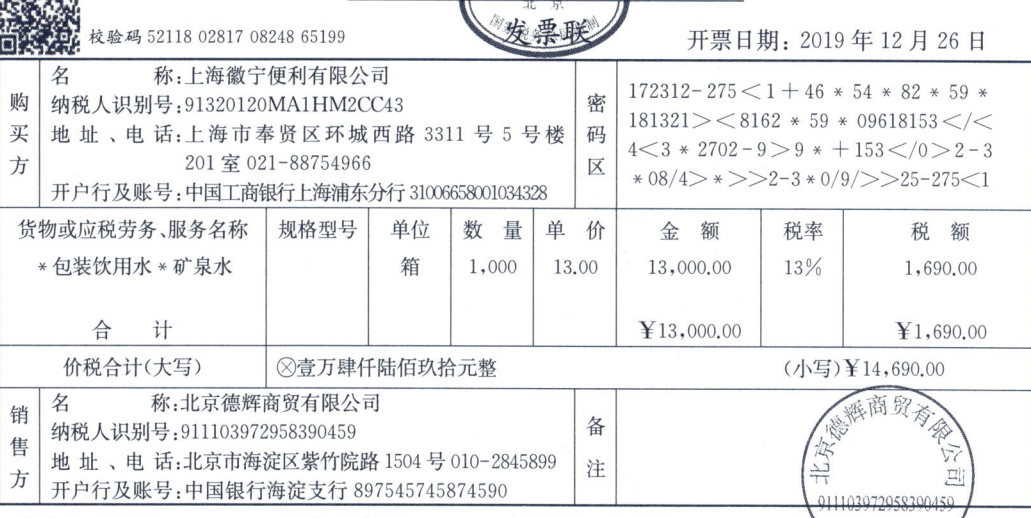

图 3.63　采购发票

任务指引 3.3.5

【采购员潘明亮参照期初采购入库单生成进货单】

进度一:打开"进货单"窗口。在"采购管理"子系统中,依次单击"采购管理"

任务发放 3.3.5 操作视频

"进货单",打开"进货单"窗口。

进度二:参照采购入库单生成进货单。在"进货单"窗口中,单击工具栏的"增加"按钮,新增一张进货单,然后进行如下操作。

(1) 打开"选采购入库单"对话框。依次单击工具栏的"选单"|"选采购入库单"菜单项,打开"选采购入库单"对话框,单击"查询"按钮,系统查询采购入库单。

(2) 复制信息。双击要选择的采购入库单所对应的"选择"栏,"选择"栏显示"✓"图标,然后单击"确定"按钮,返回"进货单"窗口。

(3) 编辑表头。编辑"单据日期"为2019-12-26,"业务类型"为普通采购,"票据类型"为专用发票,"付款方式"为其他,其他选项均为默认。

(4) 编辑表体。修改"数量"为1 000,"单价"为13.00。

(5) 保存。单击工具栏的"保存"按钮。结果如图3.64所示。

图 3.64 进货单

进度三:退出。单击"进货单"窗口右上角的"关闭"按钮,关闭并退出该窗口。

【采购主管阮立恒审核进货单】

进度一:打开"进货单"窗口。

进度二:查阅并审核进货单。单击工具栏的"上张"按钮("<"图标),查阅到相应的进货单,然后单击工具栏的"审核"按钮,完成审核工作。

进度三:退出。单击"进货单"窗口右上角的"关闭"按钮,关闭并退出该窗口。

【采购员潘明亮参照进货单生成采购发票】

进度一:打开"采购发票"窗口。在"采购管理"子系统中,依次单击"采购管理"|"采购发票"菜单项,打开"采购发票"窗口。

进度二:参照进货单生成采购发票。在"采购发票"窗口中,单击工具栏的"增加"按钮,新增一张采购发票,然后进行如下操作。

(1) 打开"选单"窗口。依次单击工具栏的"选单"|"选进货单"菜单项,打开"选进货单"对话框,单击"查询"按钮,系统查询进货单。

(2) 复制信息。双击要选择的采购入库单所对应的"选择"栏,"选择"栏显示"✓"图标,然后单击"确定"按钮,返回"采购发票"窗口。

(3) 编辑表头。编辑"发票类型"为专用发票,修改"发票号"为80806856,其他选项均为默认。

(4) 保存。单击工具栏的"保存"按钮。结果如图3.65所示。

图 3.65 采购发票

进度三:退出。单击"采购发票"窗口右上角的"关闭"按钮,关闭并退出该窗口。

【采购主管阮立恒审核采购发票】

进度一:打开"采购发票"窗口。

进度二:查阅并审核采购发票。单击工具栏的"上张"按钮("<"图标),查阅到本业务生成的采购发票,然后单击"审核"按钮。

进度三:退出。单击"采购发票"窗口右上角的"关闭"按钮,关闭该窗口。

【巩固提升】

(1) 2019 年 12 月 20 日,采购部收到上海康明有限公司分批开具德芙巧克力的增值税专用发票,数量为 300 箱,单价为 550 元,适用税率为 13%,剩余发票下月开具(采购入库单据系统已预置)。

(2) 2019 年 12 月 21 日,采购部收到上海天华有限公司分批开具乐事薯片的增值税专用发票,数量为 496 箱,单价为 59.4 元,适用税率为 13%,剩余发票下月开具(采购入库单据系统已预置)。

3.3.2 直运商品销售业务

直运商品销售是指企业将商品直接由供货单位调运给购货单位,不经过企业仓库的销售。采用直运商品销售方式,可以减少商品出入库手续,有利于商品流转,节约商品流通费用。结算时,由购销双方分别与企业结算,不通过"库存商品"科目。

▶ 任务发放 3.3.6

(1) 2019 年 12 月 15 日,销售部与上海沛霖商贸公司签订销售合同,销售商品为好丽友派 1 000 箱,单价为 220 元。

(2) 由于库存不足,同日,采购部向上海天华有限公司订购 1 000 箱好丽友派,并签署采购合同,约定采购单价为 144 元,货物于 16 日送达上海沛霖商贸公司仓库。

(3) 2019 年 12 月 16 日,上海天华有限公司已按合同约定将 1 000 箱好丽友派送达上海沛霖商贸公司指定仓库,对方确认数量无误后验收入库。销售部开出销货单及销售发票,发票号为 66270216。

任务发放 3.3.6
操作视频

(4) 2019 年 12 月 16 日,财务部收到上海天华有限公司开来的采购发票,发票号为 56432521。相关合同、单据如图 3.66 至图 3.69 所示。

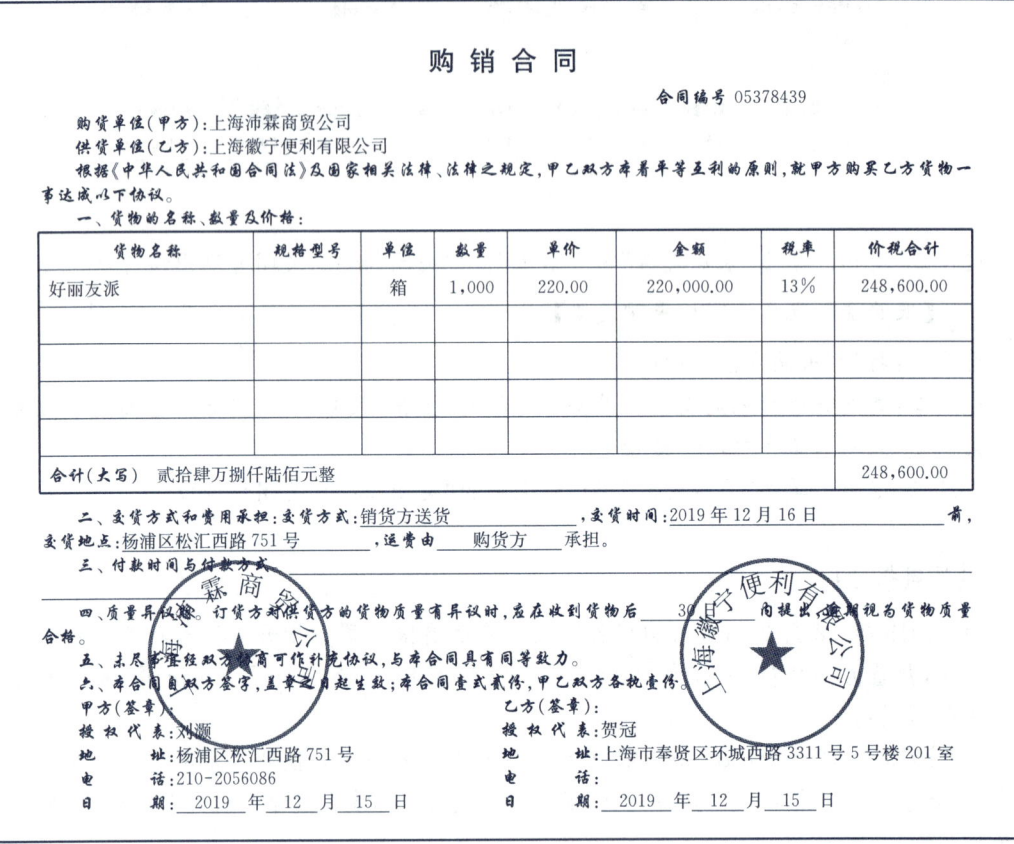

图 3.66　购销合同(销售)

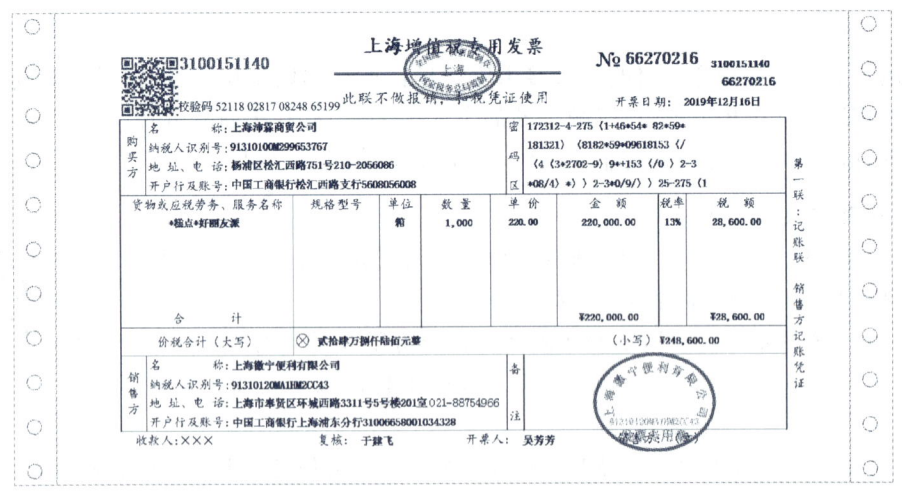

图 3.67　销售发票

购销合同

合同编号 87006036

购货单位(甲方):上海徽宁便利有限公司
供货单位(乙方):上海天华有限公司

根据《中华人民共和国合同法》及国家相关法律、法规之规定,甲乙双方本着平等互利的原则,就甲方购买乙方货物一事达成以下协议。

一、货物的名称、数量及价格:

货物名称	规格型号	单位	数量	单价	金额	税率	价税合计
好丽友派		箱	1,000	144.00	144,000.00	13%	162,720.00
合计(大写)	壹拾陆万贰仟柒佰贰拾元整						162,720.00

二、交货方式和费用承担。交货方式:销货方送货_____,交货时间:2019 年 12 月 16 日
交货地点:上海杨浦区松汇西路751号_____,运费由 购货方 承担。

三、付款时间与结款方式

四、质量异议。订货方对货方的货物质量有异议时,应在收到货物后____30____内提出,逾期视为货物质量合格。

五、未尽事宜经双方协商可作补充协议,与本合同具有同等效力。

六、本合同自双方签字,盖章之日起生效;本合同壹式贰份,甲乙双方各执壹份。

甲方(签章):   乙方(签章):
授权代表:贺冠   授权代表:黄柏
地   址:上海市奉贤区环城西路 3311 号 5 号楼 201 室   地   址:上海市静安区愚园路 392 号
电   话:021-88754966   电   话:021-67320981
日   期: 2019 年 12 月 15 日   日   期: 2019 年 12 月 15 日

图 3.68　购销合同(采购)

上海增值税专用发票

No 56432521 3100151140
                56432521

3100151140

校验码 52118 02817 08248 65199　　开票日期:2019 年 12 月 16 日

购买方	名　称:上海徽宁便利有限公司 纳税人识别号:91310120MA1HM2CC43 地址、电话:上海市奉贤区环城西路 3311 号 5 号楼 201 室 021-88754966 开户行及账号:中国工商银行上海浦东分行 31006658001034328	密码区	172312-4-275<1+46*54*82*59* 181321><8182*59*09618153</ 4<3*2702-9>9*+153</0>2-3 *08/4>*>>2-3*0/9/>>25-275<1

货物或应税劳务、服务名称	规格型号	单位	数量	单价	金额	税率	税额
*糕点*好丽友派		箱	1,000	144.00	144,000.00	13%	18,720.00
合　计					￥144,000.00		￥18,720.00

价税合计(大写)	⊗壹拾陆万贰仟柒佰贰拾元整	(小写)￥162,720.00

销售方	名　称:上海天华有限公司 纳税人识别号:91310100M209945312 地址、电话:上海市静安区愚园路 392 号 021-67320981 开户行及账号:交通银行静安支行 2865294523475	备注	

收款人:×××　　复核:何华　　开票人:高义鹤　　销售方:(发票专用章)

第三联:发票联　购买方记账凭证

图 3.69　采购发票(发票联)

任务流程如图 3.70 所示。

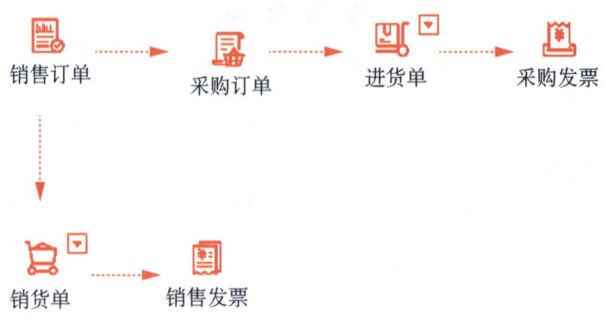

图 3.70 直运商品销售业务流程

任务指引 3.3.6

【业务员张大钟填制销售订单】

进度一：打开“销售订单”窗口。在“销售管理”子系统中，依次单击“销售管理”|“销售订单”，打开“销售订单”窗口。

进度二：编辑并保存销售订单。在“销售订单”窗口，进行如下操作。

(1) 编辑表头。编辑“客户”为上海沛霖商贸公司，“预计交货日期”为 2019-12-16，其他选项均为默认。

(2) 编辑表体。编辑“存货名称”为好丽友派，“数量”为 1 000，“单价”为 220.00，其他选项均为默认。

(3) 保存。单击工具栏的“保存”按钮，保存该销售订单，结果如图 3.71 所示。

序号	*存货名称	规格型号	*销售...	*数量	最新含税售价	*单价	*税率	*含税单价	*金额	*含税金额
1	好丽友派	12盒/箱	箱	1,000	248.60	220.00	13.00%	248.60	220,000.00	248,600.00
2										

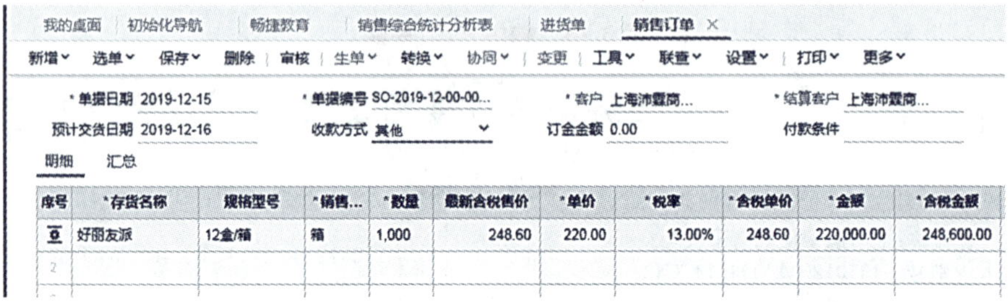

图 3.71 销售订单

进度三：退出。单击“销售订单”窗口右上角的“关闭”按钮，关闭该窗口。

【销售主管钱枫审核销售订单】

进度一：打开“销售订单”窗口。

进度二：查阅并审核销售订单。单击工具栏上的“上张”按钮（“<”图标），查阅到相应的销售订单，然后单击工具栏的“审核”按钮，完成审核工作。

进度三：退出。单击“销售订单”窗口右上角的“关闭”按钮，关闭该窗口。

【采购员潘明亮参照销售订单生成采购订单】

进度一：打开“采购订单”窗口。在“采购管理”子系统中，依次单击“采购管理”|“采购订单”，打开“采购订单”窗口。

进度二:参照销售订单生成采购订单。单击工具栏的"增加"按钮,新增一张采购订单,然后进行如下操作。

(1) 打开"选单"窗口。依次单击工具栏的"选单"|"选销售订单"菜单项,打开"选销售订单"对话框,单击"查询"按钮。

(2) 复制信息。双击要选择的销售订单所对应的"选择"栏,"选择"栏显示"✓"图标,单击"确定"按钮,返回"采购订单"窗口,销售订单资料会自动传递过来。

进度三:编辑并保存采购订单。在"采购订单"窗口,做如下编辑。

(1) 修改表头。编辑"供应商"为上海天华有限公司,其他选项均为默认。

(2) 表体信息。选项均为默认。

(3) 保存。单击工具栏的"保存"按钮,保存该采购订单。结果如图3.72所示。

图3.72 采购订单

进度四:退出。单击"采购订单"窗口右上角的"关闭"按钮,关闭该窗口。

【采购主管阮立恒审核采购订单】

进度一:打开"采购订单"窗口。

进度二:查阅并审核采购订单。单击工具栏的"上张"按钮("<"图标),查阅到相应的采购订单,然后单击工具栏的"审核"按钮,完成审核工作。

进度三:退出。单击"采购订单"窗口右上角的"关闭"按钮,关闭并退出该窗口。

【采购员潘明亮参照采购订单生成进货单】

进度一:打开"进货单"窗口。在"采购管理"子系统中,依次单击"采购管理"|"进货单",打开"进货单"窗口。

进度二:参照采购订单生成采购进货单。单击工具栏的"增加"按钮,新增一张采购进货单,然后进行如下操作。

(1) 打开"选单"窗口。依次单击工具栏的"选单"|"选采购订单"菜单项,打开"选采购订单"对话框,单击其"查询"按钮。

(2) 复制信息。双击要选择的采购订单所对应的"选择"栏,"选择"栏显示"✓"图标,单击"确定"按钮。返回"进货单"窗口,采购订单资料会自动传递过来。

进度三:编辑并保存进货单。在"进货单"窗口,进行如下操作。

(1) 修改表头。选项均为默认。

(2) 表体信息。选项均为默认。

(3) 保存。单击工具栏的"保存"按钮,保存该进货单。结果如图3.73所示。

图 3.73 进货单

(4) 退出。单击"进货单"窗口右上角的"关闭"按钮,关闭该窗口。

【采购主管阮立恒审核进货单】

进度一:打开"进货单"窗口。

进度二:查阅并审核采购进货单。单击工具栏的"上张"按钮("＜"）图标,查阅到本业务生成的进货单,然后单击"审核"按钮。

进度三:退出。单击"进货单"窗口右上角的"关闭"按钮,关闭该窗口。

【采购员潘明亮参照进货单生成采购发票】

进度一:打开采购"采购发票"窗口。在"采购管理"子系统中,依次单击"采购管理"|"采购发票",打开"采购发票"窗口。

进度二:参照进货单生成采购发票。在"采购发票"窗口中,单击工具栏的"增加"按钮,新增一张采购发票,然后进行如下操作。

(1) 打开"选单"窗口。依次单击工具栏的"选单"|"选进货单"菜单项,打开"选进货单"对话框,单击"查询"按钮,查询进货单。

(2) 复制信息。双击要选择的进货单所对应的"选择"栏,"选择"栏显示" "图标,然后单击"确定"按钮,返回"采购发票"窗口。

(3) 编辑表头。编辑"发票类型"为专用发票,修改"发票号"为 56432521,其他选项均为默认。

(4) 保存。单击工具栏的"保存"按钮。结果如图 3.74 所示。

图 3.74 采购发票

(5) 退出。单击"采购发票"窗口右上角的"关闭"按钮,关闭该窗口。

【采购主管阮立恒审核采购发票】

进度一:打开"采购发票"窗口。

进度二：查阅并审核采购发票。单击工具栏的"上张"按钮（"<"图标），查阅到本业务生成的采购发票，然后单击"审核"按钮。

进度三：退出。单击"采购发票"窗口右上角的"关闭"按钮，关闭该窗口。

【业务员张大钟参照销售订单生成销货单】

进度一：打开"销货单"窗口。在"销售管理"子系统中，依次单击"销售管理"|"销货单"，打开"销货单"窗口。

进度二：参照销售订单生成销货单。单击工具栏的"增加"按钮，新增一张销货单，然后进行如下操作。

（1）打开"选单"窗口。依次单击工具栏的"选单"|"选销售订单"菜单项，打开"选销售订单"对话框，单击"查询"按钮。

（2）复制信息。双击要选择的销售订单所对应的"选择"栏，"选择"栏显示"✓"图标，此时单击"确定"按钮，返回"销货单"窗口，销售订单资料会自动传递过来。

进度三：编辑并保存销货单。在"销货单"窗口，进行如下操作。

（1）修改表头。编辑"业务类型"为普通销售，"结算客户"为上海沛霖商贸公司，其他选项均为默认。

（2）表体信息。选项均为默认。

（3）保存。单击工具栏的"保存"按钮，保存该销货单。结果如图3.75所示。

图 3.75　销货单

【销售主管钱枫审核销货单】

进度一：打开"销货单"窗口。

进度二：查阅并审核销货单。单击工具栏上的"上张"按钮（"<"图标），查阅到相应的销货单，然后单击工具栏的"审核"按钮，完成审核工作。

进度三：退出。单击"销货单"窗口右上角的"关闭"按钮，关闭该窗口。

【业务员张大钟参照销货单生成销售发票】

进度一：打开"销售发票"窗口。在"销售管理"子系统中，依次单击"销售管理"|"销售发票"，打开"销售发票"窗口。

进度二：参照销货单生成销售发票。单击工具栏的"增加"按钮，新增一张销售发票，然后进行如下操作。

（1）打开"选单"窗口。依次单击工具栏的"选单"|"选销货单"菜单项，打开"选销货单"

对话框,单击"查询"按钮。

(2) 复制信息。双击要选择的销货单所对应的"选择"栏,"选择"栏显示"✓"图标,单击"确定"按钮,返回"销售发票"窗口,销货单资料会自动传递过来。

进度三:编辑并保存销售发票。在"销售发票"窗口,进行如下操作。

(1) 修改表头。编辑"发票号"为66270216,"结算客户"为上海沛霖商贸公司,其他选项均为默认。

(2) 表体信息。选项均为默认。

(3) 保存。单击工具栏的"保存"按钮,保存该销售发票。结果如图3.76所示。

图3.76 销售发票

【销售主管钱枫审核销售发票】

进度一:打开"销售发票"窗口。

进度二:查阅并审核销售发票。单击工具栏上的"上张"按钮("<"图标),查阅到相应的销售发票,然后单击工具栏的"审核"按钮,完成审核工作。

进度三:退出。单击"销售发票"窗口右上角的"关闭"按钮,关闭该窗口。

【巩固提升】

(1) 2019年12月10日,销售部与上海沛霖商贸公司签订销售合同,销售商品为洁柔抽纸1 200箱,单价为75元。由于库存不足,同日,采购部向上海天华有限公司订购1 200箱洁柔抽纸,并签署采购合同,约定采购单价为42元,货物于11日送达上海沛霖商贸有限公司仓库。2019年12月11日,上海天华有限公司已按合同约定将1 200箱洁柔抽纸送达上海沛霖商贸公司指定仓库。同日,财务部收到上海天华有限公司开来的采购发票,发票号为56434131。在对方确认数量无误后,抽纸被验收入库,销售部开出销货单及销售发票,发票号为66270223。

(2) 2019年12月18日,销售部向上海安丰贸易有限公司销售乐事薯片800箱,单价为75元,矿泉水1 000箱,单价为28元,要求合同签订当日送达指定仓库。由于库存不足,采购部与上海康明有限公司签订采购合同,订购乐事薯片800箱,单价为37.5元,矿泉水1 000箱,单价为11.8元,当日送达上海安丰贸易有限公司仓库。18日,销售部收到上海康明有限公司开具的增值税发票,发票号为43759787,采购货款暂未支付。销售部当天开出增值税专用发票,发票号为66270225,客户通过网银支付全部货款,进行现结。

3.3.3 采购运营分析

采购运营是指确定如何从组织以外采购物资和服务,才能最大限度满足组织日常需求或项目需求的过程,其分析主要包含采购运营对企业生产经营的全局影响、在质量控制中的作用和在产品研发中的作用三方面。

畅捷通 T+提供了采购执行表、统计表、分析表。采购综合统计分析是综合采购及与之相关的所有单据,查询、统计各环节的执行情况,包括请购数量、请购金额、订货数量、订货金额、进货数量、进货金额、退货数量、退货金额、入库数量、入库金额、开票数量、开票金额、赠品数量等信息。如果启用多计量,则可按不同计量单位进行统计。

进入采购综合统计分析表查询界面(见图 3.77)有以下几种方式:
(1) 采购模块→综合报表→采购综合统计分析表。
(2) 采购管理工作台→采购综合统计分析表。

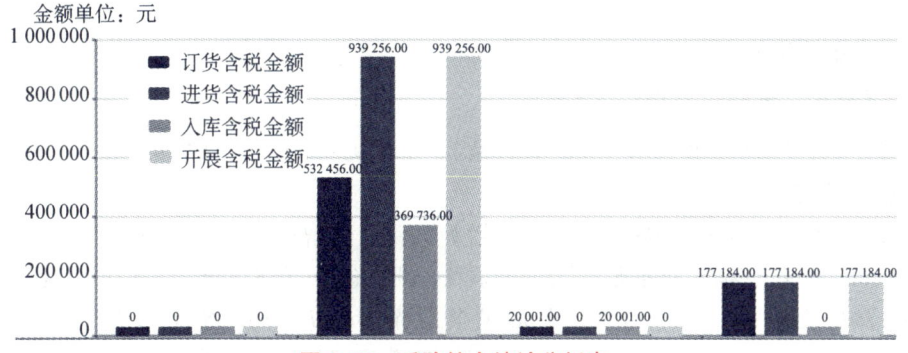

图 3.77 采购综合统计分析表

任务 3.4 库 存 核 算

商品流通企业的库存业务,除了采购入库和销售出库业务外,还包括调拨业务和存货盘点等其他业务。

3.4.1 调拨入库业务

调拨业务是指因为某些仓库缺货或其他原因,需要将短缺商品从其他仓库调拨转运的一种业务形态。

▶ **任务发放 3.4.1**

2019 年 12 月 15 日,黄浦一店因清风抽纸库存过多,黄浦仓向总仓申请将其中 500 箱调回总仓。

本笔业务是仓库调拨业务,应该进行实物和财务的调拨处理。此处只需完成实物的调拨处理,并填制与审核调拨单。财务的调拨处理在模块 5 完成。

任务流程如图 3.78 所示。

任务发放 3.4.1
操作视频

096 ERP 基本知识

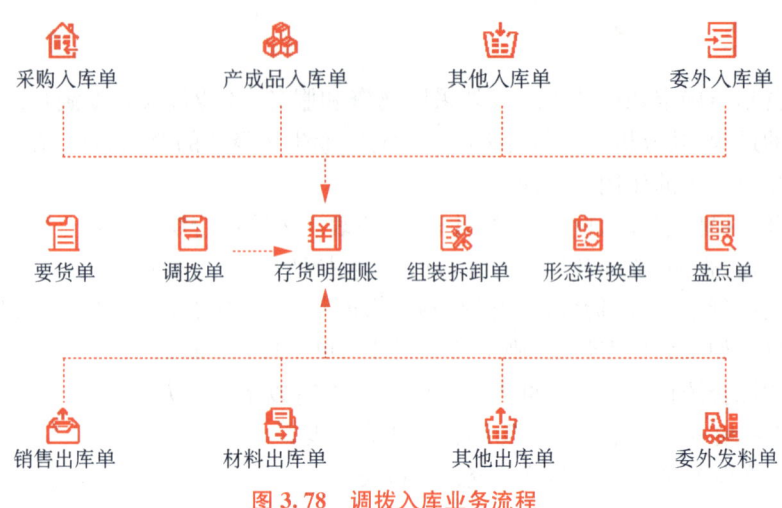

图 3.78　调拨入库业务流程

▶ 任务指引 3.4.1

【仓库员尹婷填制调拨单】

进度一：打开"调拨单"窗口。在"库存核算"子系统中，依次单击"库存核算"|"调拨单"，打开"调拨单"窗口。

进度二：编辑调拨单。单击工具栏的"增加"按钮，新增一张调拨单，然后进行如下操作。
(1) 编辑表头。编辑"业务类型"为同价调拨，"调出仓库"为黄浦仓，"调入仓库"为总仓。
(2) 编辑表体。在第1行，参照生成"存货名称"为清风抽纸，编辑"数量"为500。

进度三：保存。单击工具栏的"保存"按钮，保存该调拨单。结果如图 3.79 所示。

图 3.79　调拨单

进度四：退出。单击"调拨单"窗口右上角的"关闭"按钮，关闭并退出该窗口。

【仓库主管林怡静审核调拨单】

进度一：打开"调拨单"窗口。在"库存核算"子系统中，依次单击"库存核算"|"调拨单"，打开"调拨单"窗口。

进度二：查阅并审核调拨单。单击工具栏的"上张"按钮("＜"图标)，查阅相应的调拨单，然后单击工具栏的"审核"按钮，系统弹出信息框提示审核成功，完成审核工作。

进度三：退出。单击"调拨单"窗口右上角的"关闭"按钮，关闭并退出该窗口。

【巩固提升】

（1）2019 年 12 月 17 日，总仓因面膜库存不足，由浦东仓调入 20 箱面膜。
（2）2019 年 12 月 25 日，黄浦仓将 30 箱矿泉水调回总仓。

3.4.2 调拨出库业务

▶ 任务发放 3.4.2

2019 年 12 月 20 日，浦东一店因德芙巧克力库存不够，向总仓申请调入德芙巧克力 50 箱。

本笔业务是门店仓库要货业务，应该进行实物和财务的要货处理。此处只需完成实物的要货处理，并填制与审核要货单。财务的要货处理在模块 5 完成。

任务发放 3.4.2
操作视频

▶ 任务指引 3.4.2

【仓库员尹婷填制要货单】

进度一：打开"要货单"窗口。在"库存核算"子系统中，依次单击"库存核算"|"要货单"，打开"要货单"窗口。

进度二：编辑要货单。单击工具栏的"增加"按钮，新增一张要货单，然后进行如下操作。

（1）编辑表头。编辑"业务类型"为要货，"门店"为浦东一店，"要货仓库"为浦东仓，"待出仓库"为总仓。

（2）编辑表体。在第 1 行，参照生成"待出仓库"为总仓，"存货编码"为 02002，"存货名称"为德芙巧克力，编辑"数量"为 50。

进度三：保存。单击工具栏的"保存"按钮，保存该要货单。结果如图 3.80 所示。

图 3.80 要货单

进度四：退出。单击"要货单"窗口右上角的"关闭"按钮，关闭并退出该窗口。

【仓库主管林怡静审核要货单】

进度一：打开"要货单"窗口。在"库存核算"子系统中，依次单击"库存核算"|"要货单"，打开"要货单"窗口。

进度二：查阅并审核要货单。单击工具栏的"上张"按钮（"＜"图标），查阅相应的要货单，然后单击工具栏的"审核"按钮，系统弹出信息框来提示审核成功，完成审核工作。

进度三：退出。单击"要货单"窗口右上角的"关闭"按钮，关闭并退出该窗口。

【仓库员尹婷参照要货单生成调拨单】

进度一：打开"要货单"窗口。在"库存核算"子系统中，依次单击"库存核算"|"要货单"，打开"要货单"窗口。

进度二：生成调拨单。单击工具栏的"上张"按钮（" "图标），查阅相应的要货单，然后单击工具栏的"生单"按钮，选择调拨单，系统弹出"调拨"窗口，要货单上相关信息自动导入调拨单中。

进度三：表头信息、表体信息均为默认数据。

进度四：保存。单击工具栏上的"保存"按钮，保存该单据。结果如图3.81所示。

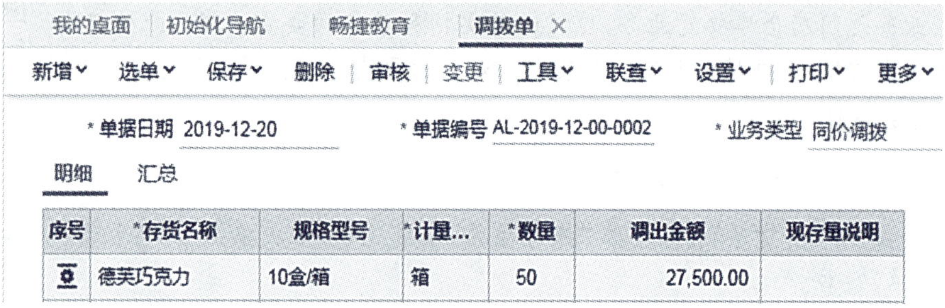

图3.81 调拨单

进度五：退出。单击"调拨单"窗口右上角的"关闭"按钮，关闭并退出该窗口。

【仓库主管林怡静审核调拨单】

进度一：打开"调拨单"窗口。在"库存核算"子系统中，依次单击"库存核算"|"调拨单"，打开"调拨单"窗口。

进度二：查阅并审核调拨单。单击工具栏的"上张"按钮（" "图标），查阅相应的调拨单，然后单击工具栏的"审核"按钮，系统弹出信息框提示审核成功，完成审核工作。

进度三：退出。单击"调拨单"窗口右上角的"关闭"按钮，关闭并退出该窗口。

注：商品出库方式除了销售出库、调拨出库还有其他出库。

【巩固提升】

(1) 2019年12月3日，由于面膜库存不足，黄浦仓向总仓要货30箱面膜。

(2) 2019年12月15日，总仓向浦东仓调拨5箱德芙巧克力和10箱洁面乳。

3.4.3 存货盘点业务

为了保证企业库存资产的安全和完整，做到账实相符，企业必须对存货进行定期或不定期的清查，查明存货盘盈、盘亏、毁损的数量以及造成的原因，并据以编制存货盘点报告表，按规定程序，报有关部门审批。

盘盈盘亏简单讲就是实物与账面的差异。盘点实物存数或价值大于账面存数或价值，就是盘盈;盘点实物存数或价值小于账面存数或价值就是盘亏。

▶ **任务发放 3.4.3**

2019 年 12 月 30 日,仓库进行盘点,发现总仓云南白药牙膏少了 1 箱,成本单价为 600 元,清风抽纸多 1 箱,成本单价为 60 元,合计盘亏 540 元,原因待查。

任务流程如图 3.82 所示。

任务发放 3.4.3 操作视频

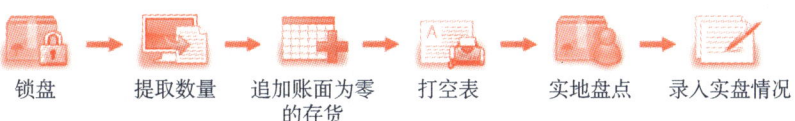

图 3.82 盘点业务流程

▶ **任务指引 3.4.3**

【仓库员尹婷编辑盘点单】

进度一:打开"盘点单"窗口。在"库存核算"子系统中,依次单击"库存核算"|"盘点单",打开"盘点单"窗口。

进度二:编辑并保存总仓的盘点单。单击工具栏的"增加"按钮,新增一张盘点单,操作步骤如下。

(1) 编辑表头。参照生成"出库类别"为盘亏出库,"入库类别"为盘盈入库,"盘点仓库"为总仓。

(2) 锁盘。单击工具栏的"锁盘"按钮,此时系统弹出"没有明细的盘点单在单据列表里无法被查找,只能在单据界面通过'上张、下张'按钮来查找",单击"确定"按钮。

(3) 提取。单击工具栏"提取"下的"全部提取"按钮,表体中弹出存货明细。

(4) 追加。单击工具栏"追加"下的"追加账面为零的存货"按钮,表体明细将会自动刷新数据。

(5) 打空表。单击工具栏的"打空表"按钮。

(6) 编辑表体。编辑"云南白药牙膏"的实际"盘点数量"为账面数量少 1,编辑"清风抽纸"的实际"盘点数量"为账面数量多 1。

(7) 保存并审核盘点单。单击工具栏的"保存"按钮,完成审核工作。

进度三:退出。单击"盘点单"窗口右上角的"关闭"按钮,关闭并退出窗口。

【仓库主管林静怡审核其他入库单】

进度一:打开"其他入库单"窗口。在"库存核算"子系统中,依次单击"库存核算"|"其他入库单",打开"其他入库单"窗口。

进度二:查阅并审核其他入库单。单击工具栏的"上张"按钮("◀"图标),查阅到本业务的其他入库单,然后单击工具栏的"审核"按钮,系统弹出信息提示审核成功,完成审核工作。

进度三:退出。单击"其他入库单"窗口右上角的"关闭"按钮,关闭并退出该窗口。

【仓库主管林静怡审核其他出库单】

进度一:打开"其他出库单"窗口。在"库存核算"子系统中,依次单击"库存核算"|"其他出库单",打开"其他出库单"窗口。

进度二：查阅并审核其他出库单。单击工具栏的"上张"按钮（图标），查阅到本业务的其他出库单，然后单击工具栏中的"审核"按钮，系统弹出信息提示审核成功，完成审核工作。

进度三：退出。单击"其他出库单"窗口右上角的"关闭"按钮，关闭并退出该窗口。

【巩固提升】

(1) 2019 年 12 月 31 日，仓库进行盘点，发现浦东仓清风抽纸少 2 箱。

(2) 2019 年 12 月 31 日，仓库进行盘点，发现黄浦仓德芙巧克力多 1 箱。

3.4.4　库存核算分析

库存核算分析的内容包括安全库存额度、库龄分析、代用料分析、供应及时率等。利用库存业务处理的信息，运用统计学方法，是企业进行数字化管理的重要组成部分。物流是企业经营流程的实物显现。企业运营过程中很多控制点都在仓库业务处理之中，这些信息非常宝贵，从中能够得到规律性和趋势发展的走向。

库存资金占用分析表根据仓库、存货、存货分类查询存货资金占用情况。库存资金是企业流动资产中非常重要的一部分，因为企业希望能够看到库存资金的分布情况和占用情况，分析这种占用比例的合理性，并进行调整。库存资金占用分析表支持对历史数据和最新数据进行分析。通过库存分析与控制，公司可以将商品或物料按不同类别进行分析与控制，依据供需形势的准确判断，充分发掘商品或物料的特点，进行计划细分，采取恰当的策略，从而实现公司经营的目标，大幅提高库存周转率，解决提高生产效率等与库存需要形成的冲突。

进入库存资金占用分析表查询界面（见图 3.83）有以下几种方式：

(1) 库存核算→综合报表→库存资金占用分析表。

(2) 库存核算工作台→库存资金占用分析表。

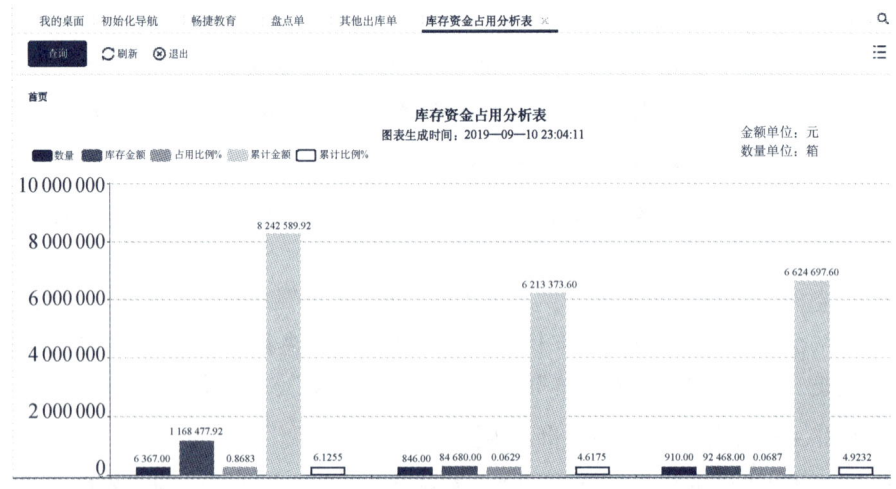

图 3.83　库存资金占用分析表

通关测试

一、选择题

1. 下列说法中,不正确的是( )。
   A. 库存生成出库单时,销售发票复核后生成的销货单,为未审核状态
   B. 销售生成出库单时,销售发票复核后,自动生成销货单
   C. 销售生成出库单时,销售发票复核后,自动生成销售出库单
   D. 库存生成出库单时,销售出库单只能参照销货单生成

2. 下列关于委托代销商品的说法中,正确的有( )。
   A. 在视同买断方式下,满足收入确认条件的,发出商品时要确认收入
   B. 在收取手续费方式下,受托方应在商品销售后,按合同或协议约定的方法计算确定的手续费确认为收入
   C. 在支付手续费方式下,委托方应按照扣除手续费后的金额确认商品销售收入
   D. 在支付手续费方式下,委托方应按照扣除的手续费金额确认销售费用

3. 销售退货业务在 ERP 系统销售模块中主要通过( )进行处理。
   A. 退货订单 B. 退货通知单
   C. 客户投诉电话 D. 销售退货单

4. 分销模式包括( )。
   A. 传统分销渠道模式 B. 垂直分销渠道模式
   C. 水平分销渠道模式 D. 多渠道分销渠道模式

5. 下列业务类型中,不可以录入期初销货单的有( )。
   A. 直运销售 B. 普通销售
   C. 委托代销 D. 分期收款

6. 在商品购进业务中,采用预付货款方式的,应以( )的时间作为购进商品的入账时间。
   A. 预付货款 B. 支付货款
   C. 实际收到商品 D. 签订合同

7. 采购申请单是( )根据采购计划或物料需求,向采购部门提出申请采购的单据。
   A. 使用部门 B. 销售部门
   C. 计划部门 D. 仓管部门

8. 采购退料方式包括( )几种。
   A. 退货补货 B. 不退货补货
   C. 退货扣款 D. 不退货扣款

9. "2/10,1/20,n/30"表示( )。
   A. 10 天内付款,给予 2% 的折扣优惠
   B. 10 天以上 20 天以内付款,给予 1% 的折扣优惠
   C. 20 天以上 30 天以内付款,没有折扣优惠
   D. 20 天以上 30 天以内付款,全额优惠

10. 商品流通企业国内购进商品入账价值是指（　　）。
A. 进货原价
B. 进货原价和运输费用
C. 采购过程中发生的所有费用
D. 扣除差旅费后的所有费用
11. 库存盘点的主要功能是（　　）。
A. 掌握正确的存货数量和价值
B. 保证实物与账目一致
C. 提供准确的库存记录
D. 调整储位
12. 定期盘点应包括的步骤有（　　）。
A. 选定盘点人员和盘点日期
B. 制订盘点方案，用来确定盘点范围
C. 根据盘点方案创建物料盘点作业
D. 进行实际盘点，然后把实际盘点数据录入系统
13. 产品生产成本不包括（　　）。
A. 直接人工
B. 直接材料
C. 制造费用
D. 管理费用
14. 系统在进行库存初始化以前，应当先设定（　　）等内容。
A. 库存组织
B. 库存组织启用日期
C. 计量单位
D. 仓库
15. 库存过高所产生的不良影响表现为（　　）。
A. 使企业资本固化
B. 加剧库存损耗
C. 增加管理费用
D. 平衡企业流动资金的占用
E. 降低企业的商品成本和管理成本

二、判断题

1. 期初销售出库单与普通销售出库单内容相同，都会更新库存。（　　）
2. 如果客户想控制一段时间内的销售活动，实现商品特价销售，在时间结束后恢复原价，则可以使用促销管理功能模块。（　　）
3. 如果客户有异价调拨的业务，则存货计价模式应该选择存货。（　　）
4. 微观销售分析主要用于分析各个不同的因素对销售绩效的不同作用，为企业的市场策略提供建议和参考。（　　）
5. 销售订单作为仓库出货及填制销售发票的依据，可以对应企业的专用票据，如销售小票、提货单、发送单等。（　　）
6. 采购价格分析表能依据历史采购价格对下一期采购价进行预测。（　　）
7. 分析采购成本的目的是，通过对成本的分析，找到质量好的供应商进行采购。（　　）
8. 供应商成本的高低不是影响采购价格的最根本、最直接的因素。（　　）
9. 采购运营分析主要包含采购运营对企业生产经营的全局影响、在质量控制中的作用和在产品研发中的作用三方面。（　　）
10. 直运商品销售在进行结算时，由购销双方分别与企业结算，不需要通过"库存商品"科目。（　　）
11. 直接调拨支持组织内调拨，表示货物只是在不同仓库之间移转，库存组织、货主都

不变。( )
12. 库存业务系统的关账和财务启用期间有关,不可以随时关账。( )
13. 畅捷通T+中的调拨单在审核之后,可以生成其他出库单和其他入库单。( )
14. 盘盈盘亏简单讲就是实物与账面的差异。( )
15. 商品流通企业的库存业务,除了采购入库和销售出库业务外,还包括调拨业务和存货盘点等其他业务。( )

三、实训题

1. 普通销售业务

(1) 2019年12月3日,销售部向北京艾格贸易有限公司销售清风抽纸300箱,单价为100元,增值税税率为13%,要求4日发货。

(2) 2019年12月4日,销售部从成品库向北京艾格贸易有限公司发出其所订货物,并开具增值税专用发票1张,发票号为56081206。同日,财务部收到北京艾格贸易有限公司转账支票1张,票号为25091134,金额为33 900元。

2. 零售业务

(1) 2019年12月6日,黄浦一店向零售客户累计销售乐事薯片2箱,单价为107.14元,增值税税率为13%,支付宝收到货款242.13元。

(2) 2019年12月7日,浦东一店向零售客户累计销售清风抽纸3箱,单价为100元;面膜1箱,单价为1 500元。客户均为VIP会员,均适用会员价,微信收款金额共1 830.60元。

3. 普通采购业务

(1) 2019年12月10日,采购员潘明亮向上海康明有限公司采购好丽友派200箱,单价为144元,要求到货日期为12日。

(2) 12日,收到上海康明有限公司好丽友派200箱,以及增值税专用发票1张,发票号为62102015,验收入总仓。

(3) 2019年12月15日,采购员潘明亮向北京德辉贸易有限公司采购德芙巧克力150箱,单价为550元。收到增值税专用发票1张,发票号为24530237,财务部立即以网银方式支付货款。

4. 综合实训

上海徽宁便利有限公司2019年12月发生经济业务如下:

(1) 1日,销售部与上海简腾贸易有限公司签订销售合同,销售洁面乳300箱,单价为1 280元。合同签订当日,财务部通过网银收到订金40 000元,仓库于当日从总仓发出上述商品。

(2) 2日,采购员潘明亮与上海天华有限公司签订采购合同,采购商品为云南白药牙膏400箱,单价为600元;清风抽纸400箱,单价为60元,约定到货日期为12月5日。

(3) 3日,财务部收到上海简腾贸易有限公司1日所订商品剩余货款,货款通过网银支付,销售部开具增值税专用发票,并进行现结处理。

(4) 4日,销售部与上海沛霖商贸公司签订销售合同,销售清风抽纸300箱,单价为82元;好丽友派300箱,单价为235元,约定8日发出商品。销售部当日开具增值税专用发票。

(5) 5日,总仓收到上海天华有限公司发来的云南白药牙膏400箱,清风抽纸400箱,已全部验收入库,于当日收到对方开具的增值税专用发票,并通过网银支付全部货款 298 320 元。

(6) 5 日,采购部向上海康明有限公司签订采购合同,订购好丽友派 500 箱,单价为 150 元。签订合同之日,财务部以网银转账方式支付订金 20 000 元。货物于当天到达总仓并验收。

(7) 6 日,因库存不足,仓库通知采购部需紧急采购虎林大米 300 袋,要求当天到货。采购员在请购单经获准后与上海康明有限公司签订采购合同,订购数量为 300 袋,采购单价为 30.20 元。该批商品当日送达总仓并完成验收入库手续,同时收到对方开具的增值税专用发票,当天以转账支票方式支付货款,进行发票现结。

(8) 7 日,销售部向北京艾格贸易有限公司进行预购商品报价,云南白药药牙膏 400 箱,单价为 1 200 元,双方约定该批商品可享受 2% 的商业折扣。销售部于当日开具增值税专用发票并通知仓库发出该批商品。

(9) 8 日,销售部通知仓库向上海沛霖商贸公司发出清风抽纸 300 箱,好丽友派 300 箱,货物于当天从总仓发出,同时收到转账支票 1 张,金额为 95 100 元。

(10) 12 日,销售部向上海沛霖商贸公司销售博朗剃须刀 100 支,单价为 549 元,要求合同签订当日送达指定仓库。由于剃须刀库存不足,采购部从上海康明有限公司订购 100 支,采购单价为 350 元,该商品将由上海康明有限公司直接发送至上海沛霖商贸有限公司仓库。销售部于当日开具增值税专用发票,货款暂未收到;采购部收到上海康明有限公司开具的增值税专用发票,并通过网银方式支付全部货款,进行现结。

(11) 14 日,收到上海天华有限公司上月未开的发票。

(12) 15 日,经销商上海安丰贸易有限公司向总部订购矿泉水 800 箱,单价为 28.99 元,要求当天到货。总部接收订单后,同意当日发出货物,并开具增值税专用发票。

(13) 15 日,黄浦一店累计向普通客户销售德芙巧克力 5 箱,含税单价为 988.75 元,款项通过信用卡收款。

(14) 15 日,经销商上海台名贸易有限公司向总部订购德芙巧克力 500 箱,单价为 1 035 元,要求当天到货。总部接收订单后,同意当日发出货物,收到部分货款 300 000 元,销售部开具增值税专用发票。

(15) 20 日,总仓向黄浦一仓调入矿泉水 100 箱,清风抽纸 200 箱,为同价调拨。

(16) 25 日,浦东一仓因虎林大米库存不足,向总仓申请同价调拨 50 袋。

(17) 31 日,仓库进行盘点,发现总仓好丽友派少了 1 箱,成本单价为 144 元,洁柔手帕纸多 1 箱,成本单价为 30 元,盘盈盘亏原因待查。

模块 4 成本管理系统的主要模块实训

知识目标
1. 了解采购入库、销售出库成本核算的功能。
2. 了解成本调整功能。

技能目标
1. 会采购入库和销售出库核算的操作。
2. 会成本调整的操作。

任务 4.1 成本管理概述

4.1.1 商贸企业的定义及成本组成方式

商贸企业即商业零售企业,是指设有商品营业场所、柜台、网络店铺、不自产商品、直接面向最终消费者的企业,包括直接从事综合商品销售的百货商场、超级市场、零售商店等。商品流通企业的成本主要指商品成本和其他业务成本。商品成本又分为商品采购成本、存货成本、销售成本等。

不同企业的管理要求不同,其成本核算方式也会不同。对同一商品需要根据不同业务、按不同方式计价或核算的企业,可以按仓库核算;对比较简单的同一商品统一核算时,企业可选择按存货核算。

4.1.2 T+系统下成本核算的基础设置

4.1.2.1 按存货核算的设置内容

选项说明:按存货设置计价方式;按存货核算成本;无论存货放在哪个仓库,统一进行核算。

相关影响:查询账表将按不同的核算方式查询。如按存货核算时,查询明细账只能按存货查询,不能按"存货+仓库"查询。

使用方法:在存货档案中设置计价方式时,可通过存货档案的批量修改功能按存货分类或存货的其他属性批量来选择计价方式。

4.1.2.2 按仓库核算的设置内容

选项说明：按仓库设置计价方式；按"存货+仓库"核算成本，即同一存货如果存放的仓库不同可分别进行核算。

相关影响：期末处理将按用户选择的核算方式进行处理，如按仓库核算，则期末处理的对象为仓库。

使用方法：在仓库档案中设置计价方式。

任务 4.2　采购入库成本

商贸企业的入库成本核算相对简单。采购业务中票货同行、票到货未到的成本是确定的，而货到票未到的成本可能会受入库调整单和采购核算单的影响。

入库调整单描述的是如果入库单在一开始录入的成本单价和后来确认的成本单价不一致，就需要根据两者的差额进行入库成本的调整。入库调整单只对存货的入库成本进行调整，即入库数量不变，单价变化，入库成本随之变化。

入库成本调整可以由系统自动调整也可以手工调整，采购核算、费用分摊引起的成本差额由系统自动生成入库调整单。对于调整类型为"手工录入"的入库调整单，"调整原单"的调整明细行不生成凭证。如果整个入库调整单明细都为"调整原单"，那么该入库调整单不生成凭证。当月部分核算产生的入库调整单与对应采购入库单合并生成凭证，且该调整单将不再生成凭证，但可以联查到凭证。

采购核算是指根据立账单据确认采购入库成本的过程，当同时存在立账单据和采购入库单时，系统自动生成采购核算单以确认采购入库成本。

进行采购核算时，在当月部分核算、跨月核算（单到补差）、当月全部核算但采购入库单已经生成凭证的情况下，如果核算金额和暂估金额不一致，系统将根据差额生成入库调整单；在对入库单据进行费用分摊时，如果费用分摊日期和入库单据不在同一个月份或者原入库单已经生成凭证，导致分摊的费用不能直接更改原入库单的入库单价和金额时，系统会根据所分摊的费用金额生成入库调整单；对于上述情况之外的一些入库单，如果入库成本需要调整，用户可以进行手工调整。

手工调整时，如果用户填写了关联的入库单号，系统更新关联的原入库单号的入库成本，并以关联的入库单重新登账，入库调整单不登账；只有当月未生成凭证的入库单才可以被关联调整。当启用了采购管理子系统时，不支持手工填制关联采购入库单的入库调整单。手工调整时，如果用户没有填写关联入库单号，则仅对存货结存成本进行调整。

进货单立账，当采购入库单有相应的进货单与之匹配时，系统自动生成采购核算单；发票立账，当采购入库单有相应的采购发票与之匹配时，系统自动生成采购核算单；当进货单与采购入库单设置为合并流程时，不产生采购核算单。

▶ **任务发放 4.2.1**

2019年12月25日，采购员潘明亮从北京德辉商贸有限公司订购矿泉水1 500箱，单价为 11.8 元，适用税率为 13%。仓库员对矿泉水进行验收入库处理，进总仓库位。26日，采购部收到对方开具的增值税专用发票注明数量为 1 000 箱，单价为 13 元，剩余货物发票下月开具，结转此次矿泉水的采购成本。(此任务承接任务发放 3.3.5)。

任务发放 4.2.1
操作视频

▶ **任务指引 4.2.1**

【会计于建飞进行采购入库单制单】

进度一：打开"单据生凭证"窗口。在"总账"子系统中，依次单击"日常业务"|"单据生凭证"，打开"单据生凭证"窗口。

进度二：选择单据来源。在"过滤分组"中选择供应链，在供应链列表框中选中单据类型为采购入库单的"选择"按钮，单击工具栏的"下一步"按钮，在系统弹出的"查询条件"对话框中，直接单击"下一步"按钮，打开"查询结果"窗口。

进度三：生成凭证。选中本业务生成的采购入库单，然后单击工具栏的"生成凭证"按钮，打开"生成凭证"窗口，并默认显示了本业务采购单据上的相关信息(此时生成一张入库调整单，调整金额为 1 200.00，不单独生成凭证)。采购入库单与该入库调整单合并生成分录。结果如图 4.1 所示。

图 4.1 结转入库成本

进度四：保存凭证。单击工具栏中的"保存"按钮。

【巩固提升】

(1) 2019 年 12 月 5 日，采购部与上海康明有限公司签订采购合同，订购德芙巧克力 350 箱，单价为 550 元，适用税率为 13%。同日，总仓已验收该批货物。20 日，收到对方开具的增值税专用发票注明数量为 300 箱，单价为 550 元，结转此次德芙巧克力的采购成本(相关单据系统已预置)。

(2) 2019 年 12 月 7 日，从上海天华有限公司采购的乐事薯片 500 箱，单价为 60 元，适用税率为 13%。9 日，货物已到达仓库，验货时发现运输过程中有 4 箱外包装变形严重。21 日，收到对方开具的增值税发票上注明数量为 400 箱，单价为 59.4 元，剩余发票下次开具(相关单据系统已预置)。

任务 4.3　销售出库成本

销售出库成本通常是根据存货的计价方式而计算出来的。

计价方式是指存货发出成本的计算方法，也称存货计价法。畅捷通 T＋系统提供先进先出法、移动平均法、全月平均法这三种计价方式。

注：当计价模式为按"仓库＋存货"计价，且有调拨业务时，不建议使用全月平均的计价法。

4.3.1　先进先出法

先进先出法是指根据"先入库先发出"的假定原则，以先入库存货的单价计算发出存货成本的方法。具体做法：在进行出库成本计价时，系统先按存货期初余额的单价计算发出存货的成本，发完期初结存数后，再按第一批入库存货的单价计算，发完第一批的存货之后，再发第二批的存货，以此从前向后类推，来计算发出存货和结存存货的成本。

适用存货范围：对于存货价格波动较大，或者容易变质的存货可以考虑采用先进先出法进行计价。

优点：可以随时结转存货发出成本，期末存货的成本接近当前的成本水平。

缺点：在物价波动的情况下，发出的存货成本偏离了当前的成本水平。当物价上涨时，可能会高估企业当期利润和库存存货价值；反之，可能会低估企业存货价值和当期利润。

▶ **任务发放 4.3.1**

对于存货乐事薯片，2019 年 12 月份发生的业务明细如表 4.1 所示。

表 4.1　业务明细

日期	业务	数量（箱）	单价（元）	金额（元）
2019-12-1	期初结存	100	75	7 500
2019-12-1	采购入库	210	72	15 120
2019-12-2	采购入库	180	76	13 680
2019-12-3	销售出库	150	?	?
2019-12-4	销售出库	280	?	?

要求：采用先进先出法，分别结转 12 月 3 日、4 日的出库成本。

▶ **任务指引 4.3.1**

【会计于建飞进行销售出库单制单】

进度一：打开"单据生凭证"窗口。在"总账"子系统中，依次单击"日常业务"|"单据生凭证"菜单项，打开"单据生凭证"窗口。

进度二：选择单据来源。在"过滤分组"中选择供应链，在供应链列表框中选中单据类型为销售出库单的"选择"按钮，单击工具栏的"下一步"按钮，在系

任务发放 4.3.1
操作视频

统弹出的"查询条件"对话框中,直接单击"下一步"按钮,打开"查询结果"窗口。

进度三:生成凭证。选中本业务生成的销售出库单,然后单击工具栏的"生成凭证"按钮,打开"生成凭证"窗口,并默认显示了本业务销售单据上的相关信息。

进度四:保存凭证。单击工具栏的"保存"按钮,然后单击工具栏的"下张"按钮,继续保存凭证。

4.3.2 移动平均法

移动平均法也称移动加权平均法,是指每次收货时,立即根据库存存货总数量和总成本,计算出新的平均单位成本,每次发出存货时,都是根据当前时点的最新平均单位成本确定本次发出成本的方法。

适用存货范围:使用移动平均法计价的存货出库成本在同一个月内是动态变化的。

优点:移动平均法能够实时反映发出存货和库存存货的成本,每天发生的出入库单据都可以立即以实时成本生成会计凭证传到财务系统,保证业务和财务数据的同步性。

缺点:如果前面的单据进行了成本调整,并且后面的出库单据已经生成凭证,系统不能直接更新后面单据的出库成本,而是通过调整单的方式进行出库成本调整,将导致调整单与凭证量比较多。

任务发放 4.3.2
操作视频

▶ **任务发放 4.3.2**

对于存货乐事薯片,2019 年 12 月份发生的业务明细如表 4.2 所示。

表 4.2 业务明细　　　　　　金额单位:元

日期	业务	入库			出库			结存		
		数量(箱)	单价	金额	数量(箱)	单价	金额	数量(箱)	单价	金额
2019-12-1	月初结存							100	75	7 500
2019-12-1	采购入库	210	72	15 120				310	?	?
2019-12-2	销售出库				150	?	?	160	?	?
2019-12-3	采购入库	180	76	13 680				340	?	?
2019-12-4	销售出库				280	?	?	60	?	?

要求:采用移动平均法,分别结转 12 月 2 日、4 日出库销售成本。

▶ **任务指引 4.3.2**

操作同先进先出法。

4.3.3 全月平均法

任务发放 4.3.3
操作视频

全月平均法也称全月一次加权平均法,是指以"本月全部收货成本与月初存货成本之和",除以"本月全部收入存货数量与月初存货数量之和",计算出存货的加权平均单位成本,并据以确定当月发出存货的成本和库存成本的方法。

在全月平均法下,存货在同一个月度内的出库成本相同(手工确定的出库成本除外)。

使用全月平均法时,建议用户到月底再生成凭证,避免人为增加调整工作量。

▶ 任务发放 4.3.3

对于存货乐事薯片,2019 年 12 月份发生的业务明细如表 4.3 所示。

表 4.3　业务明细　　　　　　　　　　　金额单位:元

日期	业务	入库			出库			结存		
		数量（箱）	单价	金额	数量（箱）	单价	金额	数量（箱）	单价	金额
2019-12-1	月初结存							100	75	7 500
2019-12-1	采购入库	210	72	15 120				310	?	?
2019-12-2	销售出库				150	?	?	160	?	?
2019-12-3	采购入库	180	76	13 680				340	?	?
2019-12-4	销售出库				280	?	?	60	?	?

要求:采用全月平均法,分别结转 12 月 2 日、4 日出库销售成本。

▶ 任务指引 4.3.3

操作同先进先出法。

【巩固提升】

对存货清风抽纸采用先进先出法,分别结转采购入库成本和销售出库成本。
2019 年 12 月份发生的业务明细如表 4.4 所示。

表 4.4　业务明细

日期	业务	数量（箱）	单价（元）	金额（元）
2019-12-1	期初结存	1 400	600	84 000
2019-12-1	采购入库	550	72	39 600
2019-12-2	采购入库	450	58	26 100
2019-12-3	销售出库	1 250	?	?
2019-12-4	销售出库	800	?	?

任务 4.4　成　本　分　析

成本分析是利用核算及其他有关资料,对成本水平与构成的变动情况,系统地研究影响成本升降的各因素及其变动的原因,寻找降低成本途径的分析。成本分析是成本管理工作的一个重要环节。通过成本分析,企业可以正确认识、掌握和运用成本变动的规律,实现降低成本的目标;企业可以进行成本控制,正确评价成本计划完成情况。成本分析还可为企业制订成本计划、经营决策提供重要依据,指明成本管理工作的努力方向。

对全部产品成本计划的完成情况进行总体评价,包括以下三个方面:

第一,在核算资料的基础上,通过深入分析,正确评价企业成本计划的执行结果,提高企业和职工讲求经济效益的积极性。

第二,揭示成本升降的原因,正确地查明影响成本高低的各种因素及其原因,进一步提高企业管理水平。

第三,寻求进一步降低成本的途径和方法,结合企业生产经营条件的变化,正确选定适应新情况的最合适成本水平。

畅捷通 T+的库存管理子系统不仅能对存货的数量进行管理,还能对存货的成本进行管理。在进行成本核算时,存货成本是一个最主要也是最基本的成本项目。因此存货在出入库时,都需要确定成本。

成本可以分为入库成本和出库成本。我们通常认为入库成本是可知的,或是应该由人为确认的,而出库成本是根据存货的计价方式来确定的。

入库成本:在处理入库业务时,系统在默认情况下会自动根据入库成本选项确定一个成本,用户可根据存货的实际成本再修改入库单价。

出库成本:出库单价是根据存货的计价方式来计算出的一个成本,但考虑到效率问题,系统将以存货等信息自动带出的存货结存成本值作为出库单价,而不是根据计价方式进行计算。只有在单据生效时,系统才会按计价方式计算出准确的成本并更新先前的默认结存成本。如果存货的出库成本是由用户确认的,而不是根据计价方式计算得出的,那么可以勾选"手工确定成本"列。对于有"手工确定成本"标识的明细行,系统不再重新计算出库成本,而仅保留其原始成本。

一、选择题

1. 商品成本可以分为(　　)等。
   A. 商品采购成本　　B. 存货成本　　C. 销售成本　　D. 运输成本
2. 先进先出法适用的存货范围是(　　)。
   A. 存货价格波动较大　　　　　B. 不容易变质的存货
   C. 存货价格波动较小　　　　　D. 容易变质的存货
3. 移动平均法能够实时反映(　　)的成本。
   A. 发出存货　　　　　　　　　B. 采购入库商品
   C. 库存存货　　　　　　　　　D. 采购退货商品
4. (　　)在同一个月度内的出库成本相同(手工确定的出库成本除外)。
   A. 先进先出法　　B. 全月平均法　　C. 后进先出法　　D. 移动平均法
5. (　　)是记录进货单(或采购发票)与采购入库单核算过程的单据,由系统自动生成。
   A. 采购报价单　　B. 验收入库单　　C. 采购核算单　　D. 付款单

二、判断题

1. 对于有"手工确定成本"标识的明细行，系统需要重新计算出库成本，而仅保留其原始成本。（ ）
2. 存货在出入库时，都需要确定成本。单据中的单价实际上就是存货的成本。（ ）
3. 使用移动平均法计价的存货出库成本在同一个月之内是动态变化的。（ ）
4. 进货单立账，当采购入库单有相应的采购发票与之匹配时，系统将自动生成采购核算单。（ ）
5. 对于同一商品需要根据不同业务按不同方式计价或核算的企业，可以按仓库核算其成本。（ ）

三、实训题

对于存货清风抽纸采用移动平均法，请分别结转采购入库成本和销售出库成本。

2019年12月份发生的业务明细如表4.5所示。

表4.5 业务明细

日期	备注	数量（箱）	单价（元）	金额（元）
2019-12-1	期初结存	1 000	68	68 000
2019-12-1	采购入库	550	72	39 600
2019-12-2	销售出库	850	?	?
2019-12-3	采购入库	450	67	30 150
2019-12-4	销售出库	800	?	?

模块 5　财务管理系统的主要模块实训

知识目标

1. 了解付款流程。
2. 了解日常业务处理。
3. 了解现金盘点的要点。
4. 了解生成现金银行日记账的步骤。
5. 了解资产管理子系统的主要功能。
6. 熟悉资产管理子系统的操作流程。
7. 了解资产管理子系统进行企业固定资产日常管理的方法。
8. 了解总账子系统的主要功能。
9. 熟悉凭证填制、审核、记账的日常操作流程。
10. 了解凭证、账簿查询的基本方法。
11. 了解期末自定义凭证的作用，掌握自定义凭证的方法。
12. 熟悉出纳签字的基本工作内容。
13. 了解结账的含义和结账要满足的前提条件。
14. 了解"T-UFO"子系统的主要功能。
15. 了解财务报表的种类。
16. 了解报表关键字的用途。

技能目标

1. 会日常业务操作。
2. 会生成现金银行日记账。
3. 会现金盘点。
4. 会固定资产卡片输入的基本操作。
5. 会资产增减、变动处理、折旧计算等基本操作。
6. 会凭证填制、修改、审核、记账、查询等基本操作。
7. 会账簿查询的基本操作。
8. 会期末结账的操作。
9. 会自定义报表的基本操作。
10. 会利用报表模板生成资产负债表、利润表。

任务 5.1 出纳管理

出纳主要负责库存现金和银行存款的管理。出纳管理的主要工作包括：现金日记账、银行存款日记账和资金日报表的管理；支票管理；银行对账并输出银行存款余额调节表。

畅捷通 T+的出纳管理系统属于财务管理系统的一部分，有业务单据处理、支票本管理、支票管理、现金银行日记账编辑、银行对账、日记账与总账对账、资金统计表、现金银行余额表等管理功能。在业务处理的过程中，可随时查询所有账表。

5.1.1 报销费用

任务发放 5.1.1

2019 年 12 月 5 日，销售主管钱枫在"协同办公"子系统填写报销差旅费 3 500 元，相关凭证如图 5.1 至图 5.4 所示。

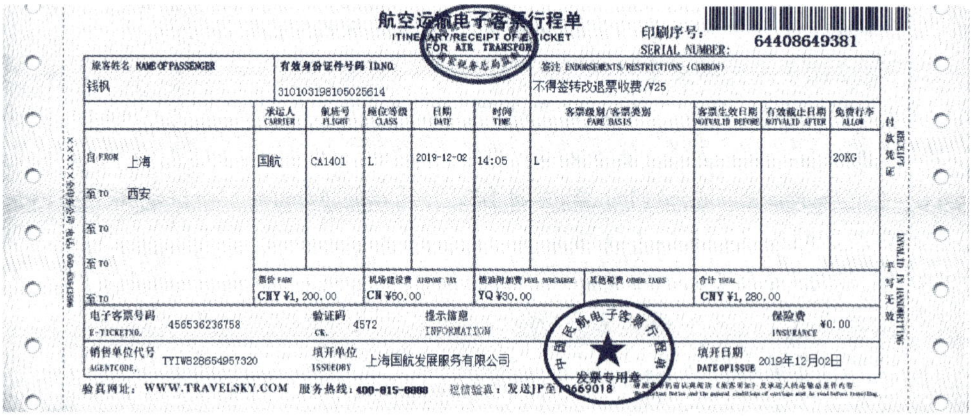

航空运输电子客票行程单 ITINERARY/RECEIPT OF E-TICKET FOR AIR TRANSPORT

印刷序号：SERIAL NUMBER: 64408649381

旅客姓名 NAME OF PASSENGER	有效身份证件号码 ID.NO.	签注 ENDORSEMENTS/RESTRICTIONS (CARBON)
钱枫	310103198105025614	不得签转改退票收费/¥25

	承运人 CARRIER	航班号 FLIGHT	座位等级 CLASS	日期 DATE	时间 TIME	客票级别/客票类别 FARE BASIS	客票生效日期 NOT VALID BEFORE	有效截止日期 NOT VALID AFTER	免费行李 ALLOW
自 FROM 上海	国航	CA1401	L	2019-12-02	14:05	L			20KG
至 TO 西安									
至 TO									
至 TO									
至 TO	票价 FARE CNY ¥1,200.00	机场建设费 AIRPORT TAX CN ¥50.00		燃油附加费 FUEL SURCHARGE YQ ¥30.00		其他税费 OTHER TAXES	合计 TOTAL CNY ¥1,280.00		

电子客票号码 E-TICKET NO. 456536236758　验证码 CK. 4572　提示信息 INFORMATION　保险费 INSURANCE ¥0.00

销售单位代号 AGENT CODE. TYIW828654957320　填开单位 ISSUED BY 上海国航发展服务有限公司　填开日期 DATE OF ISSUE 2019年12月02日

验真网址：WWW.TRAVELSKY.COM　服务热线：400-815-8888　短信验真：发送JP至1669018

付款凭证 RECEIPT　手写无效 INVALID IN HANDWRITING

图 5.1 钱枫出差行程单

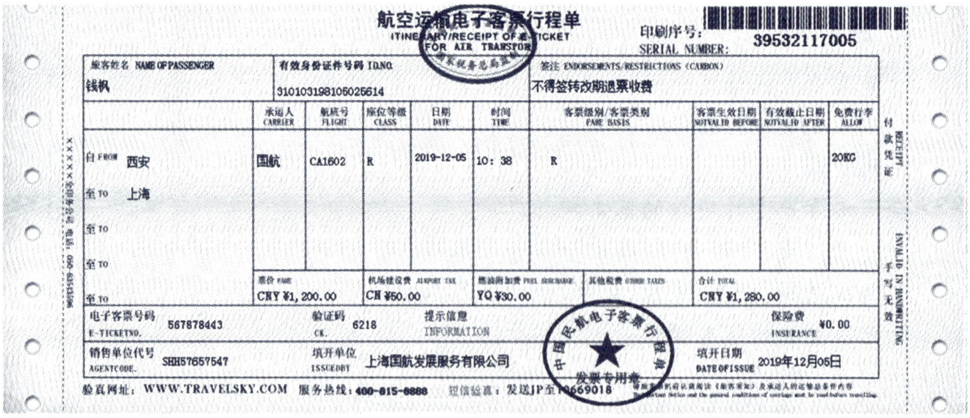

航空运输电子客票行程单 ITINERARY/RECEIPT OF E-TICKET FOR AIR TRANSPORT

印刷序号：SERIAL NUMBER: 39532117005

旅客姓名 NAME OF PASSENGER	有效身份证件号码 ID.NO.	签注 ENDORSEMENTS/RESTRICTIONS (CARBON)
钱枫	310103198105025614	不得签转改期退票收费

	承运人 CARRIER	航班号 FLIGHT	座位等级 CLASS	日期 DATE	时间 TIME	客票级别/客票类别 FARE BASIS	客票生效日期 NOT VALID BEFORE	有效截止日期 NOT VALID AFTER	免费行李 ALLOW
自 FROM 西安	国航	CA1602	R	2019-12-05	10:38	R			20KG
至 TO 上海									
至 TO									
至 TO									
至 TO	票价 FARE CNY ¥1,200.00	机场建设费 AIRPORT TAX CN ¥50.00		燃油附加费 FUEL SURCHARGE YQ ¥30.00		其他税费 OTHER TAXES	合计 TOTAL CNY ¥1,280.00		

电子客票号码 E-TICKET NO. 567878443　验证码 CK. 6218　提示信息 INFORMATION　保险费 INSURANCE ¥0.00

销售单位代号 AGENT CODE. SHH57657547　填开单位 ISSUED BY 上海国航发展服务有限公司　填开日期 DATE OF ISSUE 2019年12月05日

验真网址：WWW.TRAVELSKY.COM　服务热线：400-815-8888　短信验真：发送JP至1669018

付款凭证 RECEIPT　手写无效 INVALID IN HANDWRITING

图 5.2 钱枫出差返回行程单

模块 5　财务管理系统的主要模块实训

购买方	名　　　　称：上海徽宁便利有限公司 纳税人识别号：91310120MA1HM2CC43 地址、电话：上海市奉贤区环城西路 3311 号 5 号楼 　　　　　　201 室 021-88754966 开户行及账号：中国工商银行上海浦东分行 31006658001034328	密码区	172312-4-275＜1＋46＊54＊82＊59＊ 181321＞＜8182＊59＊09618153＜/＜ 4＜3＊2702-9＞9＊＋153＜/0＞2-3 ＊08/4＞＊＞＞2-3＊0/9＞＞25-275＜1
货物或应税劳务、服务名称	规格型号	单位	数量	单价	金额	税率	税额
＊住宿服务＊住宿费		晚	3	207.55	622.64	6%	37.36
合　　计					¥622.64		¥37.36
价税合计（大写）	⊗陆佰陆拾元整				（小写）¥660.00		
销售方	名　　　　称：西安阳光假日酒店有限公司 纳税人识别号：916102764582834758 地址、电话：西安市尚苑路 218 号 029-37634923 开户行及账号：中国建设银行尚苑路支行 83958343297529	备注					

收款人：×××　　　复核：李静　　　开票人：蒋文文　　　销售方：（章）发票专用章

图 5.3　钱枫住宿费增值税专用发票

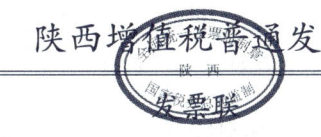

购买方	名　　　　称：上海徽宁便利有限公司 纳税人识别号：91310120MA1HM2CC43 地址、电话：上海市奉贤区环城西路 3311 号 5 号楼 　　　　　　201 室 021-88754966 开户行及账号：中国工商银行上海浦东分行 31006658001034328	密码区	172312-4-275＜1＋46＊54＊82＊59＊ 181321＞＜8182＊59＊09618153＜/＜ 4＜3＊2702-9＞9＊＋153＜/0＞2-3 ＊08/4＞＊＞＞2-3＊0/9＞＞25-275＜1
货物或应税劳务、服务名称	规格型号	单位	数量	单价	金额	税率	税额
＊餐饮服务＊餐饮费			1	264.15	264.15	6%	15.85
合　　计					¥264.15		¥15.85
价税合计（大写）	⊗贰佰捌拾元整				（小写）¥280.00		
销售方	名　　　　称：西安望园餐饮有限公司 纳税人识别号：916100635892712367 地址、电话：西安市滨江路 254 号 029-86587232 开户行及账号：中国农业银行滨江支行 672895729348768639	备注					

收款人：×××　　　复核：詹君　　　开票人：蒋丽恒　　　销售方：（章）发票专用章

图 5.4　钱枫餐饮费发票

▶ 任务指引 5.1.1

员工报销差旅费，需要报销人员在"协同办公"子系统填制费用报销单。审批流程审核完成后，出纳支付报销款，会计填制凭证，出纳签字，会计主管审核。

进度一：打开"费用报销单"窗口。在"协同办公"子系统中，依次单击"协同办公"|"审批"|"费用报销单"，打开"费用报销单"窗口。

（1）填写费用报销单。编辑"费用类别"为交通费，"报销金额"为 2 560.00，点击序号列中的"➕"按钮,添加一行,"费用类别"为住宿费,"报销金额"为660.00,第3行"费用类别"为餐饮费,"报销金额"为280.00。

(2)添加图片。点击"➕"按钮,上传原始单据,添加审批人员"张金凯"。

(3)提交。单击"提交"按钮,在"我的审批记录"里就有一条申请记录,如图5.5所示。

图 5.5　审批记录

进度二:领导审批。

▶ 任务发放 5.1.2

2019年12月5日,销售主管钱枫的差旅费报销单已审核完毕,出纳根据报销单填制费用单据,并付款,付款凭证如图5.6所示。

任务发放 5.1.2 操作视频

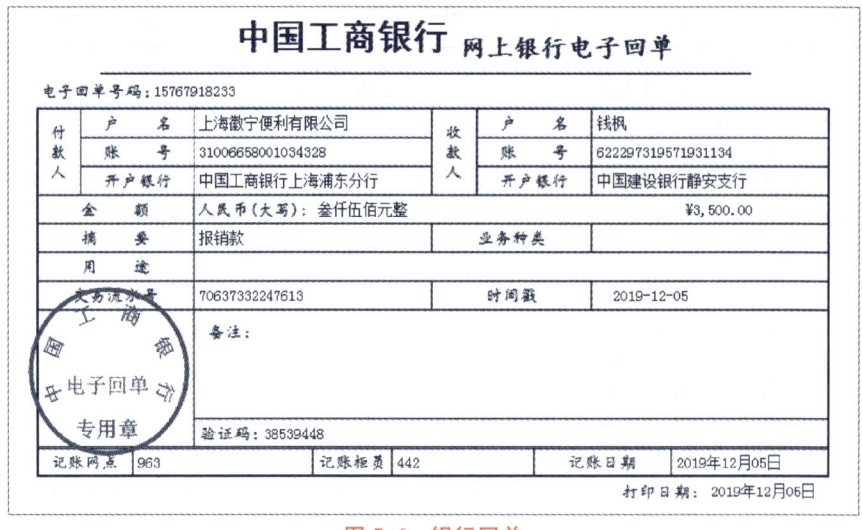

图 5.6　银行回单

▶ 任务指引 5.1.2

【出纳吴芳芳对钱枫差旅费填制费用单】

进度一:打开"费用单"窗口。在"往来现金"子系统中,依次单击"往来现金"|"费用单",打开"费用单"窗口。

进度二:填制销售主管钱枫报销差旅费的费用单。单击工具栏的"新增"按钮,打开一张空白的费用单,然后进行如下操作:

(1) 编辑表头。编辑"业务类型"为现金费用,"票据内容"为普通发票,"现结金额"为 3 500.00,单击" "按钮,系统弹出现结窗口,编辑"结算方式"为网银,"账号名称"为中国工商银行上海浦东分行,"付款金额"为 3 500.00,单击"确定"按钮。

(2) 编辑表体。编辑"费用名称"为差旅费,"费用编码"为 107,"税率"为 6%,"税额"为 37.36,"含税金额"为 660.00;编辑"费用名称"为飞机票\火车票,"费用编码"为 103,"税率"为 9%,"税额"为 221.38,"含税金额"为 2 560.00;编辑"费用名称"为差旅费,"费用编码"为 107,"税率"为 0,"税额"为 0,"含税金额"为 280.00。

进度三:保存。单击工具栏的"保存"按钮。结果如图 5.7 所示。

图 5.7 费用单

进度四:退出。单击工具栏的"退出"按钮,退出该窗口。

【会计于建飞审核钱枫差旅费费用单】

进度一:打开"费用单"窗口。在"往来现金"子系统中,依次单击"往来现金"|"费用单",打开"费用单"窗口。

进度二:查阅并审核费用单。单击工具栏的"上张"按钮(" "图标),查阅相应的费用单,然后单击工具栏的"审核"按钮,系统弹出信息框提示审核成功,完成审核工作。

进度三:退出。单击"费用单"窗口右上角的"关闭"按钮,关闭并退出。

【巩固提升】

2019 年 12 月 5 日,采购主管阮立恒报销差旅费 2 480 元,单据已全部审核,出纳通过网上银行进行支付。

5.1.2 支付房租

▶ 任务发放 5.1.3

2019 年 12 月 15 日,出纳通过网银支付 12 月份房租费用 12 000 元,相应的原始凭证如图 5.8 和图 5.9 所示。

任务发放 5.1.3 操作视频

图 5.8 房租发票(发票联)

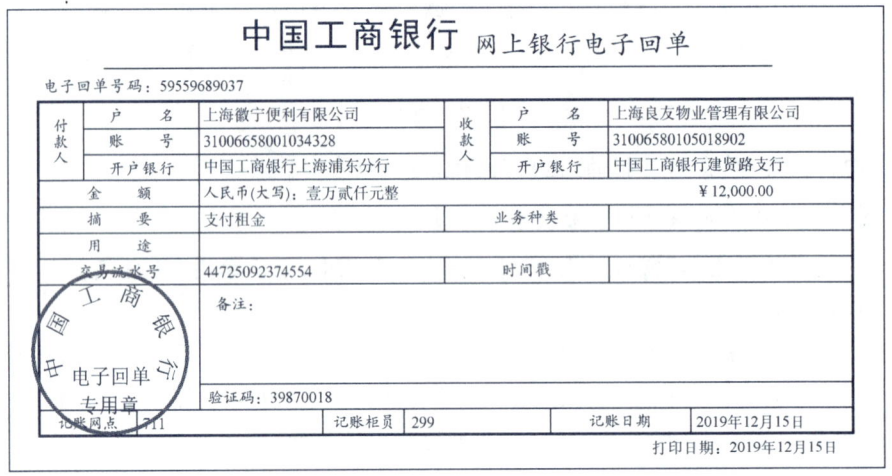

图 5.9 电子回单

▶ 任务指引 5.1.3

【出纳吴芳芳对 12 月份房租填制费用单】

进度一：打开"费用单"窗口。在"往来现金"子系统中，依次单击"往来现金"|"费用单"，打开"费用单"窗口。

进度二：填制 12 月份房租费用单。单击工具栏的"新增"按钮，打开一张空白的费用单，然后进行如下操作。

(1) 编辑表头。编辑"业务类型"为现金费用，"票据内容"为专用发票，"现结金额"为 12 000.00，单击"　"按钮，系统弹出现结窗口，编辑"结算方式"为网银，"账号名称"为中国工商银行上海浦东分行，"付款金额"为 12 000.00，单击"确定"按钮。

(2)编辑表体。编辑"费用名称"为房租费用,"费用编码"为10401,"税率"为9%,"金额"为11 009.17,"税额"为990.83,"含税金额"为12 000.00。

进度三:保存,单击工具栏的"保存"按钮。结果如图5.10所示。

图 5.10 房租费用单

进度四:退出。单击工具栏的"退出"按钮,退出该窗口。

【会计于建飞审核12月份房租费用单】

进度一:打开"费用单"窗口。在"往来现金"子系统中,依次单击"往来现金"|"费用单",打开"费用单"窗口。

进度二:查阅并审核费用单。单击工具栏的"上张"按钮("◀"图标),查阅相应的费用单,然后单击工具栏的"审核"按钮,系统弹出信息框提示审核成功,完成审核工作。

进度三:退出。单击"费用单"窗口右上角的"关闭"按钮,关闭并退出该窗口。

【巩固提升】

2019年12月15日,行政部报销本月办公费用1 450元,出纳以现金支付。

5.1.3 支付当期贷款利息

▶ **任务发放 5.1.4**

2019年12月15日,出纳通过网银支付12月份借款利息1 000元,相应的原始凭证如图5.11和图5.12所示。

任务发放5.1.4
操作视频

▶ **任务指引 5.1.4**

【出纳吴芳芳根据借款利息填制费用单】

进度一:打开"费用单"窗口。在"往来现金"子系统中,依次单击"往来现金"|"费用单",打开"费用单"窗口。

进度二:填制12月份借款利息费用单。单击工具栏的"新增"按钮,打开一张空白的费用单,然后进行如下操作。

(1)编辑表头。编辑"业务类型"为现金费用,"票据内容"为专用发票,"现结金额"为1 000.00,单击"▦"按钮,系统弹出现结窗口,编辑"结算方式"为网银,"账号名称"为中国工商银行上海浦东分行,"付款金额"为1 000.00,单击"确定"按钮。

上海增值税专用发票

No 16014273　3100151140
16014273

3100151140

校验码 52118 02817 08248 65199

开票日期：2019 年 12 月 15 日

购买方	名　　　称：上海徽宁便利有限公司 纳税人识别号：91320120MA1HM2CC43 地　址、电　话：上海市奉贤区环城西路 3311 号 5 号楼 201 室 021-88754966 开户行及账号：中国工商银行上海浦东分行 31006658001034328	密码区	172312-4-275<1＋46＊54＊82＊59＊181321><8162＊59＊09618153</<4<3＊2702-9>9＊＋153</0>2-3＊08/4>＊>>2-3＊0/9/>>25-275<1

第三联：发票联　购买方记账凭证

货物或应税劳务、服务名称	规格型号	单位	数量	单价	金额	税率	税额
＊金融服务＊利息费用			1	943.40	943.40	6%	56.60
合　　　　　　计					￥943.40		￥56.60

价税合计（大写）	⊗壹仟元整	（小写）￥1,000.00

销售方	名　　　称：中国工商银行上海浦东分行 纳税人识别号：913102729504396089 地　址、电　话：上海市浦东新区浦东南路 1256 号 021-89347828 开户行及账号：中国工商银行上海浦东分行 8750322792714	备注	（发票专用章）

收款人：×××　　　复核：张敏　　　开票人：赵辉　　　销售方：（章）

图 5.11　借款利息发票（发票联）

中国工商银行　　　　　贷款利息 支付凭证

交易名称：对公定期计息到期还平贷款本金提前(到期)归还
交易序号：653　　　交易代码：231　　　工作日期：2019年12月15日16时2分　　　币种：人民币
借方户名：上海徽宁便利有限公司
借方账号：31006658001034328
贷方户名：中国工商银行上海浦东分行
贷方账号：8750322792745
实收(付)金额：壹仟元整
计息户账号：7102139533469247587　　　借据编号：13335157691110558462

起息日期	止息日期	技术积/息余	利率	利息
2019-12-01	2019-12-31	200 000	0.5%	1,000.00

图 5.12　借款利息支付凭证

（2）编辑表体。编辑"费用名称"为利息支出，"费用编码"为 10502，"税率"为 6%，"金额"为 943.40，"税额"为 56.60，"含税金额"为 1 000.00。

进度三：保存，单击工具栏的"保存"按钮。结果如图 5.13 所示。

	我的桌面	初始化导航	畅捷教育	费用单 ×					
新增	保存▼	删除	放弃	复制	审核	刷新	附表	消息	联查▼　设置▼　打印▼

＊单据日期 2019-12-15　　　＊单据编号 BE-2019-12-0005　　　＊业务类型 现金费用
　业务员　　　　　　　　　　现结金额 1,000.00　　　　　　　　使用预付 0.00

序号	＊费用名称	＊费用编码	＊税率	＊金额	＊税额	＊含税金额
1	利息支出	10502	6.00%	943.40	56.60	1,000.00

图 5.13　利息支出费用单

进度四：退出。单击工具栏的"退出"按钮，退出该窗口。

【会计于建飞审核12月份借款利息费用单】

进度一：打开"费用单"窗口。在"往来现金"子系统中，依次单击"往来现金"|"费用单"，打开"费用单"窗口。

进度二：查阅并审核费用单。单击工具栏的"上张"按钮（""图标），查阅相应的费用单，然后单击工具栏的"审核"按钮，系统弹出信息框提示审核成功，完成审核工作。

进度三：退出。单击"费用单"窗口右上角的"关闭"按钮，关闭并退出该窗口。

【巩固提升】

2019年12月25日，出纳通过网银支付12月份借款利息1 500元。

5.1.4 收到货款

畅捷通T+的往来现金系统，通过对发票、其他应收单、收款单等单据的管理，可以及时、准确地提供客户的往来账款余额等资料，并提供各种分析报表，如账龄分析表等，有利于企业合理地进行资金调配，提高资金利用率。

往来现金的日常业务工作，包括企业日常的其他应收/收款单据处理、应收/收款单据核销等。其他应收单处理，是指通过往来现金系统完成单据的录入、查阅等工作。往来核销的作用是建立收款与应收款的核销记录，加强往来款项的管理。

▶ **任务发放 5.1.5**

2019年12月1日，财务部收到上海简腾贸易有限公司用网银方式支付的订金5 000元。会计于建飞审核系统根据销售订单订金自动生成的收款单。（承接任务发放3.2.1）

任务发放 5.1.5～5.1.10
操作视频

▶ **任务指引 5.1.5**

【会计于建飞对收款单进行审核】

进度一：打开"收款单"窗口。在"往来现金"子系统中，依次单击"单据"|"收款单"，打开"收款单"窗口，单击"上张"按钮（""图标），找到与该业务对应的收款单。

进度二：审核收款单。单击工具栏的"审核"按钮，审核该笔预收款。

▶ **任务发放 5.1.6**

2019年12月2日，财务部收到上海简腾贸易有限公司用网银方式支付的剩余货款，相关凭证如图5.14所示。

▶ **任务指引 5.1.6**

【出纳吴芳芳填制收款单】

进度一：打开"收款单"窗口。在"往来现金"子系统中，依次单击"往来现金"|"收款单"，打开"收款单"窗口。

进度二：编辑收款单。单击工具栏的"增加"按钮，新增一张收款单，然后进行如下操作。

图 5.14　网银回单

(1) 编辑表头。编辑"业务类型"为直接收款,"结算客户"为上海简腾贸易有限公司。

(2) 编辑表体。编辑"结算方式"为网银,"账号名称"为银行,"收款金额"为 602 488.00。

(3) 保存。单击工具栏的"保存"按钮,保存该单据。结果如图 5.15 所示。

图 5.15　收款单

(4) 退出。单击"收款单"窗口右上角的"关闭"按钮,关闭该窗口。

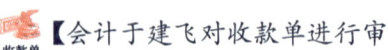【会计于建飞对收款单进行审核】

进度一:打开"收款单"窗口。在"往来现金"子系统中,依次单击"单据"|"收款单",打开"收款单"窗口,单击"上张"按钮("❮"图标),找到与该业务对应的收款单。

进度二:审核收款单。单击工具栏的"审核"按钮,审核该笔收款单。

【会计于建飞对收款单进行核销】

进度一:打开"手工核销"窗口。在"往来现金"子系统中,依次单击"往来现金"|"手工核销",打开"查询条件"窗口。编辑"类型"为收款核销,编辑"往来单位"为上海简腾贸易有限公司,单击"确定"按钮,打开"手工核销"窗口。

进度二:核销。在"手工核销"窗口中,对收付款明细中要核销的收付款单,编辑"本次核销金额"为 602 488.00。核销明细中选中要核销的明细,编辑"本次核销金额"为 602 488.00。

进度三:分摊。单击工具栏的"分摊"按钮,系统提示"分摊完成"。

进度四:保存。单击工具栏的"保存"按钮,系统提示"本次核销完成"。

【会计于建飞进行预收冲应收处理】

进度一:打开"预收冲应收"窗口。在"往来现金"子系统中,依次单击"往来现金"|"往来

冲销"|"预收冲应收",打开"预收冲应收"窗口。

进度二:预收冲应收表头设置。编辑"预收结算"为上海简腾贸易有限公司,"应收结算"为上海简腾贸易有限公司,"冲销金额"为 5 000.00。

进度三:预收冲销明细设置。单击工具栏的"选单"按钮,选择"预收",打开"预收冲应收"查询窗口,单击"查询"按钮,选中收款单,单击"确定"按钮;系统返回"预收冲应收"窗口,在"冲销金额"栏输入 5 000.00。

进度四:应收冲销明细设置。单击工具栏的"选单"按钮,选择"应收",打开"预收冲应收"查询窗口,单击"查询"按钮,选中单据,单击"确定"按钮;系统返回"预收冲应收"窗口,在"冲销金额"栏输入 5 000.00。

进度五:分摊。单击工具栏的"分摊"按钮。

进度六:保存。单击工具栏的"保存"按钮,系统提示"单据保存成功"。

▶ **任务发放 5.1.7**

2019 年 12 月 6 日,出纳根据北京艾格贸易有限公司交来的转账支票填制银行进账单(见图 5.16),金额为 106 000 元,票据号为 56042505,支付内容为上月货款。

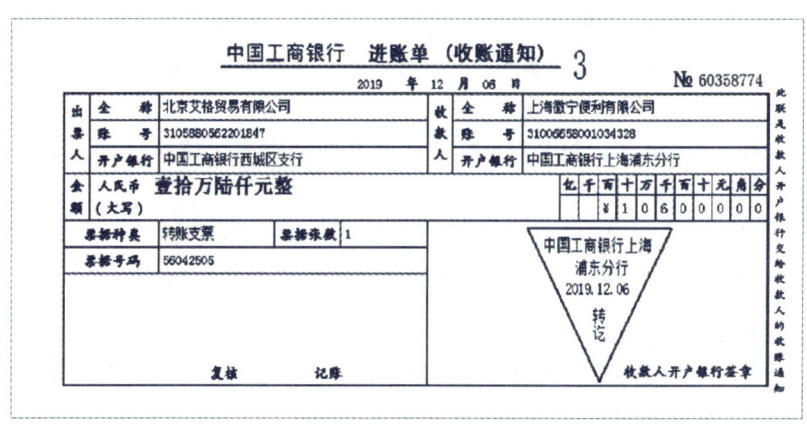

图 5.16 进账单

▶ **任务指引 5.1.7**

【出纳吴芳芳填制收款单】

进度一:打开"收款单"窗口。在"出纳管理"子系统中,依次单击"业务单据"|"收款单",打开"收款单"窗口。

进度二:编辑表头。编辑"业务类型"为直接收款,"客户"为北京艾格贸易有限公司,其他选项均为默认。

进度三:编辑表体。编辑"结算方式"为支票,"账户名称"为银行,"收款金额"为 106 000.00,"票据号"为 56042505。结果如图 5.17 所示。

进度四:保存。单击工具栏中的"保存"按钮。

进度五:退出。单击"收款单"窗口的"关闭"按钮,退出该窗口。

【会计于建飞对收款单进行审核】

进度一:打开"收款单"窗口。在"往来现金"子系统中,依次单击"单据"|"收款单",打开

图 5.17　收款单

"收款单"窗口,单击"上张"按钮("<"图标),找到与该业务对应的收款单。

进度二:审核收款单。单击工具栏的"审核"按钮,审核该笔收款单。

【会计于建飞对收款单进行核销】

进度一:打开"手工核销"窗口。在"往来现金"子系统中,依次单击"往来现金"|"手工核销",打开"查询条件"窗口。编辑"类型"为收款核销,"往来单位"为北京艾格贸易有限公司,单击"确定"按钮,打开"手工核销"窗口。

进度二:核销。在"手工核销"窗口中,在收付款明细中要核销的收付款单,编辑"本次核销金额"为 106 000.00。

进度三:分摊。单击工具栏的"分摊"按钮,系统提示"分摊完成"。

进度四:保存。单击工具栏的"保存"按钮,系统提示"本次核销完成"。

▶ **任务发放 5.1.8**

2019 年 12 月 12 日,财务部收到北京艾格贸易有限公司以网银方式支付的货款 159 465.6 元。会计于建飞审核系统根据销售发票现结自动生成的收款单。(承接任务发放 3.2.2)。

▶ **任务指引 5.1.8**

【会计于建飞对收款单进行审核】

进度一:打开"收款单"窗口。在"往来现金"子系统中,依次单击"单据"|"收款单",打开"收款单"窗口,单击"上张"按钮("<"图标),找到与该业务对应的收款单。

进度二:审核收款单。单击工具栏的"审核"按钮,审核该笔预收款。

▶ **任务发放 5.1.9**

2019 年 12 月 20 日,财务部收到浦东一店以微信银行方式支付零售款 4 980.48 元。会计于建飞审核系统根据销售发票现结自动生成的收款单。(承接任务发放 3.2.3)

▶ **任务指引 5.1.9**

【会计于建飞对收款单进行审核】

进度一:打开"收款单"窗口。在"往来现金"子系统中,依次单击"单据"|"收款单",打开"收款单"窗口,单击"上张"按钮("<"图标),找到与该业务对应的收款单。

进度二：审核收款单。单击工具栏的"审核"按钮，审核该笔收款。

▶ **任务发放 5.1.10**

2019 年 12 月 26 日，财务部收到上海台名贸易有限公司以网银方式支付的货款 256 410 元（见图 5.18）。出纳编制收款单。（承接任务发放 3.2.4）。

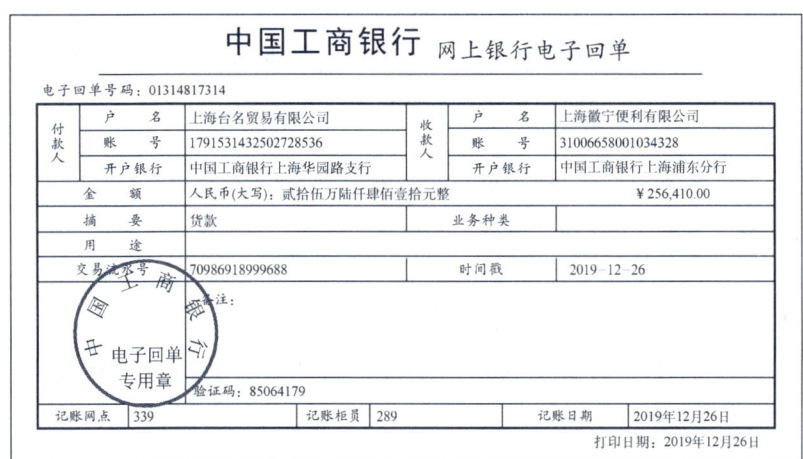

图 5.18 网银回单

▶ **任务指引 5.1.10**

【出纳吴芳芳填制收款单】

进度一：打开"收款单"窗口。在"出纳管理"子系统中，依次单击"业务单据"|"收款单"，打开"收款单"窗口。

进度二：编辑表头。编辑"业务类型"为直接收款，"结算客户"为上海台名贸易有限公司，"折让"为 4 620.00，其他选项均为默认。

进度三：编辑表体。编辑"结算方式"为网银，"账号名称"为银行，"收款金额"为 256 410.00。

进度四：保存。单击工具栏的"保存"按钮。结果如图 5.19 所示。

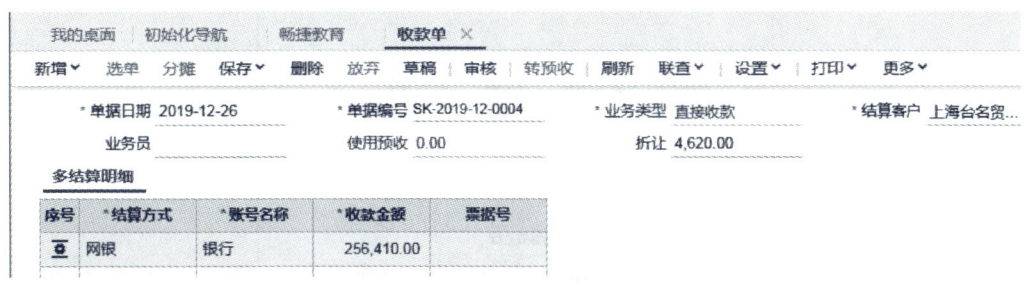

图 5.19 收款单

进度五：退出。单击"收款单"窗口的"关闭"按钮，关闭并退出该窗口。

【会计于建飞审核收款单】

进度一：打开"收款单"窗口。在"往来现金"子系统中，依次单击"往来现金"|"收款单"，打开"收款单"窗口，单击"上张"按钮（"＜"图标），找到该业务相对应的收款单。

进度二：审核收款单。单击工具栏的"审核"按钮，对该收款单进行审核。

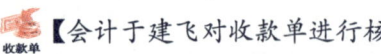【会计于建飞对收款单进行核销】

进度一：打开"手工核销"窗口。在"往来现金"子系统中，依次单击"往来现金"|"手工核销"菜单项，打开"查询条件"窗口。编辑"类型"为收款核销，编辑"往来单位"为上海台名贸易有限公司，单击"确定"按钮，打开"手工核销"窗口。

进度二：核销。在"手工核销"窗口中，对收付款明细中要核销的收付款单，编辑"本次核销金额"为 261 030.00。在核销明细中选中要核销的明细，编辑"本次核销金额"为 261 030.00，"折让分摊"为 4 6200.00。

进度三：分摊。单击工具栏的"分摊"按钮，系统提示"分摊完成"。

进度四：保存。单击工具栏的"保存"按钮，系统提示"本次核销完成"。

(1) 2019 年 12 月 15 日，财务部收到上海沛霖商贸公司通过网银支付的上月货款 30 000 元。出纳编制收款单。

(2) 2019 年 12 月 28 日，财务部收到上海台名贸易有限公司通过网银支付的本月货款 261 030 元。出纳编制收款单。

5.1.5 支付货款

▶ 任务发放 5.1.11

2019 年 12 月 3 日，采购部在"协同办公"子系统提交了需支付上海天华有限公司 12 月 2 日货款的付款申请。该申请已审核完毕，财务部以网银方式支付采购货款 369 736 元。（承接任务发放 3.3.1）。

相关单据如图 5.20 和图 5.21 所示。

任务发放
5.1.11～5.1.13
操作视频

图 5.20 "协同办公"子系统审批流程

中国工商银行 网上银行电子回单

电子回单号码：62216496619

付款人	户　　名	上海徽宁便利有限公司	收款人	户　　名	上海天华有限公司
	账　　号	31006658001034328		账　　号	2865294523475
	开户银行	中国工商银行上海浦东分行		开户银行	交通银行静安支行
金　　额		人民币(大写)：叁拾陆万玖仟柒佰叁拾陆元整			¥369,736.00
摘　　要		支付货款	业务种类		
用　　途					
交易流水号		32760102193406	时间戳		2019-12-03
		备注：			
		验证码：74080283			

记账网点	681	记账柜员	269	记账日期	2019年12月03日

打印日期：2019年12月03日

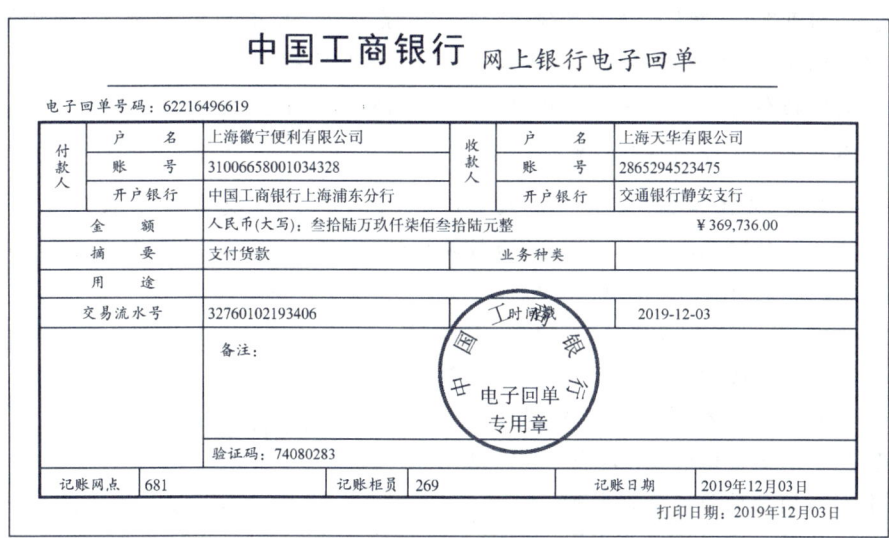

图 5.21　网银回单

任务指引 5.1.11

【出纳吴芳芳填制付款单】

进度一：打开"付款单"窗口。在"往来现金"子系统中，依次单击"单据"|"付款单"，打开"付款单"窗口。

进度二：编辑表头。编辑"业务类型"为直接付款，"供应商"为上海天华有限公司，其他项系统默认。

进度三：编辑表体。选择"结算方式"为网银，"账号名称"为银行，"付款金额"为 369 736.00，其他选项均为默认。

进度四：保存。单击工具栏的"保存"按钮。结果如图 5.22 所示。

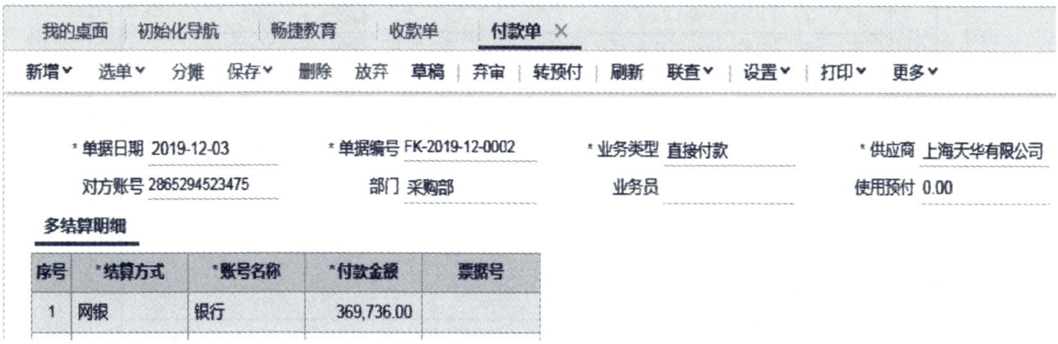

图 5.22　付款单

进度五：退出。单击"关闭"按钮，退出该窗口。

【会计于建飞审核付款单】

进度一:打开"付款单"窗口。在"往来现金"子系统中,依次单击"单据"|"付款单",打开"付款单"窗口,单击"上张"按钮("图标"),找到与该业务对应的付款单。

进度二:审核付款单。单击工具栏"审核"按钮,审核该笔付款单。

【会计于建飞核销付款单】

进度一:打开"手工核销"窗口。在"往来现金"子系统中,依次单击"往来现金"|"手工核销",打开"查询条件"窗口。编辑"类型"为付款核销,编辑"往来单位"为上海天华有限公司,单击"确定"按钮,打开"手工核销"窗口。

进度二:核销。在"手工核销"窗口中,对收付款明细中要核销的收付款单,编辑"本次核销金额"为 369 736.00。在核销明细中根据单据日期和单据编号选中要核销的明细,在"本次核销金额"栏中录入核销金额为 369 736.00。

进度三:分摊。单击工具栏的"分摊"按钮,系统提示"分摊完成"。

进度四:保存。单击工具栏的"保存"按钮,系统提示"本次核销完成"。

▶ **任务发放 5.1.12**

2019 年 12 月 5 日,采购部在"协同办公"子系统提交了需预付北京欣新贸易公司付款申请。该申请已审核完毕,财务部以网银方式支付 40 000 元。

相关单据如图 5.23 和图 5.24 所示。

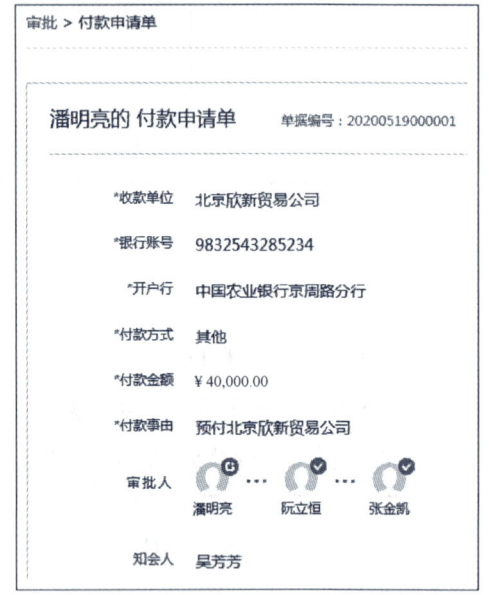

图 5.23 "协同办公"子系统审批流程

图 5.24 网银回单

任务指引 5.1.12

【出纳吴芳芳填制付款单】

进度一:打开"付款单"窗口。在"往来现金"子系统中,依次单击"单据"|"付款单"菜单项,打开"付款单"窗口中。

进度二:编辑表头。编辑"业务类型"为直接付款,"供应商"为北京欣新贸易公司,其他选项均为默认。

进度三:编辑表体。选择"结算方式"为网银,"账号名称"为银行,"付款金额"为 40 000.00,其他选项均为默认。

进度四:保存。单击工具栏中的"保存"按钮。结果如图 5.25 所示。

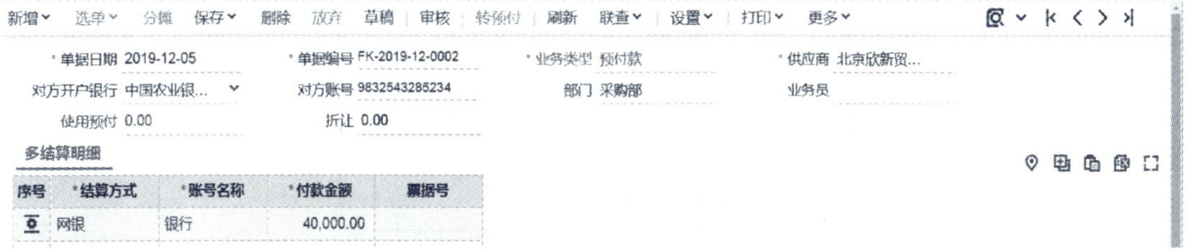

图 5.25 付款单

进度五:退出。单击"关闭"按钮,退出该窗口。

【会计于建飞审核付款单】

进度一:打开"付款单"窗口。在"往来现金"子系统中,依次单击"单据"|"付款单",打开"付款单"窗口,单击"上张"按钮("<"图标),找到与该业务对应的付款单。

进度二:审核付款单。单击工具栏的"审核"按钮,审核该笔付款单。

【会计于建飞月末进行预付冲应付】

进度一:打开"预付冲应付"窗口。在"往来现金"子系统中,依次单击"往来现金"|"预付冲应付",打开"预付冲应付"窗口。进行如下编辑。

(1) 编辑表头。编辑"供应商"为北京欣新贸易公司,"冲销金额合计"为 40 000.00。

(2) 编辑"预付冲销明细"页签表体。单击工具栏的"选单"按钮,选择"预付",系统打开"预付冲应付"查询窗口,选择"单据类型"为付款单,单击"确定"按钮。在"预付冲销明细"页签表体中编辑"冲销金额"为 40 000.00。

(3) 编辑"应付冲销明细"页签表体。单击工具栏的"选单"按钮,选择"应付",系统打开"预付冲应付"查询窗口,选择"单据类型"为期初应付和进货单,单击"确定"按钮。在"应付冲销明细"页签表体中编辑"单据类型"为期初应付的单据"冲销金额"为 7 000.00,编辑"单据类型"为进货单的单据"冲销金额"为 33 000.00。

进度二:分摊。单击工具栏的"分摊"按钮,系统提示"分摊完成"。

进度三:保存。单击工具栏的"保存"按钮,系统提示"本次核销完成"。

任务发放 5.1.13

2019 年 12 月 10 日,采购部在"协同办公"子系统提交了需支付上海天华有限公司上月货款的付款申请。该申请已审核完毕,出纳吴芳芳通过网银支付货款 40 000 元。

相关单据如图 5.26 和图 5.27 所示。

图 5.26 "协同办公"子系统审批流程

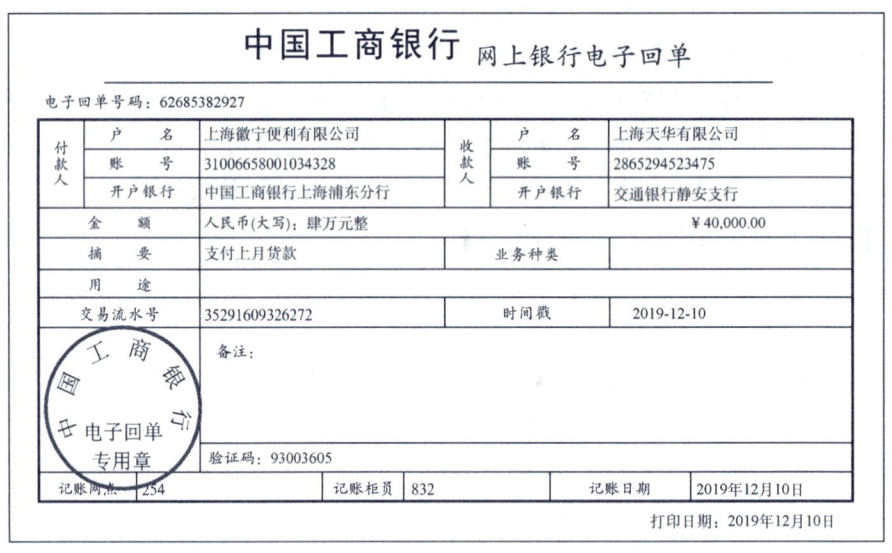

图 5.27 网银回单

▶ **任务指引 5.1.13**

【出纳吴芳芳填制付款单】

进度一:打开"付款单"窗口。在"往来现金"子系统中,依次单击"往来现金"|"付款单",打开"付款单"窗口。

进度二:编辑表头。编辑"业务类型"为直接付款,"供应商"为上海天华有限公司,其他选项均为默认。

进度三:编辑表体。选择"结算方式"为网银,"账号名称"为银行,"付款金额"为 40 000.00,其他选项均为默认。结果如图 5.28 所示。

序号	*结算方式	*账号名称	*付款金额	票据号
1	网银	银行	40,000.00	

单据日期 2019-12-10　单据编号 FK-2019-12-0004　业务类型 直接付款　供应商 上海天华有限公司
对方账号 2865294523475　部门 采购部　业务员　使用预付 0.00

图 5.28　付款单

进度四:保存。单击工具栏的"保存"按钮。
进度五:退出。单击"付款单"窗口的"关闭"按钮,退出该窗口。

【会计于建飞核销付款单】

进度一:打开"手工核销"窗口。在"往来现金"子系统中,依次单击"往来现金"|"手工核销",打开"查询条件"窗口。编辑"类型"为付款核销,编辑"往来单位"为北京欣新贸易公司,单击"确定"按钮,打开"手工核销"窗口。

进度二:核销。在"手工核销"窗口中,对收付款明细中要核销的收付款单,编辑"本次核销金额"为 40 000.00。在核销明细中根据单据日期和单据编号选中要核销的明细,编辑"本次核销金额"为 40 000.00。

进度三:分摊。单击工具栏的"分摊"按钮,系统提示"分摊完成"。
进度四:保存。单击工具栏的"保存"按钮,系统提示"本次核销完成"。

【巩固提升】

(1)2019 年 12 月 7 日,出纳吴芳芳通过网银支付北京欣新贸易公司上月货款 40 000 元,此笔付款申请书已审核完毕。

(2)2019 年 12 月 26 日,出纳吴芳芳通过网银支付上海康明有限公司本月货款 47 234 元,此笔付款申请书已审核完毕。

5.1.6　非主营收入

收入单的功能可以帮助会计、出纳人员处理企业的非主营业务收入。

▶ **任务发放 5.1.14**

2019 年 12 月 30 日,对销售部无法正常使用的一台笔记本电脑进行报废处理,收到处置收入现金 400 元,收款收据如图 5.29 所示。

任务发放 5.1.14
操作视频

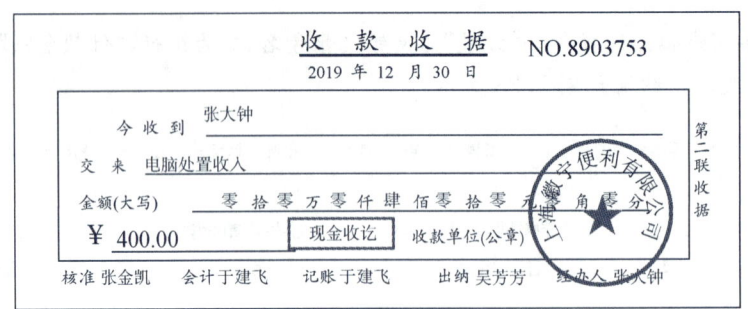

图 5.29　固定资产处置收入

任务指引 5.1.14

【出纳吴芳芳编制收入单】

进度一：打开"收入单"窗口。在"往来现金"子系统中，依次单击"往来现金"|"收入单"，打开"收入单"窗口。

进度二：编辑"收入单"。单击工具栏的"新增"按钮，系统新增一张空白收入单，然后进行如下操作。

(1) 编辑表头。编辑"业务类型"为现金收入，"票据类型"为收据，其他选项均为默认。

(2) 编辑表体。编辑"收入名称"为固定资产清理收入，"收入编码"为 001，"金额"为 400.00。

进度三：保存。单击工具栏的"保存"按钮。结果如图 5.30 所示。

*单据日期 2019-12-30		*单据编号 SR-2019-12-0001		*业务类型 现金收入	
部门 销售部		业务员 张大钟		现结金额 400.00	

序号	*收入名称	*收入编码	*金额	累计结款金额
1	固定资产清…	001	400.00	400.00

图 5.30　收入单

进度四：退出。单击"收入单"右上角的"关闭"按钮，关闭收入单。

【会计于建飞审核收入单】

进度一：打开"收入单"窗口。在"往来现金"子系统中，依次单击"往来现金"|"收入单"，打开"收入单"窗口。

进度二：审核。单击工具栏的"上张"按钮（"<"图标），找到该笔收入单，单击工具栏的"审核"按钮，审核收入单。

进度三：退出。单击"收入单"右上角的"关闭"按钮，关闭收入单。

【巩固提升】

2019 年 12 月 15 日，行政部取得员工罚款现金收入 300 元，已经交财务部入账。

5.1.7　现金盘点

现金盘点单可用于处理企业现金盘点业务，包括盘点现金余额及明细、自动计算盈亏。企业应根据实际业务，填写实盘金额，以便了解盈亏情况。

任务发放 5.1.15

2019 年 12 月 31 日，出纳吴芳芳进行现金盘点，实盘数为 15 297 元，现金盘点表如图 5.31 所示。

任务发放 5.1.15
操作视频

现 金 盘 点 表

2019 年 12 月 31 日　　　　单位：元

票面额	张数	金额	票面额	张数	金额
壹佰元	148	14,800.00	伍　角	2	1.00
伍拾元	5	250.00	贰　角		
贰拾元	6	120.00	壹　角		
拾　元	10	100.00	伍　分		
伍　元	4	20.00	贰　分		
贰　元			壹　分		
壹　元	6	6.00	合　计	181	￥15,297.00
现金日记账账面余额 ￥15,297.00					
差额：￥0.00					
处理意见：					

审批人(签章)：张金凯　　　监盘人(签章)：于建飞　　　盘点人(签章)：吴芳芳

图 5.31　现金盘点表

任务指引 5.1.15

业务单据 **【出纳吴芳芳编制现金盘点单】**

进度一：打开“现金盘点单”窗口。在“出纳管理”子系统中，依次单击“出纳管理”|“业务单据”|“现金盘点单”，或者依次单击“出纳管理工作台”|“现金盘点单”，打开“现金盘点单”窗口。

进度二：编辑“现金盘点单”。单击工具栏的“新增”按钮，系统新增一张空白现金盘点单，然后进行如下编辑。

(1) 编辑表头。编辑“账号名称”为现金，其他选项均为默认。

(2) 编辑表体。编辑券别是 100 元的数量为 148，券别是 50 元的数量为 5，券别是 20 元的数量为 6，券别是 10 元的数量为 10，券别是 5 元的数量为 4，券别是 1 元的数量为 6，券别是 5 角的数量为 2。结果如图 5.32 所示。

进度三：保存。单击工具栏的“保存”按钮。

进度四：退出。单击“现金盘点单”右上角的“关闭”按钮，关闭现金盘点单。

134　ERP 基本知识

序号	券别	数量	金额
1	100元	148	14,800.00
2	50元	5	250.00
3	20元	6	120.00
4	10元	10	100.00
5	5元	4	20.00
6	2元	0	0.00
7	1元	6	6.00
8	5角	2	1.00
9	2角	0	0.00
10	1角	0	0.00
11	5分	0	0.00
合计		181	15,297.00

账号名称 现金　*单据编号 CI-2020-01-0001　*单据日期 2019-12-31　*实盘金额 15,297.00
盘点结果 账实相符　盈亏金额 0.00　盘点人
备注

图 5.32　现金盘点单

【会计于建飞审核现金盘点单】

进度一：打开"现金盘点单"窗口。在"出纳管理"子系统中，依次单击"出纳管理"|"业务处理"|"现金盘点单"，打开"现金盘点单"窗口。

进度二：审核。单击工具栏的"上张"按钮（图标），找到该笔现金盘点单，单击工具栏的"审核"按钮，审核现金盘点单。

进度三：退出。单击"现金盘点单"右上角的"关闭"按钮，关闭现金盘点单窗口。

【巩固提升】

2019 年 12 月 31 日，出纳吴芳芳进行现金盘点，现金实盘数为 12 950.7 元。

5.1.8　现金银行日记账登记

现金银行日记账的登记有自动登记和手工登记两种方式。

（1）自动登记是指财务选项为"现结类单据生效时自动引入现金银行日记账"时，系统根据生效的收支单据自动登记日记账。

（2）手工登记又分为引入和录入两种。引入：选择单据明细，确定后引入；可生成日记账的单据包括（现结）收款单、（现结）付款单、（现结）收入单、（现结）费用单、银行存取款单、现金盘点单。录入：录入日期、摘要、收支金额、经手人后保存；带"*"号的项目为必填项。

（3）未启用购销管理子系统时，以录入方式登记日常收支业务日记账；启用购销管理子系统时,以自动登记或引入方式登记日常收支业务日记账,以录入方式登记无单据业务日记账。

本任务中采用手工登记的方式进行现金银行日记账编辑。

5.1.8.1　引入现金银行日记账

▶ **任务发放 5.1.16**

2019 年 12 月 31 日,出纳根据业务单据引入现金银行日记账。

▶ **任务指引 5.1.16**

【出纳吴芳芳手工引入现金银行日记账】

进度一:打开"现金银行日记账编辑"窗口。在"出纳管理"子系统中,依次单击"出纳管理"|"业务处理"|"现金银行日记账",或依次单击"出纳管理工作台"|"现金银行日记账编辑"菜单项,系统弹出"查询条件"对话框,"账号名称"选择为银行,日期为"2019.12.01—2019.12.31",单击"确定"按钮,打开"现金银行日记账"窗口。

进度二:登记日记账。单击工具栏的"引入"按钮,系统弹出"现金银行日记账编辑"窗口,单击"查询"按钮,选择相关单据,单击"确定"按钮。系统自动引入单据。结果如图 5.33 所示。

序号		*日期	*摘要	结算方式	票据日期	*出纳编号	票号	借(收入) 金额	贷(支出) 金额	方向	余额 金额
1		2019-12-05	付款现金费用	网银		2019-12-0001			3,500.00	借	1,327,208.83
2		2019-12-15	付款现金费用	网银		2019-12-0002			12,000.00	借	1,315,208.83
3		2019-12-10	付款直接付…	网银		2019-12-0003			40,000.00	借	1,275,208.83
4		2019-12-05	付款直接付…	网银		2019-12-0004			40,000.00	借	1,235,208.83
5		2019-12-02	收款普通收…	网银		2019-12-0005		602,488.00		借	1,837,696.83
6		2019-12-26	收款直接收…	网银		2019-12-0006		256,410.00		借	2,094,106.83
7		2019-12-06	收款直接收…	网银		2019-12-0007		106,000.00		借	2,200,106.83

图 5.33　现金银行日记账

进度三:退出。单击"现金银行日记账编辑"窗口的"关闭"按钮,退出该窗口。

【巩固提升】

2019 年 12 月 4 日,出纳吴芳芳根据行政部购买办公用品费用单,引入现金银行日记账。

5.1.8.2　录入现金银行日记账

▶ **任务发放 5.1.17**

2019 年 12 月 5 日,以网上电子缴款方式缴纳企业上月增值税 19 967.6 元、城市维护建设税 998.38 元、教育费附加 599.03 元、地方教育附加 399.35 元和代扣代缴个人所得税 1 320.58 元,出纳手工录入现金银行日记账。相应单据可参见图 5.34 所示。

任务发放 5.1.17~5.1.19 操作视频

电子缴款凭证

打印日期：2019年12月05日　　32331923879234

纳税人识别号	91310120MA1HM2CC43			税务征收机关	国家税务总局上海市奉贤区税务局		
纳税人全称	上海徽宁便利有限公司			开户银行	中国工商银行上海市分行		
				银行账号	31006658001034328		
系统税票号	征（费）种	税（品）目	所属时期起	所属时期止	实缴金额	缴款日期	备注
320170109000147354	增值税	增值税	2019年11月01日	2019年11月30日	19,967.60	2019年12月05日	
320170109000147355	城市维护建设税	城市维护建设税	2019年11月01日	2019年11月30日	998.38	2019年12月05日	
320170109000147382	教育费附加	教育费附加	2019年11月01日	2019年11月30日	599.03	2019年12月05日	
320170109000147353	地方教育附加	教育费附加	2019年11月01日	2019年11月30日	399.35	2019年12月05日	
320170109000147351	个人所得税	个人所得税	2019年11月01日	2019年11月30日	1,320.58	2019年12月05日	
金额合计	（大写）贰万叁仟贰佰捌拾肆元玖角肆分				￥23,284.94		

图 5.34　税费缴款凭证

任务指引 5.1.17

【出纳吴芳芳对上月税费填制现金银行日记账】

进度一：打开"现金银行日记账"窗口。在"出纳管理"子系统中，依次单击"出纳管理"|"现金银行日记账编辑"，打开"现金银行日记账"窗口。

进度二：填制上月税费的银行日记账。单击表体序号栏，出现"增行""减行"按钮，点击"增行"按钮，系统增加一行空白的日记账记录，然后进行如下操作。

编辑"日期"为 2019-12-05，"摘要"为缴纳税款，"结算方式"为网银，"贷（支出）金额"为 23 284.94，"对方科目"为 222102（未交增值税）。

进度三：保存。单击工具栏的"保存"按钮。结果如图 5.35 所示。

序号		*日期	*摘要	结算方式	票据日期	*出纳编号	票号	借(收入)金额	贷(支出)金额	方向	余额
1		2019-12-05	付款现金费用	网银		2019-12-0001			3,500.00	借	1,327,208.83
2		2019-12-15	付款现金费用	网银		2019-12-0002			12,000.00	借	1,315,208.83
3		2019-12-10	付款直接付…	网银		2019-12-0003			40,000.00	借	1,275,208.83
4		2019-12-05	付款直接付…	网银		2019-12-0004			40,000.00	借	1,235,208.83
5		2019-12-02	收款普通收…	网银		2019-12-0005		602,488.00		借	1,837,696.83
6		2019-12-26	收款直接收…	网银		2019-12-0006		256,410.00		借	2,094,106.83
7		2019-12-06	收款直接收…	网银		2019-12-0007		106,000.00		借	2,200,106.83
8		2019-12-05	缴纳税款	网银		2019-12-0008			23,284.94	借	2,176,821.89

图 5.35　税款现金银行日记账

进度四:退出。单击工具栏的"退出"按钮,退出该窗口。

▶ 任务发放 5.1.18

2019年12月8日,以网上电子缴税方式缴纳社会保险费47 997.67元、住房公积金17 843元,相应单据如图5.36至图5.38所示。

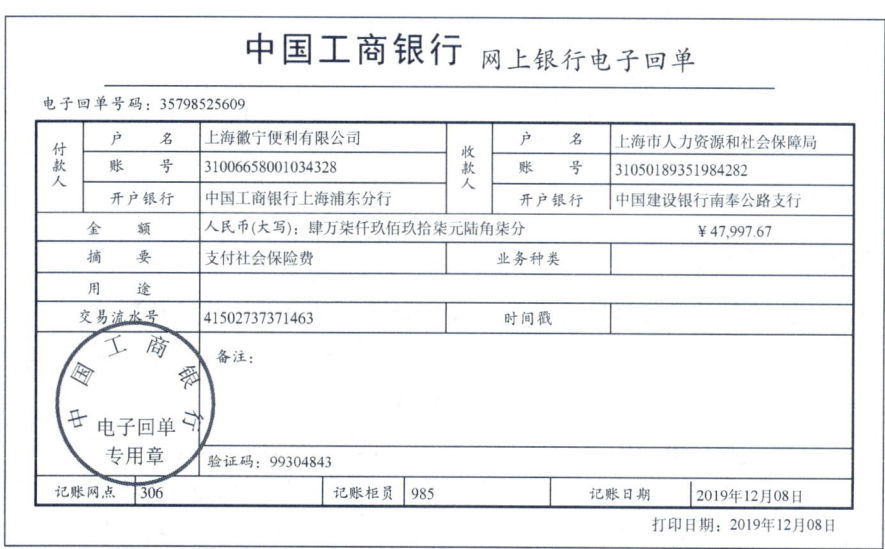

图5.36　社会保险费银行回单

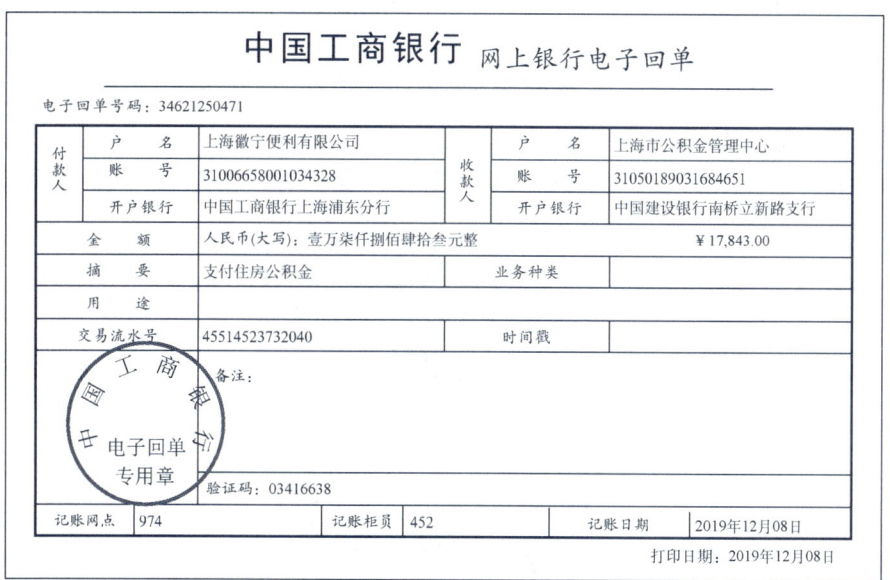

图5.37　住房公积金银行回单

2019年社保及公积金汇总表

部门	应付工资	企业社保						个人社保				社保合计	住房公积金		住房公积金合计
		养老保险 16%	医疗保险 9.50%	失业保险 0.50%	生育保险 1%	工伤保险 0.16%	小计	养老保险 8%	医疗保险 2%	失业保险 0.50%	小计		企业 7%	个人 7%	
总经办	17,300.00	2,768.00	1,643.50	86.50	173.00	27.68	4,698.68	1,384.00	346.00	86.50	1,816.50	6,515.18	1,211.00	1,211.00	2,422.00
行政部	14,600.00	2,336.00	1,387.00	73.00	146.00	23.36	3,965.36	1,168.00	292.00	73.00	1,533.00	5,498.36	1,022.00	1,022.00	2,044.00
财务部	19,600.00	3,136.00	1,862.00	98.00	196.00	31.36	5,323.36	1,568.00	392.00	98.00	2,058.00	7,381.36	1,372.00	1,372.00	2,744.00
销售部	15,100.00	2,416.00	1,434.50	75.50	151.00	24.16	4,101.16	1,208.00	302.00	75.50	1,585.50	5,686.66	1,057.00	1,057.00	2,114.00
采购部	14,300.00	2,288.00	1,358.50	71.50	143.00	22.88	3,883.88	1,144.00	286.00	71.50	1,501.50	5,385.38	1,001.00	1,001.00	2,002.00
营销部	14,600.00	2,336.00	1,387.00	73.00	146.00	23.36	3,965.36	1,168.00	292.00	73.00	1,533.00	5,498.36	1,022.00	1,022.00	2,044.00
仓储部	10,000.00	1,600.00	950.00	50.00	100.00	16.00	2,716.00	800.00	200.00	50.00	1,050.00	3,766.00	700.00	700.00	1,400.00
门店	10,650.00	1,704.00	1,011.75	53.25	106.50	17.04	2,892.54	852.00	213.00	53.25	1,118.25	4,010.79	745.50	745.50	1,491.00
信息部	11,300.00	1,808.00	1,011.75	53.25	106.50	17.04	2,996.54	852.00	213.00	53.25	1,118.25	4,114.79	745.50	745.50	1,491.00
小计	127,450.00	20,392.00	12,107.75	637.25	1,274.50	203.92	34,615.42	10,196.00	2,549.00	637.25	13,382.25	47,997.67	8,921.50	8,921.50	17,843.00

图 5.38 社会保险费及住房公积金汇总表

▶ **任务指引 5.1.18**

【出纳吴芳芳对社会保险费及住房公积金填制现金银行日记账】

进度一:打开"现金银行日记账"窗口。在"出纳管理"子系统中,依次单击"出纳管理"|"现金银行日记账编辑",打开"现金银行日记账"窗口。

进度二:填制上月社会保险费和住房公积金的银行日记账。单击表体序号栏,出现"增行""减行"按钮,点击"增行"按钮,系统增加一行空白的日记账记录,然后进行如下操作:编辑"日期"为 2019-12-08,"摘要"为缴纳社会保险费,"结算方式"为网银,"贷(支出)金额"为 47 997.67,编辑"对方科目"为社会保险费。继续单击表体序号栏,点击"增行"按钮,系统增加一行空白的日记账记录,做如下编辑:编辑"日期"为 2019-12-08,"摘要"为缴纳公积金,"结算方式"为网银,"贷(支出)金额"为 17 843.00,编辑"对方科目"为住房公积金。

进度三:保存。单击工具栏的"保存"按钮。

进度四:退出。单击工具栏的"退出"按钮,退出该窗口。

▶ **任务发放 5.1.19**

2019 年 12 月 10 日,委托银行代发上月职工工资 103 825.67 元,相应的原始凭证如图 5.39 和图 5.40 所示。

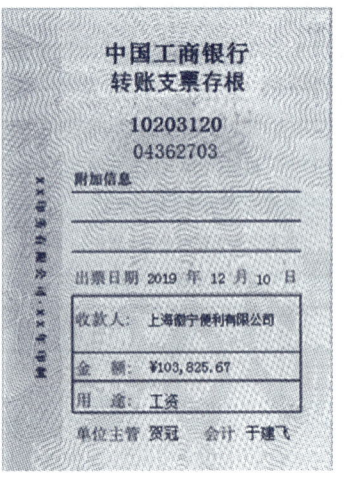

图 5.39 转账支票

工资汇总表

2019 年 12 月 10 日 单位：元

部门	应付工资	代扣款项						实发工资
		养老保险(8%)	医疗保险(2%)	失业保险(0.5%)	住房公积金(7%)	个人所得税	合计	
总经办	17,300.00	1,384.00	346.00	86.50	1,211.00	627.25	3,654.75	13,645.25
行政部	14,600.00	1,168.00	292.00	73.00	1,022.00	67.80	2,622.80	11,977.20
财务部	19,600.00	1,568.00	392.00	98.00	1,372.00	67.80	3,497.80	16,102.20
销售部	15,100.00	1,208.00	302.00	75.50	1,057.00	32.55	2,675.05	12,424.95
采购部	14,300.00	1,144.00	286.00	71.50	1,001.00	42.75	2,545.25	11,754.75
营销部	14,600.00	1,168.00	292.00	73.00	1,022.00	50.18	2,605.18	11,994.82
仓储部	10,000.00	800.00	200.00	50.00	700.00	0.00	1,750.00	8,250.00
门店	10,650.00	852.00	213.00	53.25	745.50	0.00	1,863.75	8,786.25
信息部	11,300.00	904.00	226.00	56.50	791.00	432.25	2,409.75	8,890.25
合计	127,450.00	10,196.00	2,549.00	637.25	8,921.50	1,320.58	23,624.33	103,825.67

总经理：贺冠　　财务主管：张金凯　　制表：于建飞

图 5.40　工资汇总表

任务指引 5.1.19

【出纳吴芳芳对发放工资填制现金银行日记账】

操作同缴纳社会保险费和住房公积金，结果如图 5.41 所示。

序号	*日期	*摘要	结算方式	票据日期	*出纳编号	票号	借(收入)金额	贷(支出)金额	方向	余额金额
1	2019-12-02	收款普通收款上…	网银		2019-12-0005		602,488.00		借	1,933,196.83
2	2019-12-03	付款普通付款上…	网银		2019-12-0013			369,736.00	借	1,563,460.83
3	2019-12-05	付款现金费用	网银		2019-12-0001			3,500.00	借	1,559,960.83
4	2019-12-05	付款直接付款北…	网银		2019-12-0004			40,000.00	借	1,519,960.83
5	2019-12-05	缴纳税款	网银		2019-12-0008			23,284.94	借	1,496,675.89
6	2019-12-06	收款直接收款北…	网银		2019-12-0007		106,000.00		借	1,602,675.89
7	2019-12-08	缴纳社会保险费	网银		2019-12-0009			47,997.67	借	1,554,678.22
8	2019-12-08	缴纳公积金	网银					17,843.00	借	1,536,835.22
9	2019-12-10	付款直接付款上…	网银		2019-12-0003			40,000.00	借	1,496,835.22
10	2019-12-10	支付工资	网银		2019-12-0011			103,825.67	借	1,393,009.55
11	2019-12-12	收款	网银		2019-12-0015		159,465.60		借	1,562,475.15
12	2019-12-15	付款现金费用	网银		2019-12-0002			12,000.00	借	1,540,475.15
13	2019-12-15	付款现金费用	网银		2019-12-0012			1,000.00	借	1,539,475.15
14	2019-12-20	收款普通收款 零…	微信		2019-12-0014		4,980.48		借	1,544,455.63
15	2019-12-26	收款直接收款上…	网银		2019-12-0006		256,410.00		借	1,800,865.63

图 5.41　现金银行日记账编辑

【巩固提升】

2019年12月31日，出纳吴芳芳用现金支付税控设备维护费280元，进行现金银行日记账的编辑。

5.1.9 银行对账

银行对账功能可用于核对日记账与对账单明细，提供两种对账方式（自动对账和手工对账）、两种取消对账方式（自动取消对账和手工取消对账）。

▶ **任务发放 5.1.20**

2019年12月31日，出纳根据银行对账单（见图5.42）进行银行对账。

中国工商银行对账单

户名：上海徽宁便利有限公司　　　　　　　　　　　　　　　　　　　　　第1页
账号：31006658001034328　　　　2019年12月31日

日期	摘要	结算方式	借方发生额	贷方发生额	余额
2019-12-02	普通收款	网上银行	602,488.00		1,933,196.83
2019-12-03	普通付款	网上银行		369,736.00	1,563,460.83
2019-12-05	支付上月税款	网上银行		23,284.94	1,540,175.89
2019-12-05	直接付款	网上银行		40,000.00	1,500,175.89
2019-12-05	现金费用	网上银行		3,500.00	1,496,675.89
2019-12-06	直接收款	转账支票-56042505	106,000.00		1,602,675.89
2019-12-08	支付社会保险费	网上银行		47,997.67	1,554,678.22
2019-12-08	支付公积金	网上银行		17,843.00	1,536,835.22
2019-12-10	支付上月员工工资	转账支票-04362703		103,825.67	1,433,009.55
2019-12-10	直接付款	网上银行		40,000.00	1,393,009.55
2019-12-12	普通销售/北京艾格贸易有限公司	转账支票-83203625	159,465.60		1,552,475.15
2019-12-15	现金费用	网上银行		12,000.00	1,540,475.15
2019-12-15	现金费用	网上银行		1,000.00	1,539,475.15
2019-12-20	普通销售/零售客户	网上银行	4,980.48		1,544,455.63
2019-12-25	购入	网上银行		13,560.00	1,530,895.63
2019-12-26	直接收款	网上银行	256,410.00		1,787,305.63

图5.42　银行对账单

▶ **任务指引 5.1.20**

【出纳吴芳芳录入银行对账单】

进度一：打开"银行对账单"窗口。在"出纳管理"子系统中，依次单击"出纳管理"|"银行对账单"菜单项，弹出"查询条件"对话框，选择"账号名称"为银行，"日期"为2019.12.01—2019.12.31，单击"确定"按钮，打开"银行对账单"窗口。

进度二：录入银行对账单数据。单击序号栏的"增行"按钮，依次录入银行对账单数据，包括"日期""对方单位""摘要""结算方式""票号""借方金额"或"贷方金额"，完成后单击"保存"按钮。结果如图5.43所示。

进度三：退出。单击"银行对账单"窗口中的"关闭"按钮，关闭并退出该窗口。

任务发放 5.1.20
操作视频

图 5.43 银行对账单

序号		*日期	对方单位	摘要	结算方式	票号	借方	贷方	余额
3		2019-12-05		报销款	网银			3,500.00	1,559,960.83
4		2019-12-05	北京欣新贸	货款	网银			40,000.00	1,519,960.83
5		2019-12-05		税款	网银			23,284.94	1,496,675.89
6		2019-12-06		货款	网银		106,000.00		1,602,675.89
7		2019-12-08		社会保险费	网银			47,997.67	1,554,678.22
8		2019-12-08		公积金	网银			17,843.00	1,536,835.22
9		2019-12-10	上海天华有	货款	网银			40,000.00	1,496,835.22
10		2019-12-31		工资	支票			103,825.67	1,393,009.55
11		2019-12-12	北京艾格贸	货款	网银		159,465.60		1,552,475.15
12		2019-12-15		房租	网银			12,000.00	1,540,475.15
13		2019-12-15		利息支出	网银			1,000.00	1,539,475.15
14		2019-12-20	零售客户	零售收款	微信		4,980.48		1,544,455.63
15		2019-12-25		固定资产	支票			13,560.00	1,530,895.63
16		2019-12-26	上海台名贸	货款	网银		256,410.00		1,787,305.63

图 5.43 银行对账单

【出纳吴芳芳进行银行对账】

进度一:打开"银行对账"窗口。在"出纳管理"子系统中,依次单击"出纳管理"|"银行对账"菜单项,弹出"查询条件"对话框,默认"账号名称"为银行,"日期"为 2019.12.01—2019.12.31,单击"确定"按钮,打开"银行对账"窗口。

进度二:自动对账。单击工具栏的"对账"按钮,打开"自动对账"对话框,系统弹出"查询条件"对话框,选择"行金额相同","日期相差天数"为12,默认系统提供的其他对账条件,单击"确定"按钮,系统显示自动对账结果。结果如图 5.44 所示。

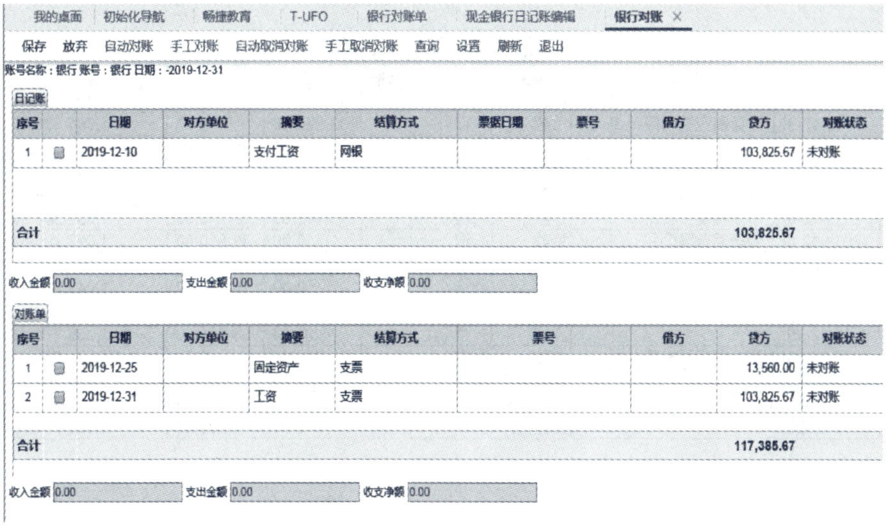

日记账

序号		日期	对方单位	摘要	结算方式	票据日期	票号	借方	贷方	对账状态
1		2019-12-10		支付工资	网银				103,825.67	未对账
合计									103,825.67	

收入金额 0.00 支出金额 0.00 收支净额 0.00

对账单

序号		日期	对方单位	摘要	结算方式		票号	借方	贷方	对账状态
1		2019-12-25		固定资产	支票				13,560.00	未对账
2		2019-12-31		工资	支票				103,825.67	未对账
合计									117,385.67	

收入金额 0.00 支出金额 0.00 收支净额 0.00

图 5.44 银行对账结果

进度三：在"自动对账"窗口，对未勾选的账项，直接手工对账。

进度四：保存。单击工具栏的"保存"按钮，保存对账结果。

进度五：退出。单击"银行对账"窗口中的"关闭"按钮，关闭并退出该窗口。

【出纳吴芳芳查询余额调节表】

进度一：打开"余额调节表"窗口。在"出纳管理"子系统中，依次单击"出纳管理"|"余额调节表"，打开"余额调节表"窗口。

进度二：打开"银行对账余额调节表"窗口。选择表头"平衡情况"为平衡，"账号名称"为银行，单击"查询"按钮，系统查询出对账结果，选中账户记录，单击工具栏的"余额调节表"，打开"银行对账余额调节表"窗口。结果如图5.45所示。

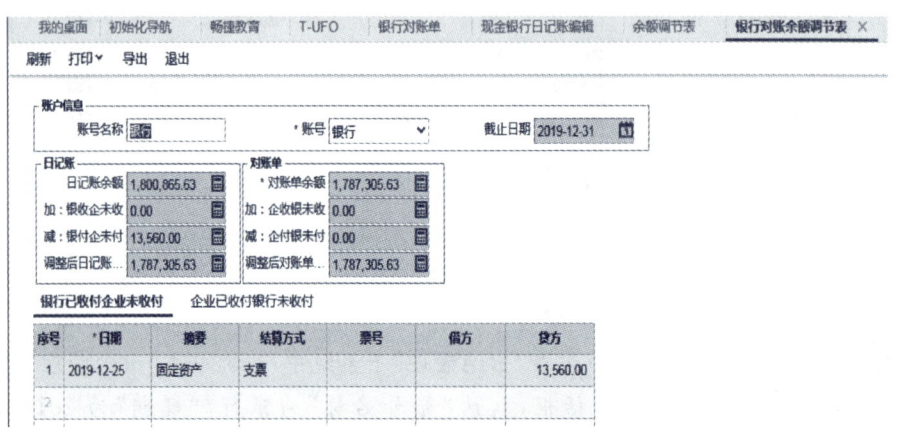

图5.45 银行对账余额调节表

【巩固提升】

2019年12月31日，出纳吴芳芳根据银行对账单(见图5.46)进行银行对账。

日期	对方单位	摘要	结算方式	票号	借方	贷方	余额
2019-12-1	上海简腾贸易有限公司	货款	网银		40,000.00	0.00	1370708.83
2019-12-3	上海简腾贸易有限公司	货款	网银		393,920.00	0.00	1,764,628.83
2019-12-5	上海天华有限公司	报销款	网银		0.00	298,320.00	1,466,308.83
2019-12-5	上海康明有限公司	货款	网银		0.00	20,000.00	1,446,308.83
2019-12-6	上海康明有限公司	货款	网银		0.00	9,060.00	1,437,248.83
2019-12-8	上海沛霖商贸公司	货款	网银		95,100.00	0.00	1,532,348.83
2019-12-8	上海康明有限公司	货款	网银		0.00	39,550.00	1,492,798.83
2019-12-10		社保	网银		0.00	31,568.50	1,461,230.33
2019-12-12		公积金	网银		0.00	15,600.00	1,445,630.33
2019-12-15		房租	网银		0.00	12,000.00	1,433,630.33
2019-12-15		工资	支票		0.00	98,345.60	1,335,284.73
2019-12-15	上海台名贸易有限公司	货款	网银		300,000.00	0.00	1,635,284.73
2019-12-15		利息支出	网银		0.00	1,000.00	1,634,284.73
2019-12-20	零售客户	零售收款	微信		5,600.00	0.00	1,639,884.73
2019-12-25		固定资产	支票		0.00	8,600.00	1,631,284.73

图5.46 银行对账单

任务 5.2　固定资产

固定资产是指企业为生产产品、提供劳务、出租或经营管理而持有的，使用时间超过 12 个月的，价值达到一定标准的非货币性资产。它包括房屋、建筑物、机器、机械、运输工具以及其他与生产经营活动有关的设备、器具、工具等。

畅捷通 T+的资产管理子系统可以处理资产购置、资产变动和计提折旧等日常业务，以及各种账表查询。资产变动包括原值变动、部门转移、使用状况变动、使用年限调整、折旧方法调整、净残值（率）调整、工作总量调整、累计折旧调整、资产类别调整等。计提折旧功能支持自定义折旧公式，并按分配表自动生成记账凭证。

资产特点：实物形态、使用年限长、价值高。

常见分类：房屋建筑物、机器机械、运输工具、电子设备、工具家具等。

核算科目：固定资产、累计折旧、固定资产减值准备（《企业会计准则》2007 版）、固定资产清理等。

计提规定：增加当月不提折旧，从下月起计提折旧。

折旧方法：年限平均法、工作量法、双倍余额递减法、年数总和法等。

本任务涉及固定资产购置、固定资产拆分、固定资产报废以及计提固定资产折旧业务。

5.2.1　固定资产购置

▶ 任务发放 5.2.1

2019 年 12 月 25 日，仓储部购入华为电脑 2 台用于办公使用，价税合计 13 560 元。财务部开出转账支票支付华为电脑货款。

相关票据如图 5.47 和图 5.48 所示。

任务发放 5.2.1
操作视频

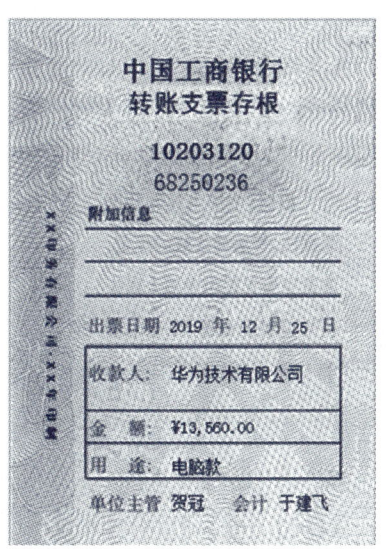

图 5.47　转账支票

ERP 基本知识

图 5.48 购买电脑发票(发票联)

任务流程如图 5.49 所示。

图 5.49 新增固定资产流程

▶ 任务指引 5.2.1

【会计于建飞新增资产】

进度一：打开"新增卡片"窗口。在"资产管理"子系统中，依次单击"资产管理"|"新增资产"，打开"新增资产"窗口。

进度二：编辑卡片。单击"电子设备"，打开"录入卡片"窗口，然后进行如下操作。

(1) 编辑表头。编辑"资产名称"为华为电脑，其他选项均为默认。

(2) 编辑表体。编辑"数量"为1，"使用状况"为在用，"使用部门"为仓储部，"增加方式"为购入；"原值"为6 000.00，"抵扣进项税"为勾选状态，"税率％"为13，其他选项均为默认。

进度三：保存。单击工具栏的"保存"按钮，保存卡片。结果如图5.50所示。

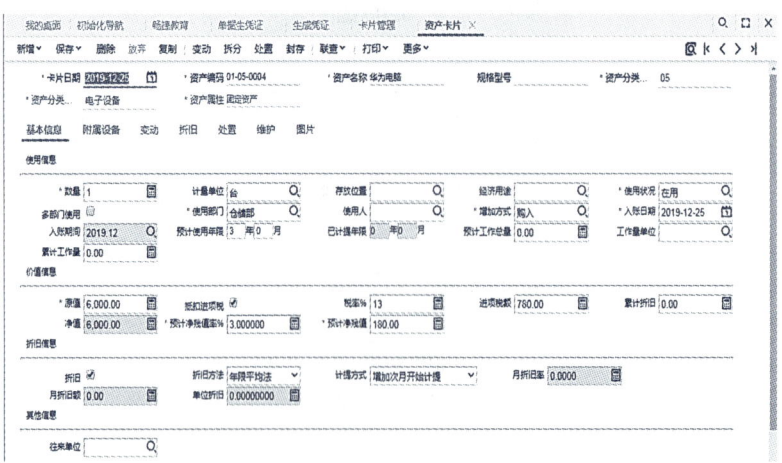

图 5.50 资产卡片

进度四:编辑并保存另一张卡片。步骤重复进度一、二、三。
进度五:退出。单击工具栏的"退出"按钮,退出窗口。

【巩固提升】

(1) 2019 年 12 月 10 日,销售部购买空调 1 台,价税合计 6 780 元,已取得增值税专用发票,货款通过网银已支付。

(2) 2019 年 12 月 25 日,总经办购买小轿车 1 辆,不含税金额为 256 000 元,车辆购置税为 25 600 元,款项已通过网银支付。

5.2.2 固定资产计提折旧

固定资产折旧是指在固定资产使用寿命内,按照确定的方法对应计折旧额进行系统分摊。常见的固定资产计提折旧方法有年限平均法、工作量法、双倍余额递减法和年数总和法。

▶ **任务发放 5.2.2**

2019 年 12 月 31 日,财务部对各部门的固定资产计提本月折旧。
任务流程如图 5.51 所示。

图 5.51 计提固定资产折旧的流程

▶ **任务指引 5.2.2**

【会计于建飞计提固定资产折旧】

进度一:打开"计提折旧与摊销"窗口。在"资产管理"子系统中,依次单击"资产管理"|"计提折旧与摊销",打开"计提折旧与摊销"窗口。

进度二:打开"折旧/摊销清单"窗口。单击"计提折旧与摊销"窗口中的"新增"按钮,打开"折旧/摊销清单"窗口。结果如图 5.52 所示。

任务发放 5.2.2
操作视频

序号	资产编号	资产名称	规格型号	原值	期初累计折旧/摊销	本月折旧/摊销	月折旧率/摊销率	期末累计折旧/摊销
1	01-01-0001	库房		850,000.00	281,704.17	3,435.42	0.0040	285,139.59
2	01-05-0001	电脑		15,000.00	4,850.00	404.17	0.0269	5,254.17
3	01-05-0002	打印机		25,000.00	20,208.33	673.61	0.0269	20,881.94

图 5.52 折旧/摊销清单

进度三:保存。单击"折旧/摊销清单"窗口中的"保存"按钮,保存该窗口。

进度四：退出。单击"折旧/摊销清单"窗口中的"退出"按钮，退出该窗口。

【巩固提升】

2019年12月31日，财务部对各部门的固定资产计提折旧。

5.2.3 固定资产拆分

固定资产拆分功能可用于对资产进行数量拆分或结构拆分。比如，企业可将10台电脑拆分为数量为2和数量为8的两份，或将1台电脑拆分为1台主机和1台显示器。当一张资产卡片部分发生变动或部分需要清理时，企业可先对该资产进行拆分。

▶ **任务发放 5.2.3**

2019年12月31日，由于销售部中有1台电脑损坏需要报废，公司现需对销售部中3台电脑进行拆分为各1台。

▶ **任务指引 5.2.3**

【会计于建飞进行资产拆分】

任务发放 5.2.3
操作视频

进度一：打开"资产拆分"窗口。在"资产管理"子系统中，依次单击"资产管理"｜"资产拆分"，打开"资产拆分"窗口。

进度二：编辑资产拆分。进行如下操作。

（1）编辑表头。编辑"拆分原因"为部分清理，"资产编码"为01-05-0001，"按数量拆分"为勾选状态，其他选项均为默认。

（2）编辑表体。编辑"计量单位"为台，其他选项均为默认。

进度三：保存。单击工具栏的"保存"按钮，保存"资产拆分"窗口。结果如图5.53所示。

图 5.53　资产拆分

进度四：退出。单击工具栏的"退出"按钮，退出"资产拆分"窗口。

【巩固提升】

2019年12月30日，公司将财务部1台惠普台式电脑拆分为1台主机和1台显示器。主机原值为3 600元，显示器原值为2 000元。

5.2.4 固定资产报废

固定资产报废是固定资产处置的一种,是固定资产减少业务。因为本账套设置了计提折旧,所以需在计提折旧后才可执行资产减少。

▶ **任务发放 5.2.4**

2019 年 12 月 30 日,公司对销售部无法正常使用的 1 台笔记本电脑进行报废处理,本月结转固定资产清理净损益,固定资产报废申请书如图 5.54 所示。

固定资产报废申请书

NO: 858199

申报部门:销售部		申请日期:2019年12月30日	
固定资产名称	电脑	购置时间	2014年12月01日
数量/单位	1台	使用部门	销售部
原值	5,000.00	净值	3,248.61
已提折旧	1,751.39	净残值	3,248.61
报废原因: 损坏			
资产管理 部门意见	于建飞　同意报废 2019年12月30日	公司意见	钱峰　同意报废 2019年12月30日

此表一式两份,一份留申请部门、一份留财务部门

图 5.54　固定资产报废申请书

▶ **任务指引 5.2.4**

【会计于建飞进行资产处置】

进度一:打开"资产处置"窗口。在"资产管理"子系统中,依次单击"资产管理"|"资产处置",打开"资产处置"窗口。

进度二:编辑资产处置。进行如下操作。

(1) 编辑表头。编辑"处置方式"为报废,其他选项均为默认。

(2) 编辑表体。选择"资产编码"为 01-05-0004,"清理收入"为 400.00,其他选项均为默认。

进度三:保存。单击工具栏的"保存"按钮,系统弹出"是否同时封存资产卡片(封存后卡片默认不在卡片列表和报表中显示)"的提示信息,单击"确定"按钮。结果如图 5.55 所示。

任务发放 5.2.4
操作视频

图 5.55　资产处置

进度四：退出。单击工具栏中的"退出"按钮，退出该窗口。

【巩固提升】

2019 年 12 月 30 日，对财务部无法正常使用的一台电脑显示器进行报废处理。

任务 5.3 总 账 管 理

畅捷通 T+的总账管理属于财务管理系统的一部分，主要是进行会计核算和出具相关会计账簿的功能模块。它既为各类企事业单位提供凭证管理、账簿管理、期末结转的基本核算功能，也为个人、部门、往来单位、项目等提供辅助管理功能。在业务处理过程中，总账管理可随时查询包括未记账凭证的所有账表，满足管理者对信息及时查阅的需求。

一般来说，总账的月初业务包括缴纳上月已计提和上月代扣代缴的各项税费以及缴纳社会保险费和住房公积金；月末业务包括计算应交增值税、结转未交增值税、结转城市维护建设税及教育费附加和地方教育附加、结转损益类科目、计算并结转本月企业所得税等。

总账管理的主要功能模块如下：

(1) 支持科目期初录入、凭证填制、凭证的审核、签字、记账等操作。
(2) 支持跨年查询凭证和账簿，支持按年维护科目和科目期初余额。
(3) 支持科目多币种核算，多币种账表查询。
(4) 支持现金流量自动分配、统一录入。
(5) 支持现金流量统计表和明细表查询，支持财务报表现金流量表的取数。
(6) 支持自动转账功能。
(7) 根据函数、科目对应关系设置转账模板，实现自定义转账。
(8) 选择损益类科目进行期间损益结转。
(9) 选择调汇科目和币种进行汇兑损益结转。
(10) 支持多辅助核算：支持 5 个基本辅助核算，用户可以自定义 10 个档案进行辅助核算。支持多角度辅助账的查询。
(11) 支持按凭证进行往来核销。
(12) 往来单位、个人辅助核算的科目，可以进行核销。
(13) 支持手工核销和自动核销，自动核销支持按金额相同核销、按业务单号相同核销等。
(14) 支持往来账龄分析、往来对账单和资金预测功能。

5.3.1 生成销售管理模块凭证

▶ **任务发放 5.3.1**

承接任务发放 3.2.1 至任务发放 3.2.4 四笔销售业务，进行销售发票和销售出库单单据生成凭证。

任务发放 5.3.1
操作视频

任务指引 5.3.1

单据生凭证

【会计于建飞根据销售业务生成凭证】

进度一：打开“单据生凭证”窗口。在“总账”子系统中，依次单击“日常业务”|“单据生凭证”，打开“单据生凭证”窗口。

进度二：选择单据来源。在“过滤分组”中选择供应链，在供应链列表框中选中“单据类型”为销售业务类的“选择”按钮，单击工具栏的“下一步”按钮，在系统弹出的“查询条件”对话框中，直接单击“下一步”按钮，打开“查询结果”窗口。

进度三：生成凭证。选中本业务生成的销售类型单据销售发票，然后单击工具栏的“生成凭证”按钮，打开“生成凭证”窗口，并默认显示了本业务销售单据上的相关信息。

进度四：保存凭证。单击工具栏的“保存”按钮，然后单击工具栏的“下张”按钮（“>”图标），继续保存凭证。结果如图 5.56 至图 5.63 所示。

记账凭证

*凭证类别 记账凭证　*凭证编号 0006　*制单日期 2019-12-02　附单据数 1

明细　汇总

序号	*摘要	*科目名称	辅助项	借方（亿千百十万千百十元角分）	贷方（亿千百十万千百十元角分）
1	普通销售/上海商腾贸…	应收账款	上海商腾贸易有限公司	60748800	
2	普通销售/上海商腾贸…	主营业务收入			53760000
3	普通销售/上海商腾贸…	应交税费-应交增值税…			6988800
4					
合计				60748800	60748800

图 5.56　先发货后开票销售发票单据生凭证

记账凭证

*凭证类别 记账凭证　*凭证编号 0006　*制单日期 2019-12-12　附单据数 1

明细　汇总

序号	*摘要	*科目名称	辅助项	借方（亿千百十万千百十元角分）	贷方（亿千百十万千百十元角分）
1	普通销售/北京艾格贸…	银行存款-中国工商…		15946560	
2	普通销售/北京艾格贸…	主营业务收入			14112000
3	普通销售/北京艾格贸…	应交税费-应交增值…			1834560
4					
5					
6					
7					
8					
9					
10					
合计				15946560	15946560

图 5.57　先开票后发货销售发票单据生凭证

图 5.58 零售发票单据生成凭证

记账凭证

*凭证类别 记账凭证　　*凭证编号 0009　　*制单日期 2019-12-20　　附单据数 1

序号	*摘要	*科目名称	辅助项	借方	贷方
1	普通销售/零售客户	银行存款-中国工商…		4980 48	
2	普通销售/零售客户	主营业务收入			4407 50
3	普通销售/零售客户	应交税费-应交增值			572 98
4					
合计				4980 48	4980 48

图 5.58　零售发票单据生成凭证

图 5.59 分销发票单据生成凭证

记账凭证

*凭证类别 记账凭证　　*凭证编号 0030　　*制单日期 2019-12-25　　附单据数 1

序号	*摘要	*科目名称	辅助项	借方	贷方
1	普通销售/上海台…	应收账款	上海台名贸易有…	26103000	
2	普通销售/上海台…	主营业务收入			23100000
3	普通销售/上海台…	应交税费-应交增值			3003000
4					
合计				26103000	26103000

图 5.59　分销发票单据生成凭证

图 5.60 先发货后开票销售结转成本

记账凭证

*凭证类别 记账凭证　　*凭证编号 0001　　*制单日期 2019-12-01　　附单据数 1

序号	*摘要	*科目名称	辅助项	计量单位	借方	贷方
1	普通销售/上海简腾…	主营业务成本			3024 00 00	
2	普通销售/上海简腾贸…	库存商品	洁面乳	箱		3024
合计					3024 00 00	3024

图 5.60　先发货后开票销售结转成本

图 5.61 先开票后发货销售结转成本

图 5.62 零售结转成本

图 5.63 分销结转成本

5.3.2 生成采购管理模块凭证

▶ **任务发放 5.3.2**

承接任务发放 3.3.1 至任务发放 3.3.6 的采购单据,进行进货单单据生成凭证。

任务发放 5.3.2~5.3.3 操作视频

▶ **任务指引 5.3.2**

【会计于建飞根据采购业务生成凭证】

进度一:打开"单据生凭证"窗口。在"总账"子系统中,依次单击"日常业务"|"单据生凭证",打开"单据生凭证"窗口。

进度二:选择单据来源。在"过滤分组"中选择供应链,在供应链列表框中选中"单据类型"为采购业务类的"选择"按钮,单击工具栏的"下一步"按钮,在系统弹出的"查询条件"对话框中,直接单击"下一步"按钮,打开"查询结果"窗口,编辑"按合并规则设置合并号"为 ✔。

进度三:生成凭证。选中本业务生成的采购类型单据进货单,然后单击工具栏的"生成凭证"按钮,打开"生成凭证"窗口,并默认显示了本业务采购单据上的相关信息。

进度四:保存凭证。单击工具栏的"保存"按钮,然后单击工具栏的"下张"按钮(" ⟩ "图标),继续保存凭证。结果如图 5.64 至图 5.68 所示。

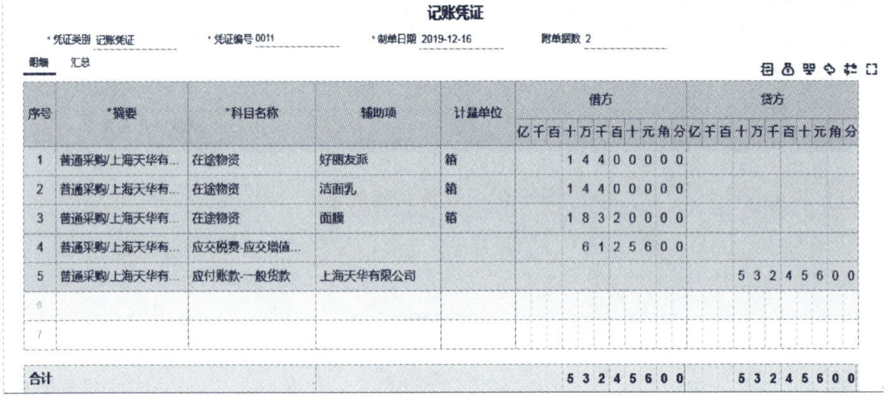

图 5.64 票货同到、直运进货单合并凭证

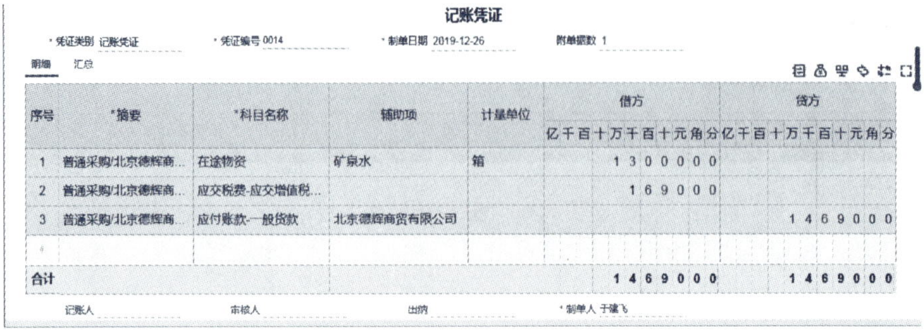

图 5.65 暂估部分结算进货单生成凭证

记账凭证

*凭证类别 记账凭证　　*凭证编号 0007　　*制单日期 2019-12-16　　附单据数 1

序号	*摘要	*科目名称	辅助项	借方	贷方
1	普通销售/上海沛霖商...	应收账款	上海沛霖商贸公司	24860000	
2	普通销售/上海沛霖商...	主营业务收入			22000000
3	普通销售/上海沛霖商...	应交税费-应交增值税-销项税额			2860000
4					
5					
合计				24860000	24860000

图 5.66　直运销售发票生成凭证

记账凭证

*凭证类别 记账凭证　　*凭证编号 0012　　*制单日期 2019-12-06　　附单据数 1

序号	*摘要	*科目名称	辅助项	计量单位	借方	贷方
1	普通采购/北京欣新贸...	在途物资	云南白药牙膏	箱	15680000	
2	普通采购/北京欣新贸...	应交税费-应交增值...			2038400	
3	普通采购/北京欣新贸...	应付账款-一般货款	北京欣新贸易公司			17718400
4						
5						
6						
7						
8						
9						
10						
合计					17718400	17718400

图 5.67　票到货未到进货单生成凭证

记账凭证

*凭证类别 记账凭证　　*凭证编号 0010　　*制单日期 2019-12-03　　附单据数 1

序号	摘要	*科目名称	辅助项	计量单位	借方	贷方
1	上海天华有...	库存商品	面膜	箱	18320000	
2	上海天华有...	库存商品	洁面乳	箱	14400000	
3	上海天华有...	在途物资	面膜	箱		18320000
4	上海天华有...	在途物资	洁面乳	箱		14400000
5						
合计					32720000	32720000

图 5.68　采购入库单生成凭证

任务发放 5.3.3

2019 年 12 月 31 日,编制直运业务成本结转。

任务指引 5.3.3

【会计于建飞进行编制直运业务结转成本】

进度一:打开"填制凭证"窗口。在"总账"子系统中,依次单击"总账"|"填制凭证",打开"填制凭证"窗口。

进度二:新增凭证。单击"填制凭证"窗口中的"增加"按钮,新增一张记账凭证。

进度三:编辑凭证。在凭证的"摘要"栏中参照生成或录入"结转直运销售成本",在第 1 行的"科目名称"栏中参照生成或录入主营业务成本,在"借方"中输入 144 000,并按回车键;在第 2 行的"科目名称"中参照生成或录入在途物资,在"贷方"栏按"="号,由系统自动填充金额(144 000)。

进度四:保存凭证。单击工具栏的"保存"按钮,系统提示保存成功。结果如图 5.69 所示。

图 5.69 结转直运成本凭证

5.3.3 生成库存核算模块凭证

任务发放 5.3.4

本笔业务是根据库存核算模块相关单据生成凭证,3.4.1、3.4.2 已经填制了调拨单,3.4.3 已经填制盘点单,所以在此仅需要通过单据生凭证功能进行凭证的生成。

任务发放 5.3.4~5.3.5 操作视频

任务指引 5.3.4

【会计于建飞进行调拨单和盘点单生成凭证】

进度一:打开"单据生凭证"窗口。在"总账"子系统中,依次单击"日常业务"|"单据生凭证",打开"单据生凭证"窗口。

进度二:选择单据来源。在"过滤分组"中选择"供应链",在列表框中选中"单据类型"为调拨单及盘点单的"选择"按钮,单击工具栏的"下一步"按钮,在系统弹出的"查询条件"对话框中,直接单击"下一步"按钮,打开"查询结果"窗口。

进度三：生成凭证。选中本业务生成的调拨单及盘点单，然后单击工具栏的"生成凭证"按钮，打开"生成凭证"窗口，并默认显示本业务相关单据上的相关信息。

进度四：保存凭证。单击工具栏的"保存"按钮，然后单击工具栏的"下张"按钮（"➢"图标），继续保存凭证。结果如图 5.70 至图 5.72 所示。

序号	摘要	科目名称	辅助项	计量单位	借方	贷方
1	同价调拨	库存商品	清风抽纸	箱	3 000 00	
2	同价调拨	库存商品	清风抽纸	箱		3 000 00
3						
合计					3 000 00	3 000 00

图 5.70　调拨入库单据生凭证

凭证类别：记账凭证　凭证编号：0024　制单日期：2019-12-15　附单据数：1

序号	摘要	科目名称	辅助项	计量单位	借方	贷方
1	同价调拨	库存商品	德芙巧克力	箱	2 750 00	
2	同价调拨	库存商品	德芙巧克力	箱		2 750 00
3						
合计					2 750 00	2 750 00

图 5.71　调拨出库单据生凭证

凭证类别：记账凭证　凭证编号：0025　制单日期：2019-12-20　附单据数：1

序号	摘要	科目名称	辅助项	计量单位	借方	贷方
1	盘点单	库存商品	清风抽纸	箱	600 0	
2	盘点单	待处理财产损溢			600 00	
3	盘点单	库存商品	云南白药牙膏	箱		600 00
4	盘点单	待处理财产损溢				600 0
5						
6						
7						
合计					660 00	660 00

图 5.72　盘点单据生凭证

凭证类别：记账凭证　凭证编号：0034　制单日期：2019-12-30　附单据数：1

▶ 任务发放 5.3.5

2019 年 12 月 31 日，经主管领导批示，盘盈的清风抽纸为供应商多送，作为非正常收入，计 60 元，转入营业外收入；盘亏的云南白药牙膏因自然灾害原因损失，计 600 元，转入营业外支出。

本笔业务是经领导批准后的存货盘盈盘亏的账务处理，5.3.3 对盘点业务所产生的盘盈盘亏已经生成凭证，所以在此仅需对存货盘盈盘亏报批后的凭证进行处理。

▶ 任务指引 5.3.5

【会计于建飞编制报批后盘盈业务凭证】

进度一：打开"填制凭证"窗口。在"总账"子系统中，依次单击"总账"|"填制凭证"，打开"填制凭证"窗口。

进度二：新增凭证。单击"填制凭证"窗口中的"增加"按钮，新增一张记账凭证。

进度三：编辑凭证。在凭证的"摘要"栏中参照生成或录入"盘盈转营业外收入"，在第 1 行的"科目名称"栏中参照生成或录入待处理财产损溢，在"借方"栏中输入 60，并按回车键；在第 2 行的"科目名称"栏中参照生成或录入营业外收入——盘盈利得，在"贷方"栏按"＝"号，由系统自动填充金额（60）。

进度四：保存凭证。单击工具栏的"保存"按钮，系统提示保存成功。结果如图 5.73 所示。

序号	*摘要	*科目名称	借方	贷方
			亿千百十万千百十元角分	亿千百十万千百十元角分
1	盘盈转营业外收入	待处理财产损溢	6000	
2	盘盈转营业外收入	营业外收入-盘盈利得		6000
3				
4				
合计			6000	6000

凭证类别 记账凭证　凭证编号 0047　制单日期 2019-12-31　附单据数 1

图 5.73　报批后的盘盈凭证

【会计于建飞编制报批后盘亏业务凭证】

进度一：新增凭证。单击"填制凭证"窗口中的"增加"按钮，新增一张记账凭证。

进度二：编辑凭证。在凭证的"摘要"栏中参照生成或录入"盘亏转营业外支出"，在第 1 行的"科目名称"栏中参照生成或录入营业外支出——盘亏损失，在"借方"栏中输入 600，并按回车键；在第 2 行的"科目名称"栏中参照生成或录入待处理财产损溢，在"贷方"栏按"＝"号，由系统自动填充金额（600）。

进度三：保存凭证。单击工具栏中的"保存"按钮，系统提示保存成功。结果如图 5.74 所示。

序号	*摘要	*科目名称	借方	贷方
1	盘亏转营业外支出	营业外支出-盘亏损失	600 00	
2	盘亏转营业外支出	待处理财产损溢		600 00
3				
合计			600 00	600 00

图 5.74　报批后的盘亏凭证

5.3.4　生成出纳管理模块凭证

5.3.4.1　费用单

▶ **任务发放 5.3.6**

根据费用单生成凭证。本笔业务是根据出纳管理模块相关单据生成凭证，5.1.1、5.1.2 及 5.1.3 已经填制了差旅费费用单、房租费用单及利息费用单，所以在此仅需要通过单据生凭证功能进行凭证的生成。

任务发放
5.3.6～5.3.10
操作视频

▶ **任务指引 5.3.6**

【会计于建飞根据差旅费费用单生成凭证】

进度一：打开"单据生凭证"窗口。在"总账"子系统中，依次单击"日常业务"|"单据生凭证"，打开"单据生凭证"窗口。

进度二：选择单据来源。在"过滤分组"中选择"往来现金及出纳"，在列表框中选中"单据类型"为费用单类的"选择"按钮，单击工具栏的"下一步"按钮，在系统弹出的"查询条件"对话框中，直接单击"下一步"按钮，打开"查询结果"窗口。

进度三：生成凭证。选中本业务生成的差旅费费用单据，然后单击工具栏的"生成凭证"按钮，打开"生成凭证"窗口，并默认显示了本业务费用单上的相关信息。

进度四：保存凭证。单击工具栏的"保存"按钮，然后单击工具栏的"下张"按钮（"▶"图标），继续保存凭证。结果如图 5.75 至图 5.77 所示。

序号	摘要	科目名称	辅助项	借方 亿千百十万千百十元角分	贷方 亿千百十万千百十元角分
1	现金费用	应交税费-应交增值税...		2 4 8 7 4	
2	现金费用	销售费用-差旅费		3 2 5 1 2 6	
3	现金费用	银行存款-中国工商银...			3 5 0 0 0 0
4					
合计				3 5 0 0 0 0	3 5 0 0 0 0

图 5.75 差旅费凭证

凭证类别 记账凭证 凭证编号 0014 制单日期 2019-12-15 附单据数 1

序号	摘要	科目名称	辅助项	借方 亿千百十万千百十元角分	贷方 亿千百十万千百十元角分
1	现金费用	应交税费-应交增值税...		9 9 0 8 3	
2	现金费用	管理费用-房租费		1 1 0 0 9 1 7	
3	现金费用	银行存款-中国工商银...			1 2 0 0 0 0 0
4					
合计				1 2 0 0 0 0 0	1 2 0 0 0 0 0

图 5.76 房租凭证

凭证类别 记账凭证 凭证编号 0015 制单日期 2019-12-15 附单据数 1

序号	摘要	科目名称	辅助项	借方 亿千百十万千百十元角分	贷方 亿千百十万千百十元角分
1	现金费用	应交税费-应交增值税...		5 6 6 0	
2	现金费用	财务费用-利息支出		9 4 3 4 0	
3	现金费用	银行存款-中国工商银...			1 0 0 0 0 0
4					
合计				1 0 0 0 0 0	1 0 0 0 0 0

图 5.77 利息凭证

5.3.4.2 收款单

▶ **任务发放 5.3.7**

根据收款单生成凭证。本笔业务是根据出纳管理模块相关单据生成凭证,5.1.4 已经填制了收款单并进行了审核,所以在此仅需要通过单据生凭证功能进行凭证的生成。

▶ **任务指引 5.3.7**

【会计于建飞根据收款单生成凭证】

进度一:打开"单据生凭证"窗口。在"总账"子系统中,依次单击"日常业务"|"单据生凭证",打开"单据生凭证"窗口。

进度二:选择单据来源。在"过滤分组"中选择"往来现金及出纳",在列表框中选中单据类型为收款单类的选择按钮,单击工具栏的"下一步"按钮,在系统弹出的"查询条件"对话框中,直接单击"下一步"按钮,打开"查询结果"窗口。

进度三:生成凭证。选中本业务生成的收款单据,然后单击工具栏的"生成凭证"按钮,打开"生成凭证"窗口,并默认显示了本业务费用单上的相关信息。

进度四:保存凭证。单击工具栏的"保存"按钮,然后单击工具栏的"下张"按钮("▶"图标),继续保存凭证。结果如图 5.78 至图 5.82 所示。

图 5.78 预收款凭证

图 5.79 预收款凭证

ERP 基本知识

记账凭证

*凭证类别 记账凭证　*凭证编号 0021　*制单日期 2019-12-26　附单据数 1

明细　汇总

序号	*摘要	*科目名称	辅助项	借方 亿千百十万千百十元角分	贷方 亿千百十万千百十元角分
1	直接收款	银行存款-中国工商银…		2 5 6 4 1 0 0 0	
2	直接收款	财务费用-现金折扣		4 6 2 0 0 0	
3	直接收款	应收账款	上海台名贸易有限公司		2 6 1 0 3 0 0 0
4					
合计				2 6 1 0 3 0 0 0	2 6 1 0 3 0 0 0

图 5.80　收款凭证

记账凭证

*凭证类别 记账凭证　*凭证编号 0022　*制单日期 2019-12-06　附单据数 1

明细　汇总

序号	*摘要	*科目名称	辅助项	借方 亿千百十万千百十元角分	贷方 亿千百十万千百十元角分
1	直接收款	银行存款-中国工商银…		1 0 6 0 0 0 0 0	
2	直接收款	应收账款	北京艾格贸易有限公司		1 0 6 0 0 0 0 0
3					
合计				1 0 6 0 0 0 0 0	1 0 6 0 0 0 0 0

图 5.81　收到上月货款凭证

记账凭证

*凭证类别 记账凭证　*凭证编号 0046　*制单日期 2019-12-12　附单据数 1

明细　汇总

序号	*摘要	*科目名称	辅助项	借方 亿千百十万千百十元角分	贷方 亿千百十万千百十元角分
1	收款	银行存款-中国工商银行上海浦…		1 5 9 4 6 5 6 0	
2	收款	应收账款	北京艾格贸易有限公司		1 5 9 4 6 5 6 0
3					
合计				1 5 9 4 6 5 6 0	1 5 9 4 6 5 6 0

图 5.82　收款凭证

5.3.4.3 付款单

▶ **任务发放 5.3.8**

根据付款单生成凭证。本笔业务是根据出纳管理模块相关单据生成凭证,在 5.1.5 已经填制了付款单并进行了审核,所以在此仅需要通过单据生凭证功能进行凭证的生成。

▶ **任务指引 5.3.8**

【会计于建飞根据付款单生成凭证】

进度一:打开"单据生凭证"窗口。在"总账"子系统中,依次单击"日常业务"|"单据生凭证",打开"单据生凭证"窗口。

进度二:选择单据来源。在"过滤分组"中选择"往来现金及出纳",在列表框中选中"单据类型"为付款单类的"选择"按钮,单击工具栏的"下一步"按钮,在系统弹出的"查询条件"对话框中,直接单击"下一步"按钮,打开"查询结果"窗口。

进度三:生成凭证。选中本业务生成的付款单据,然后单击工具栏的"生成凭证"按钮,打开"生成凭证"窗口,并默认显示了本业务付款单上的相关信息。

进度四:保存凭证。单击工具栏的"保存"按钮,然后单击工具栏的"下张"按钮("❯"图标),继续保存凭证。结果如图 5.83 至图 5.85 所示。

记账凭证

*凭证类别 记账凭证　　*凭证编号 0027　　*制单日期 2019-12-10　　附单据数 1

序号	*摘要	*科目名称	辅助项	借方	贷方
				亿千百十万千百十元角分	亿千百十万千百十元角分
1	直接付款	应付账款--一般货款	上海天华有限公司	4 0 0 0 0 0 0	
2	直接付款	银行存款-中国工商...			4 0 0 0 0 0 0
3					
4					
合计				4 0 0 0 0 0 0	4 0 0 0 0 0 0

图 5.83　支付上月货款凭证

记账凭证

*凭证类别 记账凭证　　*凭证编号 0028　　*制单日期 2019-12-05　　附单据数 1

序号	*摘要	*科目名称	辅助项	借方	贷方
				亿千百十万千百十元角分	亿千百十万千百十元角分
1	直接付款	应付账款--一般货款	北京欣新贸易公司	4 0 0 0 0 0 0	
2	直接付款	银行存款-中国工商...			4 0 0 0 0 0 0
3					
4					
合计				4 0 0 0 0 0 0	4 0 0 0 0 0 0

图 5.84　支付货款凭证

记账凭证						
*凭证类别 记账凭证		*凭证编号 0029		*制单日期 2019-12-03		附单据数 1

明细　汇总

序号	*摘要	*科目名称	辅助项	借方 亿千百十万千百十元角分	贷方 亿千百十万千百十元角分
1	普通付款	应付账款-一般货款	上海天华有限公司	3 6 9 7 3 6 0 0	
2	普通付款	银行存款-中国工商...			3 6 9 7 3 6 0 0
3					
4					
合计				3 6 9 7 3 6 0 0	3 6 9 7 3 6 0 0

图 5.85　支付货款凭证

5.3.4.4　收入单

▶ **任务发放 5.3.9**

根据收入单生成凭证。本笔业务是根据出纳管理模块相关单据生成凭证，5.1.6 已经填制了收入单并进行了审核，所以在此仅需要通过单据生凭证功能进行凭证的生成。

▶ **任务指引 5.3.9**

【会计于建飞根据收入单生成凭证】

进度一：打开"单据生凭证"窗口。在"总账"子系统中，依次单击"日常业务"|"单据生凭证"，打开"单据生凭证"窗口。

进度二：选择单据来源。在"过滤分组"中选择"往来现金及出纳"，在列表框中选中"单据类型"为收入单类的"选择"按钮，单击工具栏的"下一步"按钮，在系统弹出的"查询条件"对话框中，直接单击"下一步"按钮，打开"查询结果"窗口。

进度三：生成凭证。选中本业务生成的收入单据，然后单击工具栏的"生成凭证"按钮，打开"生成凭证"窗口，并默认显示了本业务收入单上的相关信息。

进度四：保存凭证。单击工具栏的"保存"按钮，然后单击工具栏的"下张"按钮（"▶"图标），继续保存凭证。结果如图 5.86 所示。

记账凭证						
*凭证类别 记账凭证		*凭证编号 0033		*制单日期 2019-12-30		附单据数 1

明细　汇总

序号	*摘要	*科目名称	借方 亿千百十万千百十元角分	贷方 亿千百十万千百十元角分
1	现金收入	库存现金	4 0 0 0 0	
2	现金收入	固定资产清理		4 0 0 0 0
3				
合计			4 0 0 0 0	4 0 0 0 0

图 5.86　收入单生成凭证

5.3.4.5 现金银行日记账

▶ **任务发放 5.3.10**

根据现金银行日记账生成凭证。本笔业务是根据出纳管理模块相关单据生成凭证，5.1.8 已经编辑现金银行日记账，所以在此仅需要通过单据生凭证功能分别根据缴纳税费、社会保险费、住房公积金和发放工资现金银行日记账生成凭证。

▶ **任务指引 5.3.10**

【会计于建飞根据现金银行日记账生成凭证】

进度一：打开"单据生凭证"窗口。在"总账"子系统中，依次单击"日常业务"|"单据生凭证"，打开"单据生凭证"窗口。

进度二：选择单据来源。在"过滤分组"中选择"往来现金及出纳"，在列表框中选中"单据类型"为现金银行日记账类的"选择"按钮，单击工具栏的"下一步"按钮，在系统弹出的"查询条件"对话框中，直接单击"下一步"按钮，打开"查询结果"窗口。

进度三：生成凭证。选中本业务生成的现金银行日记账单据，然后单击工具栏的"生成凭证"按钮，打开"生成凭证"窗口，并默认显示了本业务现金银行日记账上的相关信息。

进度四：编辑凭证。进行如下操作。

（1）编辑第 1 行分录，在"借方"栏中修改金额为 19 967.60。

（2）插入第 2 行分录。点击序号 1，出现"增行""插行""复制行""删行"按钮，单击"插行"按钮，插入 1 行空白分录，在"科目名称"栏中参照生成或录入应交税费——应交城市维护建设税，在"借方"栏中输入 998.38。

（3）插入第 3 行分录。点击序号 3，出现"增行""插行""复制行""删行"按钮，单击"插行"按钮，插入 1 行空白分录，在"科目名称"栏中参照生成或录入应交税费——应交教育费附加，在"借方"栏中输入 599.03。

（4）插入第 4 行分录。点击序号 4，出现"增行""插行""复制行""删行"按钮，单击"插行"按钮，插入 1 行空白分录，在"科目名称"栏中参照生成或录入应交税费——应交地方教育附加，在"借方"栏中输入 399.35。

（5）插入第 5 行分录。点击序号 5，出现"增行""插行""复制行""删行"按钮，单击"插行"按钮，插入 1 行空白分录，在"科目名称"栏中参照生成或录入应交税费——应交个人所得税，在"借方"栏中输入 1 320.58。

进度五：保存凭证。结果如图 5.87 所示。

进度六：单击工具栏的"下张"按钮（"▶"图标），系统依次打开社会保险费、住房公积金、工资窗口，操作步骤同进度四，结果如图 5.88 至图 5.90 所示。

记账凭证

*凭证类别 记账凭证 *凭证编号 0023 *制单日期 2019-12-05 附单据数 1

明细 汇总

序号	*摘要	*科目名称	辅助项	借方 亿千百十万千百十元角分	贷方 亿千百十万千百十元角分
1	缴纳税款	应交税费-未交增值税		1 9 9 6 7 6 0	
2	缴纳税款	应交税费-应交城市维…		9 9 8 3 8	
3	缴纳税款	应交税费-应交教育费…		5 9 9 0 3	
4	缴纳税款	应交税费-应交地方教…		3 9 9 3 5	
5	缴纳税款	应交税费-应交个人所…		1 3 2 0 5 8	
6	缴纳税款	银行存款-中国工商银…			2 3 2 8 4 9 4
7					
合计				2 3 2 8 4 9 4	2 3 2 8 4 9 4

图 5.87 税费凭证

记账凭证

*凭证类别 记账凭证 *凭证编号 0024 *制单日期 2019-12-08 附单据数 1

明细 汇总

序号	*摘要	*科目名称	辅助项	借方 亿千百十万千百十元角分	贷方 亿千百十万千百十元角分
1	缴纳社会保险费	应付职工薪酬-社会保…		3 4 6 1 5 4 2	
2	缴纳社会保险费	其他应收款-社会保险费		1 3 3 8 2 2 5	
3	缴纳社会保险费	银行存款-中国工商银…			4 7 9 9 7 6 7
4					
5					
合计				4 7 9 9 7 6 7	4 7 9 9 7 6 7

图 5.88 社会保险凭证

记账凭证

*凭证类别 记账凭证 *凭证编号 0025 *制单日期 2019-12-08 附单据数 1

明细 汇总

序号	*摘要	*科目名称	辅助项	借方 亿千百十万千百十元角分	贷方 亿千百十万千百十元角分
1	缴纳公积金	应付职工薪酬-住房公…		8 9 2 1 5 0	
2	缴纳公积金	其他应收款-住房公积金		8 9 2 1 5 0	
3	缴纳公积金	银行存款-中国工商银…			1 7 8 4 3 0 0
4					
5					
合计				1 7 8 4 3 0 0	1 7 8 4 3 0 0

图 5.89 住房公积金凭证

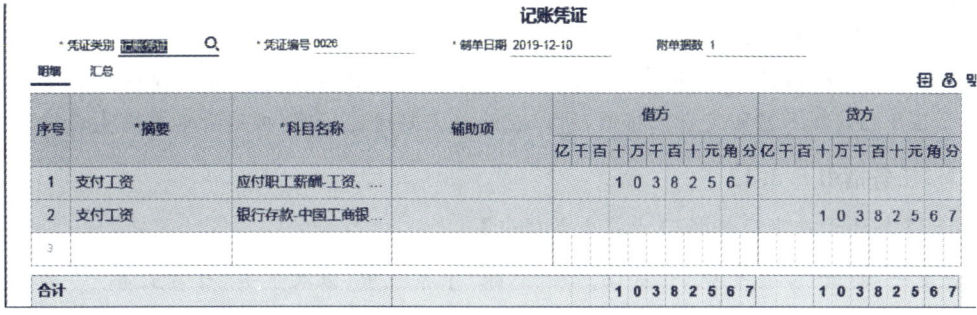

图 5.90 发放工资凭证

5.3.5 生成资产管理模块凭证

5.3.5.1 增加固定资产

▶ **任务发放 5.3.11**

会计于建飞根据资产卡片单据生成凭证(合并制单)。本笔业务是根据资产管理模块相关单据生成凭证,5.2.1 购置的固定资产已经新建卡片,所以在此仅需要通过单据生凭证功能生成凭证。

任务发放 5.3.11~5.3.13 操作视频

▶ **任务指引 5.3.11**

【会计于建飞根据资产卡片生成凭证】

进度一:打开"单据生凭证"窗口。在"总账"子系统中,依次单击"日常业务"|"单据生凭证",打开"单据生凭证"窗口。

进度二:选择单据来源。在"过滤分组"中选择"资产",在列表框中选中"单据类型"为资产卡片的"选择"按钮,单击工具栏的"下一步"按钮,在系统弹出的"查询条件"对话框中,直接单击"下一步"按钮,打开"查询结果"窗口。

进度三:生成凭证。先选中本业务生成的资产卡片单据,勾选"按合并规则设置合并号",然后单击工具栏的"生成凭证"按钮,打开"生成凭证"窗口,并默认显示了本业务资产卡片的相关信息。

进度四:保存凭证。单击工具栏的"保存"按钮。结果如图 5.91 所示。

图 5.91 新增资产凭证

5.3.5.2 计提本月固定资产折旧

任务发放 5.3.12

会计于建飞根据折旧/摊销清单生成凭证。本笔业务是根据资产管理模块相关单据生成凭证,5.2.2 已计提本月固定资产折旧,所以在此仅需要通过折旧/摊销清单单据生成凭证。

任务指引 5.3.12

单据生凭证 【会计于建飞根据折旧清单生成凭证】

进度一:打开"单据生凭证"窗口。在"总账"子系统中,依次单击"日常业务"|"单据生凭证",打开"单据生凭证"窗口。

进度二:选择单据来源。在"过滤分组"中选择"资产",在列表框中选中"单据类型"为资产卡片的选择按钮,单击工具栏的"下一步"按钮,在系统弹出的"查询条件"对话框中,直接单击"下一步"按钮,打开"查询结果"窗口。

进度三:生成凭证。先选中本业务生成的资产卡片单据,勾选"按合并规则设置合并号",然后单击工具栏的"生成凭证"按钮,打开"生成凭证"窗口,并默认显示了本业务资产卡片的相关信息。

进度四:保存凭证。单击工具栏的"保存"按钮。结果如图 5.92 所示。

记账凭证

*凭证类别 记账凭证　　*凭证编号 0028　　*制单日期 2019-12-31　　附单据数 1

明细　汇总

序号	*摘要	*科目名称	借方											贷方										
			亿	千	百	十	万	千	百	十	元	角	分	亿	千	百	十	万	千	百	十	元	角	分
1	计提折旧/摊销	销售费用-折旧费							4	0	4	1	7											
2	计提折旧/摊销	管理费用-折旧费						4	1	0	9	0	3											
3	计提折旧/摊销	累计折旧																	4	5	1	3	2	0
4																								
合计								4	5	1	3	2	0						4	5	1	3	2	0

图 5.92 计提折旧凭证

5.3.5.3 固定资产报废

任务发放 5.3.13

会计于建飞根据收入单和资产处置单生成凭证。本笔业务是根据资产管理模块相关单据生成凭证,5.1.6 已填制收入单、5.2.3 和 5.2.4 已做了相关业务,所以在此仅需要通过收入单和资产处置单单据生成凭证。

任务指引 5.3.13

单据生凭证 【会计于建飞根据资产处置单生成凭证】

进度一:打开"单据生凭证"窗口。在"总账"子系统中,依次单击"日常业务"|"单据生凭证"菜单项,打开"单据生凭证"窗口。

进度二:选择单据来源。在列表框中选中"单据类型"为处置单的"选择"按钮,单击工具栏的"下一步"按钮,在系统弹出的"查询条件"对话框中,直接单击"下一步"按钮,打开"查询结果"窗口。

进度三:生成凭证。选中本业务生成的资产卡片单据,编辑"按合并规则设置合并号"为☑,然后单击工具栏的"生成凭证"按钮,打开"生成凭证"窗口,并默认显示了本业务资产卡片的相关信息。

进度四:保存凭证。单击工具栏的"保存"按钮。结果如图5.93所示。

记账凭证

*凭证类别 记账凭证　　　*凭证编号 0035　　　*制单日期 2019-12-31　　　附单据数 1

明细　汇总

序号	*摘要	*科目名称	借方 亿千百十万千百十元角分	贷方 亿千百十万千百十元角分
1	报废	累计折旧	1 7 5 1 3 9	
2	报废	固定资产清理	3 2 4 8 6 1	
3	报废	固定资产		5 0 0 0 0 0
4				
5				
合计			5 0 0 0 0 0	5 0 0 0 0 0

图5.93 资产处置凭证

【会计于建飞编制固定资产清理转营业外支出凭证】

进度一:打开"填制凭证"窗口。在"总账"子系统中,单击"填制凭证"菜单项,打开"填制凭证"窗口。

进度二:新增凭证。单击"填制凭证"窗口中的"增加"按钮,新增一张记账凭证。

进度三:编辑凭证和查询明细余额。在凭证的"摘要"栏中参照生成或录入"结转固定资产清理至营业外支出",在第2行的"科目名称"栏中参照生成或录入固定资产清理,然后单击工具中"联查"按钮下拉框"明细账",系统弹出"科目明细账"对话框,查询余额,结果如图5.94所示。

1606 固定资产清理明细账

科目 1606 固定资产清理　　　期间:2019.12 - 2019.12

序号	日期	凭证字号	摘要	借方	贷方	方向	余额
1			期初余额			平	
2	2019-12...	记-0033	(未记账)现...		400.00	贷	400.00
3	2019-12...	记-0034	(未记账)报废	3,248.61		借	2,848.61
4	2019.12		本月合计	3,248.61	400.00	借	2,848.61
5	2019.12		本年累计	3,248.61	400.00	借	2,848.61
6							

图5.94 科目明细账

进度四：编辑并保存凭证。在第 2 行"贷方"栏中输入 2 848.61，并按回车键。在第 1 行的"科目名称"中参照生成或录入营业外支出——非流动资产处置损失，在"借方"栏按"="号，由系统自动填充金额（2 848.61）。

进度五：保存凭证。单击工具栏中的"保存"按钮，系统提示保存成功，结果如图 5.95 所示。

图 5.95　固定资产清理转营业外支出

5.3.6　计提并结转相关税费

财务部月末会对摊销、计提等业务进行处理。大部分业务涉及的科目都相对固定，这样可以通过自定义转账模板完成自动转账功能。畅捷通 T+提供模板设置功能，月末可以根据设置的模板内容批量生成相应的会计凭证。

畅捷通 T+支持以下两种结转模板：

（1）转账类别——公式结转，适用于：①月末转账凭证的科目及借贷方向比较固定（只能是末级科目）；②各分录的金额、本币、数量的值可以通过函数取数获得。

（2）转账类别——对应结转，需注意：①要定义转出科目和转入科目（月末把某个或多个科目的余额结转到另外一个或多个科目的余额中，可以是非末级科目）；②模板上不定义借贷方向，生成凭证时由转出科目的性质方向确定分录方向（转出科目性质为借方，转出科目生成的分录为贷方，对应转入科目生成的分录为借方）；③分录的金额、本币、数量不需要设置，默认为转出科目的期末余额。要结合定义的转账比例，即在取出的期末余额的基础上乘以比例。

本模块涉及的自定义转账类别均为公式结转。

▶ **任务发放 5.3.14**

2019 年 12 月 31 日，计算本月应交的增值税、城市维护建设税、教育费附加和地方教育附加。

▶ **任务指引 5.3.14**

【会计于建飞进行"计提未交增值税"的自定义结转设置】

任务发放 5.3.14
操作视频

进度一：打开"自定义转账设置"窗口。在"总账"子系统中，依次单击"期末处理"|"自定义结转"，打开"自定义转账设置"窗口。

进度二：增加计提未交增值税转账公式。单击工具栏的"转账设置"按钮，在打开的对话框中编辑"转账编号"为 0001，"转账说明"为"计提未交增值税"，"转账类别"为公式结转。

进度三：编辑转账公式。具体操作如下。

(1) 编辑第 1 行。在“科目编码”栏中输入 22210104(转出未交增值税)，“方向”为借方，单击“金额公式”参照按钮，弹出“公式向导”对话框；在该对话框中，选择“公式名称”为 QM()(期末余额)，单击“参照输入”，“科目编码”为 22210106(应交税费/应交增值税/销项税额)，“会计年度”为“年”，“会计期间”为“月”，“方向”为“贷”，单击“确定”按钮，返回“公式向导”窗口；选择运算符号“ - ”，选择“公式名称”为 QM()(期末余额)，单击“参照输入”，“科目编码”为 22210101(应交税费/应交增值税/进项税额)，“会计年度”为“年”，“会计期间”为“月”，“方向”为“借”，单击“确定”按钮，返回“公式向导”窗口；选择运算符号“ + ”，选择“公式名称”为 QM()(期末余额)，单击“参照输入”，“科目编码”为 22210108(应交税费/应交增值税/进项税额转出)，“会计年度”为“年”，“会计期间”为“月”，“方向”为“贷”，单击“确定”按钮，其结果公式为“QM("22210106","RMB","年","月","贷")－QM("22210101","RMB","年","月","借")＋QM("22210108","RMB","年","月","贷")”。

(2) 编辑第 2 行。在“科目编码”栏输入 222102(应交税费/未交增值税)，“方向”为“贷方”。单击“金额公式”参照按钮，在弹出的“公式向导”对话框中，选择“公式名称”为 JG()(结果含税)，单击“参照输入”，“科目编码”为 22210104(应交税费/应交增值税/转出未交增值税)，“会计年度”为“年”，“会计期间”为“月”，“方向”为“贷”，单击“确定”按钮，返回“公式向导”对话框，再单击“确定”按钮，返回“自定义转账设置”窗口，其公式结果为“JG ("22210104","")”。

进度四：保存。单击工具栏的“保存”按钮，保存“计提未交增值税”的公式定义，结果如图 5.96 所示。

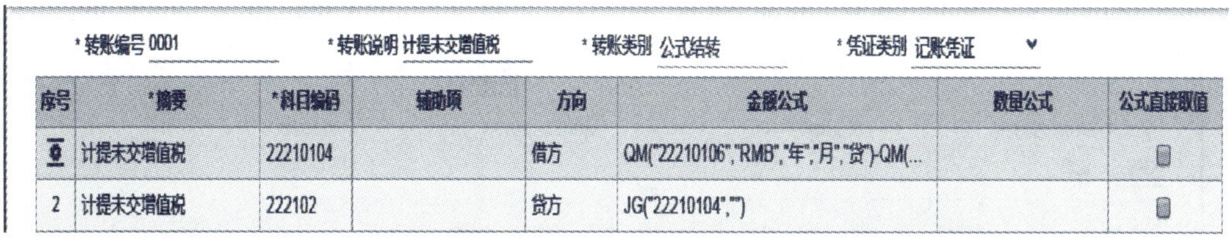

*转账编号 0001　*转账说明 计提未交增值税　*转账类别 公式结转　*凭证类别 记账凭证

序号	*摘要	*科目编码	辅助项	方向	金额公式	数量公式	公式直接取值
1	计提未交增值税	22210104		借方	QM("22210106","RMB","年","月","贷")-QM(...		
2	计提未交增值税	222102		贷方	JG("22210104","")		

图 5.96　自定义未交增值税

进度五：重复步骤同进度三，依据 7%、3%、2%计提比例，完成计提城市维护建设税、教育费附加和地方教育附加的自定义转账设置。结果为图 5.97 至图 5.99 所示。

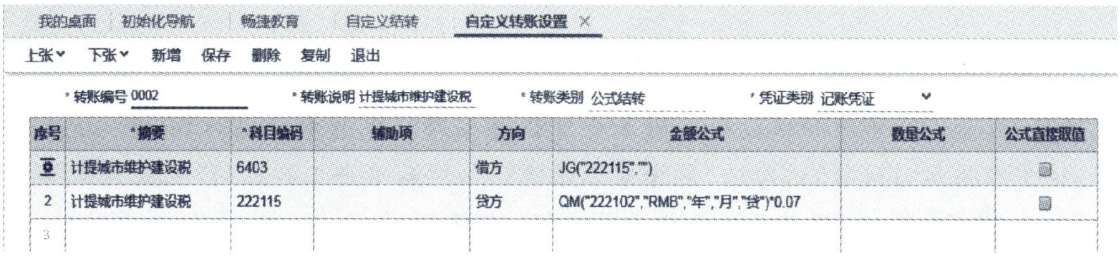

我的桌面　初始化导航　畅捷教育　自定义结转　自定义转账设置

上张　下张　新增　保存　删除　复制　退出

*转账编号 0002　*转账说明 计提城市维护建设税　*转账类别 公式结转　*凭证类别 记账凭证

序号	*摘要	*科目编码	辅助项	方向	金额公式	数量公式	公式直接取值
1	计提城市维护建设税	6403		借方	JG("222115","")		
2	计提城市维护建设税	222115		贷方	QM("222102","RMB","年","月","贷")*0.07		
3							

图 5.97　城市维护建设税

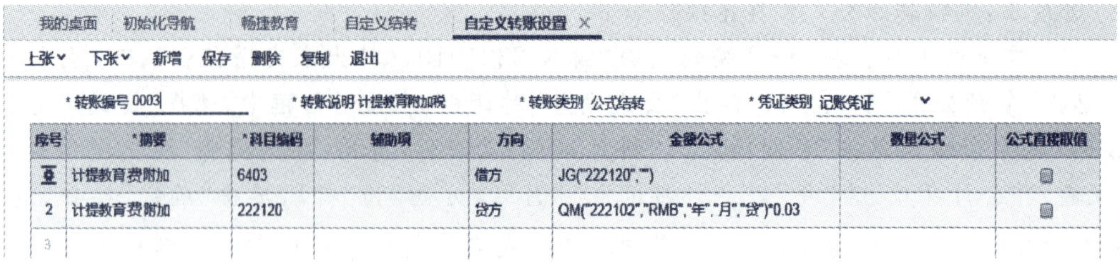

图 5.98　教育费附加

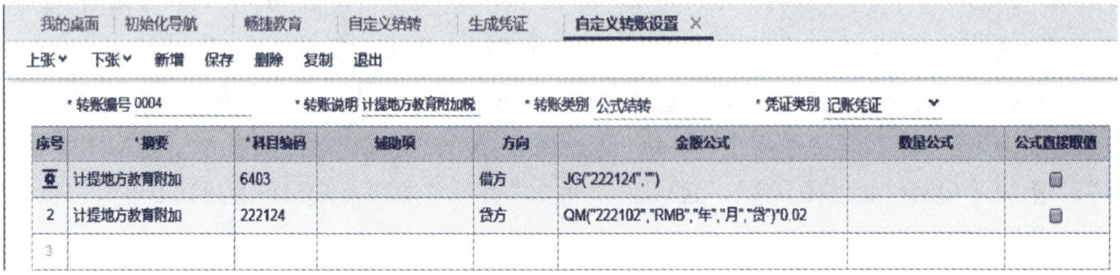

图 5.99　地方教育附加

进度六：退出。单击"自定义转账"窗口的"关闭"按钮,关闭并退出该窗口。

【会计于建飞进行自定义结转凭证生成】

进度一：打开"自定义结转"窗口。在"总账"子系统中,依次单击"期末处理"|"自定义结转"菜单项,打开"自定义结转"窗口。

进度二：生成未交增值税凭证并保存。双击转账编码为 0001 的记录行,选中栏显示勾选状态,表明选中了这一行,编辑"包含未记账凭证"为勾选状态,然后单击工具栏的"生成凭证"按钮,打开"生成凭证"窗口,单击"保存"按钮,保存该凭证。结果如图 5.100 所示。

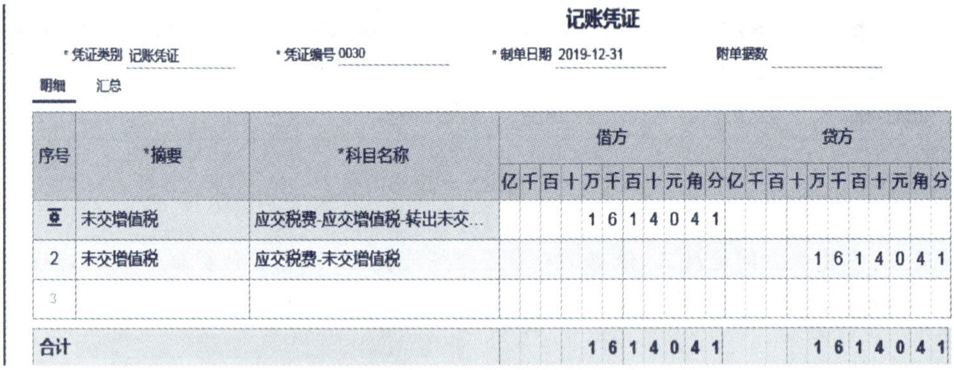

图 5.100　未交增值税凭证

进度三：生成城市维护建设税及附加费凭证并保存。先选中编码为 0002-0004 的记录行,选中栏显示勾选状态,勾选"包含未记账凭证",然后单击工具栏的"生成凭证"按钮,打开"生成凭证"窗口,单击"批量保存"按钮,凭证批量保存。结果如图 5.101 至图 5.103 所示。

图 5.101　城市维护建设税凭证

图 5.102　教育费附加凭证

图 5.103　地方教育附加凭证

进度四：退出。单击"生成凭证"窗口中的"退出"按钮，退出该窗口并返回"自定义结转"窗口。单击工具栏的"退出"按钮，退出该窗口。

5.3.7　计提工资、单位承担的社会保险费及住房公积金

▶ 任务发放 5.3.15

2019 年 12 月 31 日，计提分配本月工资、单位承担的社会保险费和住房公积金，具体如图 5.104 所示。

任务发放 5.3.15
操作视频

2019年社保及公积金汇总表

部门	应付工资	企业社保						个人社保				社保合计	住房公积金		住房公积金合计
		养老保险 16%	医疗保险 9.50%	失业保险 0.50%	生育保险 1%	工伤保险 0.16%	小计	养老保险 8%	医疗保险 2%	失业保险 0.50%	小计		企业 7%	个人 7%	
总经办	17,300.00	2,768.00	1,643.50	86.50	173.00	27.68	4,698.68	1,384.00	346.00	86.50	1,816.50	6,515.18	1,211.00	1,211.00	2,422.00
行政部	14,600.00	2,336.00	1,387.00	73.00	146.00	23.36	3,965.36	1,168.00	292.00	73.00	1,533.00	5,498.36	1,022.00	1,022.00	2,044.00
财务部	19,600.00	3,136.00	1,862.00	98.00	196.00	31.36	5,323.36	1,568.00	392.00	98.00	2,058.00	7,381.36	1,372.00	1,372.00	2,744.00
销售部	15,100.00	2,416.00	1,434.50	75.50	151.00	24.16	4,101.16	1,208.00	302.00	75.50	1,585.50	5,686.66	1,057.00	1,057.00	2,114.00
采购部	14,300.00	2,288.00	1,358.50	71.50	143.00	22.88	3,883.88	1,144.00	286.00	71.50	1,501.50	5,385.38	1,001.00	1,001.00	2,002.00
营销部	14,600.00	2,336.00	1,387.00	73.00	146.00	23.36	3,965.36	1,168.00	292.00	73.00	1,533.00	5,498.36	1,022.00	1,022.00	2,044.00
仓储部	10,000.00	1,600.00	950.00	50.00	100.00	16.00	2,716.00	800.00	200.00	50.00	1,050.00	3,766.00	700.00	700.00	1,400.00
门店	10,650.00	1,704.00	1,011.75	53.25	106.50	17.04	2,892.54	852.00	213.00	53.25	1,118.25	4,010.79	745.50	745.50	1,491.00
信息部	11,300.00	1,808.00	1,011.75	53.25	106.50	17.04	2,996.54	852.00	213.00	53.25	1,118.25	4,114.79	745.50	745.50	1,491.00
小计	127,450.00	20,392.00	12,107.75	637.25	1,274.50	203.92	34,615.42	10,196.00	2,549.00	637.25	13,382.25	47,997.67	8,921.50	8,921.50	17,843.00

图 5.104 社保及公积金汇总表

▶ 任务指引 5.3.15

【会计于建飞根据社保及公积金汇总表填制凭证】

进度一:打开"填制凭证"窗口。在"总账"子系统中,依次单击"总账"|"填制凭证",打开"填制凭证"窗口。

进度二:新增凭证。单击"填制凭证"窗口中的"增加"按钮,新增一张记账凭证。

进度三:编辑凭证。在凭证的"摘要"栏中参照生成或录入"计提12月份员工工资",在第1行的"科目名称"栏中参照生成或录入销售费用——工资奖金,在"借方"栏中输入 40 350,并按回车键;在第2行的"科目名称"栏中参照生成或录入管理费用——工资奖金,在"借方"栏中输入 87 100,并按回车键;在第3行的"科目名称"栏中参照生成或录入应付职工薪酬——工资、奖金、津贴和补贴,在"贷方"栏中输入 127 450,并按回车键。

进度四:保存凭证。单击工具栏的"保存"按钮,系统提示保存成功。结果如图 5.105 所示。

记账凭证

*凭证类别 记账凭证　　*凭证编号 0042　　*制单日期 2019-12-31　　附单据数 1

序号	*摘要	*科目名称	借方	贷方
1	计提12月份员工工资	销售费用-工资奖金	4035000	
2	计提12月份员工工资	管理费用-工资奖金	8710000	
3	计提12月份员工工资	应付职工薪酬-工资…		12745000
4				
合计			12745000	12745000

图 5.105 计提员工工资

进度七:重复进度三和进度四,填制计提社会保险费和住房公积金。结果如图 5.106 和图 5.107 所示。

记账凭证

*凭证类别 记账凭证　　*凭证编号 0043　　*制单日期 2019-12-31　　附单据数 1

序号	*摘要	*科目名称	借方 亿千百十万千百十元角分	贷方 亿千百十万千百十元角分
1	计提社会保险费	销售费用-社会保险费	1 0 9 5 9 0 6	
2	计提社会保险费	管理费用-社会保险费	2 3 6 5 6 3 6	
3	计提社会保险费	应付职工薪酬-社…		3 4 6 1 5 4 2
4				
合计			3 4 6 1 5 4 2	3 4 6 1 5 4 2

图 5.106　计提社会保险费

记账凭证

*凭证类别 记账凭证　　*凭证编号 0044　　*制单日期 2019-12-31　　附单据数 1

序号	*摘要	*科目名称	借方 亿千百十万千百十元角分	贷方 亿千百十万千百十元角分
1	计提公积金	销售费用-住房公积金	2 8 2 4 5 0	
2	计提公积金	管理费用-住房公积金	6 0 9 7 0 0	
3	计提公积金	应付职工薪酬-住房…		8 9 2 1 5 0
4				
合计			8 9 2 1 5 0	8 9 2 1 5 0

图 5.107　计提住房公积金

5.3.8　凭证签字、审核、记账

▶ **任务发放 5.3.16**

出纳吴芳芳对凭证进行签字;财务部经理张金凯对凭证进行审核;会计于建飞对凭证进行记账。

▶ **任务指引 5.3.16**

【出纳吴芳芳对凭证进行签字】

进度一:打开"出纳签字列表"窗口。在"总账"子系统中,单击"出纳签字"菜单项,弹出"出纳签字"对话框,单击"确定"按钮,打开"出纳签字列表"窗口。

进度二:出纳签字。在"出纳签字列表"窗口中进行如下操作:

(1)单张签字。双击第一张凭证所在的行,进入该凭证的"出纳签字"窗口。查阅信息

任务发放 5.3.16
操作视频

无误后单击工具栏的"签字"按钮,即在凭证下方"出纳"处显示"吴芳芳"的名字,表示该张凭证出纳已签字完成。

(2)成批签字。单击工具栏的"下张凭证"或"上张凭证"按钮,查阅所有未经出纳签字的收付款凭证,审核信息无误后,单击工具栏的"批处理/成批出纳签字"菜单项,以完成对所有未签字凭证的出纳签字工作。

进度三:退出。单击"出纳签字"和"出纳签字列表"窗口中的"关闭"按钮,关闭并退出窗口。

【财务部经理张金凯对凭证进行主管审核】

进度一:打开"凭证审核列表"窗口。在"总账"子系统中,单击"凭证审核"菜单项,系统弹出"凭证审核"过滤条件对话框,单击"确定"按钮,打开"凭证审核列表"窗口。

进度二:会计主管审核。在"凭证审核列表"窗口中进行如下操作:

(1)单张审核。双击报销差旅费凭证所在行,进入该凭证的"审核凭证"窗口查阅信息无误后单击工具栏的"审核"按钮,即在凭证下方"审核"处显示"张金凯"的名字,表示该张凭证审核完成,并且自动打开下一张凭证。

(2)成批审核。单击工具栏的"下张凭证"或"上张凭证"按钮,查阅到所有需要审核的凭证,审核信息无误后,单击工具栏的"批处理成批审核凭证"菜单项,以完成对所有未审核凭证的审核工作。

进度三:退出。单击"审核凭证"窗口和"凭证审核列表"窗口中的"关闭"按钮,关闭并退出该窗口。

【会计于建飞进行凭证记账】

进度一:打开"记账"对话框。在"总账"子系统中,单击"记账"菜单项,打开"记账"对话框。

进度二:会计记账。单击对话框中的"全选""记账"按钮,系统自动完成记账工作,并给出信息提示框和记账报告,单击提示框中的"确定"按钮,系统返回"记账"对话框。

进度三:退出。单击"记账"对话框中的"退出"按钮,退出该对话框。

5.3.9 结转期间损益

会计期末时,应将各损益类科目的余额转入"本年利润"科目,以反映企业在一个会计期间内实现的利润或亏损总额。

收入类科目:"主营业务收入""其他业务收入""投资收益""公允价值变动损益""营业外收入"。

成本费用类科目:"主营业务成本""税金及附加""其他业务成本""销售费用""管理费用""财务费用""营业外支出""所得税费用"。

▶ **任务发放 5.3.17**

2019年12月31日,利用期间损益结转方式进行期间损益结转,要求收入和支出分别制单。本笔业务是月末期间损益结转业务,需要先设置期间损益结转的科目,然后分别对收入和支出进行期间损益制单,最后进行相应凭证的主管签字、审核以及凭证记账。

任务发放 5.3.17 操作视频

任务指引 5.3.17

【会计于建飞进行期间损益转账设置】

进度一：打开"期间损益结转"窗口。在"总账"子系统中，依次单击"期末处理"|"期间损益结转"，打开"期间损益结转设置"窗口。

进度二：设置"本年利润"科目。在"期间损益结转设置"对话框中，参照输入或直接输入"本年利润科目"为本年利润，勾选"收入支出分别结转"，然后单击"生成凭证"按钮。结果如图 5.108 和图 5.109 所示。

记账凭证

*凭证类别 记账凭证 *凭证编号 0048 *制单日期 2019-12-31 附单据数

序号	摘要	科目名称	借方	贷方
1	结转期间损益	主营业务收入	1 1 3 4 1 2 7 5 0	
2	结转期间损益	营业外收入-盘盈利得	6 0 0 0	
3	结转期间损益	本年利润		1 1 3 4 1 8 7 5 0
4				
合计			1 1 3 4 1 8 7 5 0	1 1 3 4 1 8 7 5 0

图 5.108 结转收入

记账凭证

*凭证类别 记账凭证 *凭证编号 0049 *制单日期 2019-12-31 附单据数

序号	摘要	科目名称	借方	贷方
1	结转期间损益	本年利润	9 4 1 1 1 1 4 9	
2	结转期间损益	主营业务成本		7 4 0 4 0 2 0 8
3	结转期间损益	税金及附加		1 9 3 6 8 5
4	结转期间损益	销售费用-工资奖金		4 0 3 5 0 0 0
5	结转期间损益	销售费用-社会保险费		1 0 9 5 9 0 6
6	结转期间损益	销售费用-住房公积金		2 8 2 4 5 0
7	结转期间损益	销售费用-差旅费		3 2 5 1 2 6
8	结转期间损益	销售费用-折旧费		4 0 4 1 7
合计			9 4 1 1 1 1 4 9	9 4 1 1 1 1 4 9

图 5.109 结转支出

进度三：期间损益结转凭证生成。单击"期间损益结转"窗口中的"生成凭证"按钮，打开"生成凭证"窗口。

进度四：保存。单击工具栏的"保存"按钮，系统保存该收入类凭证；单击工具栏的"下张"按钮（" "图标），在"生成凭证"窗口中打开支出类凭证；单击工具栏中的"保存"按钮，系统保存该支出类凭证。

进度五：退出。单击工具栏中的"退出"按钮，退出"生成凭证"窗口。

【财务部经理张金凯对凭证进行主管审核】

具体操作详见任务指引 5.3.16。

【会计于建飞进行凭证记账】

具体操作详见任务指引 5.3.16。

5.3.10 计提并结转本月企业所得税

根据会计制度，本公司的企业所得税税率为25％，按月计提，按月预缴，全年汇算清缴，其计算公式为：企业所得税＝本年利润×25％。

▶ **任务发放 5.3.18**

2019年12月31日，计提并结转本月企业所得税。本笔业务是计提并结转本月企业所得税业务，需要使用自定义转账方式和期间损益结转方式生成企业所得税费的凭证，并进行凭证的主管签字、审核与记账，具体的内容包括：计算本月企业所得税的自定义转账设置与制单、所得税费用结转的凭证生成、凭证的主管签字与审核、凭证的会计记账。

任务发放 5.3.18
操作视频

▶ **任务指引 5.3.18**

【会计于建飞进行自定义结转设置】

进度一：打开"自定义转账设置"窗口。在"总账"子系统中，依次单击"期末处理"|"自定义结转"，打开"自定义转账设置"窗口。

进度二：增加计提企业所得税转账公式。单击工具栏的"转账设置"按钮，在打开的对话框中编辑"转账编号"为0005，"转账说明"为"计提企业所得税"，"转账类别"为公式结转。

进度三：编辑转账公式。具体操作如下：

（1）编辑第1行。编辑"科目编码"为6801（所得税费用），"方向"为借方，单击"金额公式"参照按钮，系统弹出"公式向导"对话框；在该对话框中，选择"公式名称"为QM()，单击"参照输入"，编辑"科目编码"为4103（本年利润），"会计年度"为年，"会计期间"为月，"方向"为贷，单击"确定"按钮，返回"公式向导"对话框，返回"自定义转账设置"窗口；将光标移至公式末尾，输入"＊0.25"，选择运算符号"—"，选择"公式名称"为QC()（期初余额），单击"参照输入"，编辑"科目编码"为4103（本年利润），"会计年度"为年，"会计期间"为月，"方向"为贷，单击"确定"按钮，返回"自定义转账设置"窗口；将光标移至公式末尾，输入"＊0.25"，其公式结果为"QM("4103","RMB","年","月")＊0.25—QC("4103","RMB","年","月")＊0.25"。

（2）编辑第2行。编辑"科目编码"为222113（应交所得税），"方向"为贷，选择"金额公式"为JG("6801","")（取对方科目计算结果）。

进度四：保存。单击工具栏的"保存"按钮，保存"计提企业所得税"的公式定义。结果如图5.110所示。

进度五：退出。单击"自定义转账"窗口的"关闭"按钮，关闭并退出该窗口。

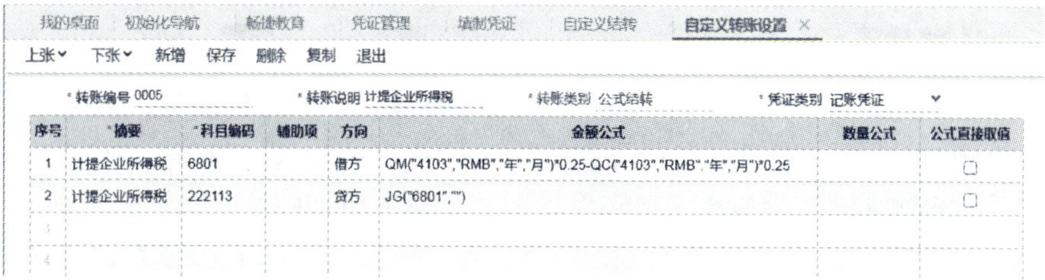

序号	*摘要	*科目编码	辅助项	方向	金额公式	数量公式	公式直接取值
1	计提企业所得税	6801		借方	QM("4103","RMB","年","月")*0.25-QC("4103","RMB","年","月")*0.25		☐
2	计提企业所得税	222113		贷方	JG("6801","")		☐
3							
4							

图 5.110　自定义企业所得税设置

自定义结转【会计于建飞进行自定义结转凭证生成】

进度一:打开"自定义结转"窗口。在"总账"子系统中,依次单击"期末处理"|"自定义结转",打开"自定义结转"窗口。

进度二:生成并保存转账凭证。双击转账编码为 0005 的记录行,选中栏显示勾选状态,表明选中了这一行,然后单击工具栏的"生成凭证"按钮,打开"生成凭证"窗口,单击"保存"按钮,保存该凭证。结果如图 5.111 所示。

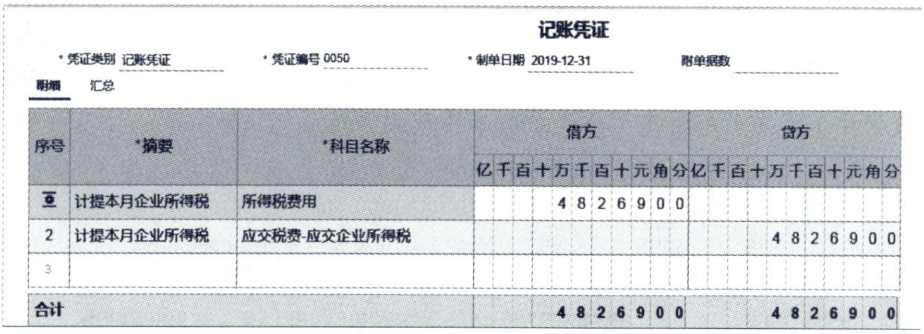

序号	*摘要	*科目名称	借方（亿千百十万千百十元角分）	贷方（亿千百十万千百十元角分）
1	计提本月企业所得税	所得税费用	4 8 2 6 9 0 0	
2	计提本月企业所得税	应交税费-应交企业所得税		4 8 2 6 9 0 0
3				
合计			4 8 2 6 9 0 0	4 8 2 6 9 0 0

图 5.111　所得税凭证

进度三:退出。单击"生成凭证"窗口中的"退出"按钮,退出该窗口并返回"自定义结转"窗口,单击工具栏的"退出"按钮,退出该窗口。

审核凭证【财务部经理张金凯对凭证进行主管审核】

具体操作详见任务指引 5.3.16。

记账【会计于建飞对凭证进行记账】

具体操作详见任务指引 5.3.16。

期间损益结转【会计于建飞进行所得税结转凭证生成】

具体操作步骤同期间损益结转,可参见任务指引 5.3.17。结果如图 5.112 所示。

审核凭证【财务经理部张金凯对凭证进行主管审核】

具体操作详见任务指引 5.3.16。

记账【会计于建飞进行凭证记账】

具体操作详见任务指引 5.3.16。

记账凭证

* 凭证类别 记账凭证　* 凭证编号 0052　* 制单日期 2019-12-31　附单据数

明细　汇总

序号	*摘要	*科目名称	借方											贷方										
			亿	千	百	十	万	千	百	十	元	角	分	亿	千	百	十	万	千	百	十	元	角	分
	结转期间损益	本年利润					4	8	2	6	9	0	0											
2	结转期间损益	所得税费用																4	8	2	6	9	0	0
3																								
合计							4	8	2	6	9	0	0					4	8	2	6	9	0	0

图 5.112　结转企业所得税

5.3.11　结转年度利润

年度终了，企业应将全年实现的利润总额，由“本年利润”科目转入“利润分配”科目，借记“本年利润”科目，贷记“利润分配——未分配利润”科目；如为亏损总额，则作相反分录。

任务发放 5.3.19

2019 年 12 月 31 日，利用自定义公式结转本年利润。

任务发放 5.3.19
操作视频

任务指引 5.3.19

自定义结转 【会计于建飞利用自定义公式结转本年利润并生成凭证】

结转本年利润的公式如图 5.113 所示。

我的桌面　初始化导航　畅捷教育　凭证管理　填制凭证　自定义结转　自定义转账设置 ×

上张　下张　新增　保存　删除　复制　退出

* 转账编号 0006　* 转账说明 结转本年利润　* 转账类别 公式结转　* 凭证类别 记账凭证

序号	*摘要	*科目编码	辅助项	方向	金额公式	数量公式	公式直接取值
1	结转本年利润	4103		借方	QM("4103","RMB","年","月")		☐
2	结转本年利润	410401		贷方	CE()		☐
3							
4							

图 5.113　自定义结转本年利润公式

操作同任务指引 5.3.17。结果如图 5.114 所示。

记账凭证

* 凭证类别 记账凭证　* 凭证编号 0053　* 制单日期 2019-12-31　附单据数

明细　汇总

序号	*摘要	*科目名称	借方											贷方										
			亿	千	百	十	万	千	百	十	元	角	分	亿	千	百	十	万	千	百	十	元	角	分
	结转本年利润	本年利润				7	0	2	8	0	7	0	1											
2	结转本年利润	利润分配-未分配利润															7	0	2	8	0	7	0	1
3																								
合计						7	0	2	8	0	7	0	1				7	0	2	8	0	7	0	1

图 5.114　结转本年利润凭证

【财务部经理张金凯对凭证进行主管审核】

具体操作详见任务指引 5.3.16。

【会计于建飞对凭证进行记账】

具体操作详见任务指引 5.3.16。

5.3.12 利润分配处理和结转利润分配各明细科目

利润分配是企业在一定时期（通常为年度）内对所实现的利润总额以及从联营单位分得的利润，按规定在国家与企业、企业与企业之间的分配。年度终了，利润分配方案经股东会批准并由董事会宣布，或由投资各方依据章程规定确定分配方案，借记相关科目，贷记"利润分配"相关明细科目；年度决算后，再将"利润分配"其他各明细科目的余额全部转入"利润分配——未分配利润"明细科目。

▶ **任务发放 5.3.20**

2019 年 12 月 31 日，利用自定义公式根据净利润的 10% 提取法定盈余公积，按照公司章程根据净利润的 20% 分配股利。

▶ **任务指引 5.3.20**

【会计于建飞利用自定义公式提取法定盈余公积、分配股利并生成凭证】

添加科目 410101（盈余公积——法定盈余公积）、410402（利润分配——提取法定盈余公积）、410403（利润分配——股利分配）。

提取法定盈余公积自定义公式、分配股利自定义公式以及生成相应的凭证如图 5.115 至图 5.118 所示，具体操作同任务指引 5.3.16。

*转账编号 0007		*转账说明 提取法定盈余公积		*转账类别 公式结转		*凭证类别 记账凭证
序号	*摘要	*科目编码	辅助项	方向	金额公式	
1	提取法定盈余公积	410402		借方	FS("410401","RMB","年","月","贷")*0.1	
2	提取法定盈余公积	410101		贷方	CE()	

图 5.115 提取法定盈余公积自定义公式

*转账编号 0008		*转账说明 分配股利		*转账类别 公式结转		*凭证类别 记账凭证
序号	*摘要	*科目编码	辅助项	方向	金额公式	
1	分配股利	410403		借方	FS("410401","RMB","年","月","贷")*0.2	
2	分配股利	2232		贷方	CE()	

图 5.116 分配股利自定义公式

【财务部经理张金凯对凭证进行主管审核】

具体操作详见任务指引 5.3.16。

【会计于建飞对凭证进行记账】

具体操作详见任务指引 5.3.16。

记账凭证

* 凭证类别 记账凭证　* 凭证编号 0054　* 制单日期 2019-12-31　附单据数

明细　汇总

序号	*摘要	*科目名称	借方											贷方										
			亿	千	百	十	万	千	百	十	元	角	分	亿	千	百	十	万	千	百	十	元	角	分
	提取法定盈余公积	利润分配-提取法定盈余...					7	0	2	8	0	7	0											
2	提取法定盈余公积	盈余公积-法定盈余...																7	0	2	8	0	7	0
3																								
合计							7	0	2	8	0	7	0					7	0	2	8	0	7	0

图 5.117　提取法定盈余公积凭证

记账凭证

* 凭证类别 记账凭证　* 凭证编号 0054　* 制单日期 2019-12-31　附单据数

明细　汇总

序号	*摘要	*科目名称	借方											贷方										
			亿	千	百	十	万	千	百	十	元	角	分	亿	千	百	十	万	千	百	十	元	角	分
	分配股利	利润分配-股利分配				1	4	0	5	6	1	4	0											
2	分配股利	应付股利															1	4	0	5	6	1	4	0
3																								
合计						1	4	0	5	6	1	4	0				1	4	0	5	6	1	4	0

图 5.118　分配股利凭证

任务发放 5.3.21

2019 年 12 月 31 日，利用自定义公式结转“利润分配”其他各明细科目至“利润分配——未分配利润”明细科目。

任务指引 5.3.21

自定义结转 【会计于建飞利用自定义公式结转利润分配并生成凭证】

自定义结转利润分配公式以及生成相成相应的凭证如图 5.119 和图 5.120 所示，具体操作同任务指引 5.3.16。

* 转账编号 0009　* 转账说明 转入利润分配　* 转账类别 公式结转　* 凭证类别 记账凭证

序号	*摘要	*科目编码	辅助项	方向	金额公式
1	转入利润分配	410401		借方	CE()
2	转入利润分配	410402		贷方	FS("410402","RMB","年","月","借")
	转入利润分配	410403		贷方	FS("410403","RMB","年","月","借")

图 5.119　自定义结转利润分配公式

序号	*摘要	*科目名称	借方 亿千百十万千百十元角分	贷方 亿千百十万千百十元角分
1	结转利润明细科目	利润分配-未分配利润	2 1 0 8 4 2 1 0	
2	结转利润明细科目	利润分配-提取盈余…		7 0 2 8 0 7 0
3	结转利润明细科目	利润分配-股利分配		1 4 0 5 6 1 4 0
4				
合计			2 1 0 8 4 2 1 0	2 1 0 8 4 2 1 0

图 5.120　结转利润分配各明细科目

【财务部经理张金凯对凭证进行主管审核】

具体操作详见任务指引 5.3.16。

【会计于建飞对凭证进行记账】

具体操作详见任务指引 5.3.16。

【巩固提升】

(1) 根据模块 3 通关测试中综合实训的相关模块单据生成凭证。
(2) 2019 年 12 月 31 日,结转期间损益。
(3) 2019 年 12 月 31 日,计提并结转本月企业所得税,所得税税率为 25%。

任务 5.4　财 务 报 表

　　财务报表是指企业根据日常会计核算资料定期编制的,综合反映企业某一特定日期财务状况和某一会计期间经营成果、现金流量的总结性书面文件。它是企业财务报告的主要部分,是企业向外传递会计信息的主要手段。

　　T-UFO 报表系统是报表处理的工具。在 T-UFO 报表系统中,企业可以设计报表的格式和编制公式,从总账系统或其他子系统中读取有关的财务信息,自动编制各种财务报表(包括资产负债表、利润表、现金流量表等),对报表进行汇总,生成各种分析图表(如企业财务指标分析表)并按预定格式输出各种财务报表。T-UFO 报表系统主要有以下专业术语和功能内容:

　　(1) 格式设置:利用报表模板提供的丰富的格式设计功能,可根据实际需要设置表格的格式,如定义组合单元、画表格线、调整行高和列宽等。

　　(2) 公式设置:T-UFO 报表系统提供了绝对单元和相对单元计算公式的定义等功能,在格式状态下可以定义各种计算公式,在数据状态下可以进行单元格式的计算。

（3）表页：一个 T-UFO 报表最多可容纳 9 990 张表页，每一张表页是由许多单元组成的。报表中的所有表页具有相同的格式，但其中的数据不同。

5.4.1 利用 T-UFO 报表模板生成资产负债表

▶ **任务发放 5.4.1**

2019 年 12 月 31 日，利用"2007 年新会计准则科目"报表模板，生成 12 月份的"资产负债表"，并导出（文件名为："资产负债表.xls"）。

▶ **任务指引 5.4.1**

任务发放 5.4.1
操作视频

【财务部经理张金凯调用"资产负债表"报表模板】

进度一：打开"资产负债表（模板）"窗口。在"T-UFO"子系统中，依次单击"T-UFO"|"模板设计"，打开"模板设计"窗口，双击"模板编码"为会企01，"模板名称"为资产负债表，打开"资产负债表（模板）"窗口。

进度二：修改"资产负债表"模板格式。

（1）组合第 2 行单元格。选中第 2 行中的 A-F 列，依次单击"格式"|"组合\拆分单元格"|"组合单元格"菜单项，单击工具栏的"右对齐"按钮（"☰"图标）。

（2）组合第 3 行单元格。选中第 3 行中的 E-F 列，依次单击"格式"|"组合\拆分单元格"|"组合单元格"菜单项，单击工具栏的"右对齐"按钮（"☰"图标）。

（3）隐藏第 2、第 3 行网格线。选中单元格区域 A2:F3，单击工具栏的"显示隐藏网格线图标"。结果如图 5.121 所示。

图 5.121　资产负债表模板

进度三：保存报表模板。单击"资产负债表（模板）"窗口中的"文件"|"保存"菜单项，系统提示"模板保存成功"。

【财务部经理张金凯生成资产负债表数据并保存】

进度一：打开"资产负债表"窗口。在"T-UFO"子系统中，依次单击"T-UFO"|"财务报表"|"资产负债表"菜单项，弹出"生成报表"对话框，参数均为默认值；单击"确定"按钮，打开"资产负债表"窗口。当前状态为"数据"状态，系统会根据单元公式计算12月份的数据。结果如图5.122所示。

	A	B	C	D	E	F
1			资产负债表			
2						会企01表
3	单位：上海徽宁便利有限公司		2019年12月31日			单位：元
4	资产	期末余额	上年年末余额	负债和所有者权益（或股东权益）	期末余额	上年年末余额
5	流动资产：			流动负债：		
6	货币资金	1,962,068.23	52,815.23	短期借款	200,000.00	
7	交易性金融资产			交易性金融负债		
8	应收票据			应付票据		
9	应收账款	117,134.40	881,466.00	应付账款	713,704.00	234,075.00
10	预付款项			预收款项		
11	应收利息			应付职工薪酬	194,611.25	159,508.92
12	应收股利			应交税费	66,346.26	50,287.84
13	其他应收款	44,607.50	20,685.25	应付利息		
14	存货	1,502,425.92	1,192,675.00	应付股利		

图 5.122　资产负债表

进度二：保存12月份的资产负债表数据。单击"文件"|"保存"菜单项或工具栏的"保存"按钮，系统提示"报表保存成功"。

进度三：导出报表。单击"文件"|"导出"|"导出 Excel"菜单项，系统弹出"另存为"窗口，文件名为"资产负债表"，单击"保存"按钮，报表保存成功。

进度四：退出。单击"文件"|"退出"菜单项，关闭并退出窗口。

5.4.2　利用 T-UFO 报表模板生成利润表

▶ **任务发放 5.4.2**

2019年12月31日，利用"2007年新会计准则科目"报表模板，生成12月份的"利润表"，并导出（文件名为："利润表.xls"）。

任务发放 5.4.2
操作视频

▶ **任务指引 5.4.2**

【财务部经理张金凯调用"利润表"报表模板】

进度一：打开"利润表（模板）"窗口。在"T-UFO"子系统中，依次单击"T-UFO"|"模板设计"，打开"模板设计"窗口，双击"模板编码"为会企02，"模板名称"为利润表，打开"利润表（模板）"窗口。

进度二:修改"利润表"模板格式。

(1) 组合第 2 行单元格。选中第 2 行中的 A-D 列,依次单击"格式"|"组合\拆分单元格"|"组合单元格"菜单项,单击工具栏的"右对齐"按钮("☰"图标)。

(2) 组合第 3 行单元格。选中第 3 行中的 C、D 列,依次单击"格式"|"组合\拆分单元格"|"组合单元格"菜单项,单击工具栏的"右对齐"按钮("☰"图标)。

(3) 隐藏第 2、第 3 行网格线。选中单元格区域 A2:F3,单击工具栏的"显示隐藏网格线图标",结果如图 5.123 所示。

	A	B	C	D
1		利润表		
2				会企02表
3	公式单元	公式单元		单位:元
4	项　　目	本月金额	本年累计金额	上年同期累计
5	一、营业收入	公式单元	公式单元	公式单元
6	减:营业成本	公式单元	公式单元	公式单元
7	税金及附加	公式单元	公式单元	公式单元
8	销售费用	公式单元	公式单元	公式单元
9	管理费用	公式单元	公式单元	公式单元
10	财务费用	公式单元	公式单元	公式单元
11	资产减值损失	公式单元	公式单元	公式单元
12	加:公允价值变动收益(损失以"-"号填列)	公式单元	公式单元	公式单元

图 5.123　利润表模板

进度三:保存报表模板。在"利润表(模板)"窗口中的"文件"|"保存"菜单项,系统提示"模板保存成功"。

【财务部经理张金凯生成利润表数据并保存】

进度一:打开"利润表"窗口。在"T-UFO"子系统中,依次单击"T-UFO"|"财务报表"|"利润表"菜单项,弹出"生成报表"对话框,参数均为默认值;单击"确定"按钮,打开"利润表"。当前状态为"数据"状态,系统会根据单元公式计算 12 月份的数据。结果如图 5.124 所示。

进度二:保存 12 月份的利润表数据。单击"文件"|"保存"菜单项或工具栏的"保存"按钮,系统提示"报表保存成功"。

进度三:导出报表。单击"文件"|"导出"|"导出 Excel"菜单项,系统弹出"另存为"窗口,文件名为"利润表",单击"保存"按钮,报表保存成功。

进度四:退出。单击的"文件"|"退出"菜单项,关闭并退出窗口。

	A	B	C	D
1		利润表		
2				会企02表
3	单位：上海徽宁便利有限公司	2019年12月		单位：元
4	项　　目	本月金额	本年累计金额	上年同期累计
5	一、营业收入	1,134,127.50	27,814,127.50	
6	减：营业成本	740,402.08	16,716,402.08	
7	税金及附加	1,936.85	39,540.75	
8	销售费用	57,788.99	683,045.09	
9	管理费用	131,971.56	1,730,669.06	
10	财务费用	5,563.40	10,075.80	
11	资产减值损失			
12	加：公允价值变动收益（损失以"-"号填列）			

图 5.124　利润表

5.4.3　利用自定义报表功能编制货币资金表

▶ **任务发放 5.4.3**

2019 年 12 月 31 日，以财务部经理身份定义企业货币资金表（见图 5.125）并进行报表数据处理。

货币资金表			
单位：		年　月　日	
项目	行次	期初数	期末数
库存现金	1		
银行存款	2		
其他货币资金	3		
合计	4		
		制表人：	

图 5.125　货币资金表

▶ **任务指引 5.4.3**

【财务部经理张金凯设计报表模板，新增"货币资金表"报表模板】

进度一：打开"自定义模板"窗口。在"T-UFO"子系统中，依次单击"T-UFO"|"模板设计"菜单项，打开"模板设计"窗口，单击"模板分类"|"总账"|"自定义模板"菜单项。

进度二：新增模板设计，操作步骤如下。

任务发放 5.4.3
操作视频

(1) 在自定义模板分类下单击工具栏的"新增"按钮,系统弹出"模板设计"窗口,编辑"模板编码"为 001,"模板名称"为货币资金表,单击工具栏的"保存"按钮。结果如图 5.126 所示。

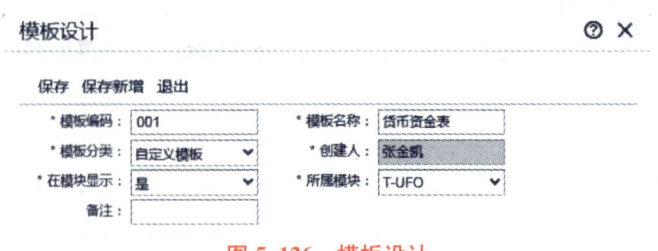

图 5.126　模板设计

(2) 退出。单击工具栏的"退出"按钮,退出"模板设计"窗口。

进度三:模板设计,操作步骤如下。

(1) 打开"货币资金表"窗口。在"模板设计"窗口选择货币资金表,单击工具栏的"模板设计"按钮,进入"报表格式设置"界面。

(2) 设置表大小。单击工具栏的"格式"|"设置表页大小",打开"设置表页大小"窗口,输入"行数"为 8、"列数"为 4,如图 5.127 所示,然后单击"确定"按钮。

(3) 输入表内文字。在 A1 单元格输入"货币资金表",然后按回车键;按货币资金表所示的内容在相应单元格中输入。结果如图 5.128 所示。

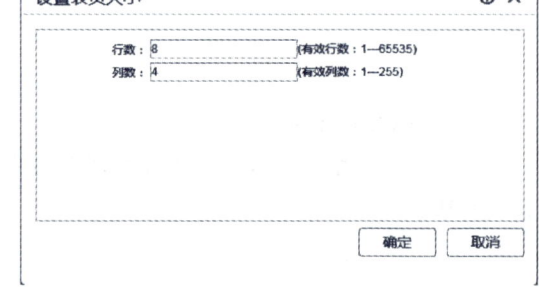

图 5.127　设置表页大小

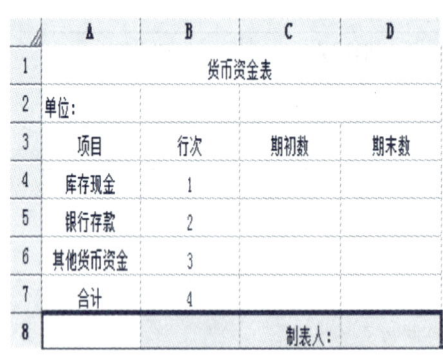

图 5.128　输入表内文字

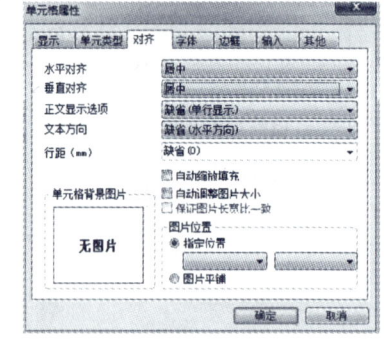

图 5.129　设置对齐

(4) 定义组合单元格。选择需要合并的单元格区域 A1:D1,单击"格式"|"组合"|"拆分单元格"|"组合单元格"菜单项,完成后,单元格区域 A1:D1 即合并成一个单元格。

(5) 设置单元格属性。①选中标题所在的组合单元格 A1,单击"格式"|"单元格格式"菜单项,打开"单元格属性"对话框。②切换到"对齐"选项卡,设置水平与垂直对齐方式均为"居中"。结果如图 5.129 所示。③切换到"字体"选项卡,设置"字体"为黑体、"字形"为普通、"字号"为 14。结果如图 5.130 所示。同理设置表体、表尾字体。

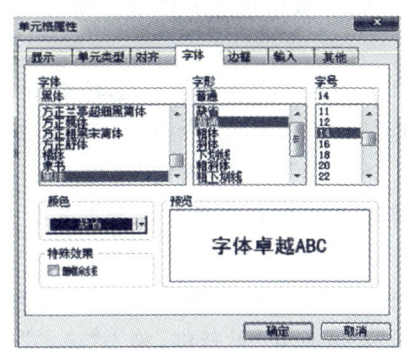 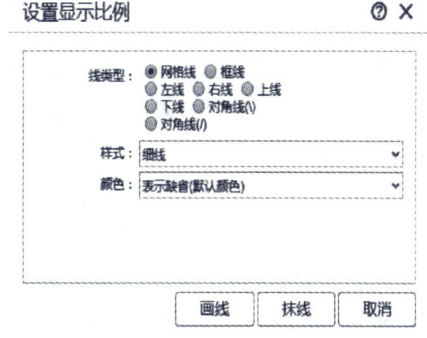

图 5.130　设置字体　　　　图 5.131　"区域画线"对话框

（6）画表格线。选中报表需要画线的单元格区域 A3:D6，单击"格式"|"区域画线"菜单项，打开"区域画线"对话框，如图 5.131 所示，选中"网格线"，选择"样式"为细线，单击"画线"按钮，将所选区域画上表格线。

进度四：定义报表公式，操作步骤如下。

（1）定义 C4 单元格公式。C4 单元格公式就是从总账中获取库存现金期初数。①选定被定义单元格 C4，即库存现金期初数。②单击"fx 函数"按钮，打开"定义公式"对话框。③在函数分类列表框中选择"期初余额（QC）"，单击"参照输入"按钮，打开"查询条件"对话框，"科目编码"选择为 1001，单击"确定"按钮，返回"公式向导"对话框，如图 5.132 所示，单击"确定"按钮，输入其他单元格公式。

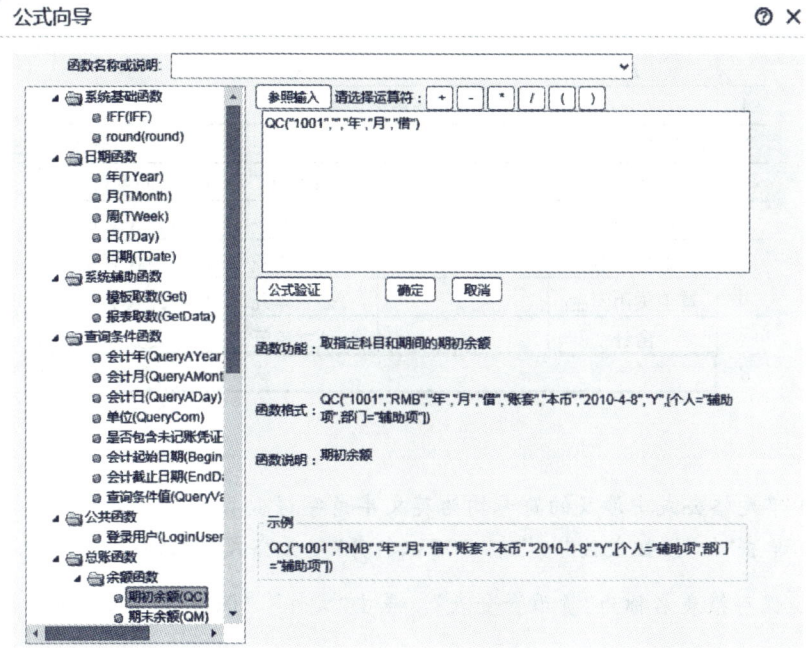

图 5.132　定义函数

（2）定义 C5 单元格公式。C5 单元格公式就是从总账中获取银行存款期初数，同 C4 单元格操作。

(3) 定义 C6 单元格公式。C6 单元格公式就是从总账中获取其他货币资金期初数,同 C4 单元格操作。

(4) 定义 C7 单元格公式。C7 单元格公式为:C7＝C4＋C5＋C6。①选择需要定义公式的单元格 C7,即期初数的合计单元格。②选择"数据"|"输入公式"命令,打开"定义公式"对话框。③在"定义公式"对话框内直接输入"＝C4＋C5＋C6",单击"确定"按钮。

(5) 定义 D4 单元格公式。D4 单元格公式就是从总账中获取库存现金期末数。①选定被定义单元格 D4,即库存现金期末数。②单击"fx 函数"按钮,打开"定义公式"对话框。③在函数分类列表框中选择"期初余额(QM)",单击"参照输入"按钮,打开"查询条件"对话框,"科目编码"选择为 1001,单击"确定"按钮,返回"公式向导"对话框,单击"确定"按钮。

(6) 定义 D5 单元格公式。D5 单元格公式就是从总账中获取银行存款期末数,同 D4 单元格操作。

(7) 定义 D6 单元格公式。D6 单元格公式就是从总账中获取其他货币资金期末数,同 D4 单元格操作。

(8) 定义 D7 单元格公式。D7 单元格公式为:D7＝D4＋D5＋D6,同 C7 单元格操作。

(9) 定义 A2 单元格公式。A2 单元格公式为"＝"单位:"＋QueryCom()",C2 单元格公式为"＝EndDate()",A7 单元格公式为"＝"制表人:"＋LoginUser()"。①选择需要定义公式的单元格 A2,即单位名称的合计单元格。②选择"数据"|"输入公式"命令,打开"定义公式"对话框。③在"定义公式"对话框内直接输入"单位:",单击运算符" + ",光标移至运算符号后,在函数列表框找到 QueryCom(),鼠标左键双击,再单击"确定"按钮。结果如图 5.133 所示。

	A	B	C	D
1	货币资金表			
2	公式单元			公式单元
3	项目	行次	期初数	期末数
4	库存现金	1	公式单元	公式单元
5	银行存款	2	公式单元	公式单元
6	其他货币资金	3	公式单元	公式单元
7	合计	4	公式单元	公式单元
8				公式单元

图 5.133　公式定义

注:(1) 单元格公式中涉及的符号均为英文半角字符。
　　(2) 单击"fx"按钮或按"="键,都可以打开"定义公式"对话框。

进度五:保存报表名称为"货币资金表"。点击"文件"|"保存"命令,系统提示"模板保存成功"。

注:(1) 报表格式设置完以后切记要及时将这张报表格式保存下来,以便以后随时调用。
　　(2) 如果没有保存就退出,系统会出现提示"数据未保存,是否保存?",以防误操作。

进度六：生成报表数据。

【财务部经理张金凯进行报表数据处理】

打开"货币资金表"窗口。在"T-UFO"子系统中，依次单击"T-UFO"｜"财务报表"｜"货币资金表"菜单项，系统弹出"生成报表"对话框，参数均为默认值，单击"确定"按钮，打开"货币资金表"。当前状态为"数据"状态，系统会根据单元格公式计算相关数据。结果如图5.134所示。

	A	B	C	D
1	货币资金表			
2	单位：上海徽宁便利有限公司			2019年12月31日
3	项目	行次	期初数	期末数
4	库存现金	1	9897.00	15297.00
5	银行存款	2	1330708.83	1787305.63
6	其他货币资金	3		
7	合计	4	1340605.83	1802602.63
8				制表人：张金凯

图5.134 报表数据

任务5.5 运营分析

通过总账系统，我们不仅可以查询到一级科目的年初余额、各会计月度借方、贷方累计发生额和期末余额，还可以查找到相对应的二级科目至六级明细科目的相关数据。除此以外，我们还可以通过辅助项和统计账表查询相关数据。

畅捷通 T+的总账系统提供了明细账和统计账表的查询、应收账龄分析和应付账龄分析等，查询的结果可以表格显示也可以图表显示。

进入费用明细表查询界面（见图5.135）有以下几种方式：

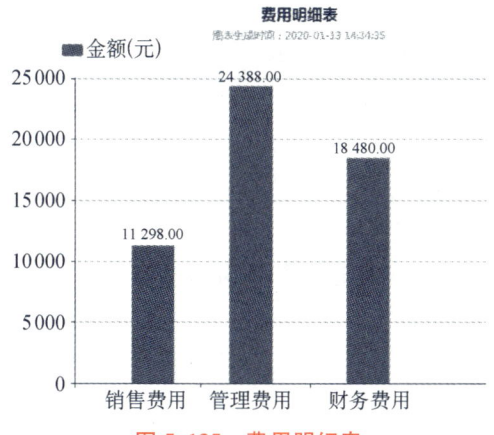

图5.135 费用明细表

(1) 总账→统计账表→费用明细表。
(2) 总账工作台→明细账。
(3) 报表中心→总账→科目账→明细账。

进入应收账龄分析查询界面(见图 5.136)有以下几种方式：
(1) 往来现金→统计分析表→应收账龄分析。
(2) 往来现金→我的工作台→应收账龄分析。
(3) 总账→现金流量/往来管理→应收账龄分析。

图 5.136 应收账龄分析

通关测试

一、选择题

1. T-UFO 报表系统中，QM( )函数的含义是取( )数据。
   A. 期初余额   B. 期末余额   C. 借方发生数   D. 贷方发生数

2. 期初余额录入是将手工会计资料录入计算机的过程之一，余额和累计发生额的录入要从( )科目开始。
   A. 一级   B. 二级   C. 三级   D. 最末级

3. 若总账选项中设置了"出纳凭证必须经由出纳签字"，则出现( )科目的凭证必须经由出纳签字。
   A. "应收账款"   B. "应付账款"   C. "银行存款"   D. "其他应收款"

4. 记账操作每月可进行( )。
   A. 一次   B. 两次   C. 三次   D. 多次

5. T-UFO 报表系统中,下列各项中,不属于报表保存的扩展名的是(　　)。
A. .REP　　　　B. .XLS　　　　C. .CLL　　　　D. .XML

二、判断题

1. 输入期初余额时,上级科目的余额和累计发生数据需要手工输入。　　(　)
2. 在计算机方式下,只能采用自动凭证编号方式。　　(　)
3. 期间损益结转时将所有损益类科目结转到"利润分配"科目中。　　(　)
4. 填制凭证时,金额不能为"零",红字以"一"号表示。　　(　)
5. 会计制度规定,审核与制单不能为同一人。　　(　)
6. 结账工作由计算机自动进行数据处理,每月可多次进行。　　(　)
7. 生成的自动转账凭证不需审核、记账。　　(　)

三、简答题

1. 总账系统提供的主要功能包括哪些?
2. 凭证录入的主要项目包括哪些?
3. T-UFO 报表系统中提供了哪些功能?